Trutz Hardo
Erfolge der Rückführungstherapie

Trutz Hardo

Erfolge der Rückführungstherapie

Ein praktischer Einblick
in 5 Protokollen

SILBERSCHNUR VERLAG

Alle Rechte vorbehalten.
Außer zum Zwecke kurzer Zitate für Buchrezensionen darf kein Teil dieses Buches ohne schriftliche Genehmigung durch den Verlag nachproduziert, als Daten gespeichert oder in irgendeiner Form oder durch irgendein anderes Medium verwendet bzw. in einer anderen Form der Bindung oder mit einem anderen Titelblatt als dem der Erstveröffentlichung in Umlauf gebracht werden. Auch Wiederverkäufern darf es nicht zu anderen Bedingungen als diesen weitergegeben werden.

Copyright © 2019 Verlag »Die Silberschnur« GmbH

ISBN: 978-3-89845-627-2

1. Auflage 2019

Gestaltung & Satz: XPresentation, Güllesheim
Umschlaggestaltung: XPresentation, Güllesheim; unter Verwendung verschiedener Motive von © mozZz, www.fotolia.com und © frankie's, www.shutterstock.com
Druck: Finidr, s.r.o. Cesky Tesin

Verlag »Die Silberschnur« GmbH · Steinstraße 1 · D-56593 Güllesheim
www.silberschnur.de · E-Mail: info@silberschnur.de

Inhaltsangabe

Einleitung	7
Unterleibsschmerzen	14
Kraftlosigkeit	76
Angst vor Männern und Nackenbeschwerden	119
Angst vor Sexualität	162
Atemnot und Bulimie	213
Hinweise für den Leser	263
Hinweise für den Therapeuten	270
Die Bedeutung der Rückführungstherapie für die Zukunft	278
Über den Autor	283

Einleitung

Aus den Erfahrungen meiner Patienten lerne ich mindestens ebensoviel über das Heilen wie die Betreffenden selbst.

Professor Dr. med. Brian Weiss

Liebe Leserin und lieber Leser! Gestattest du, dass ich dich mit DU anrede, denn wir sind alle Kinder Gottes – und als solche Geschwister. Dir fällt nicht zufällig dieses Buch in die Hand, denn bewusst oder unbewusst suchst du nach höheren Erkenntnissen mit den Fragen: Wer bin ich? – Woher komme ich? – Was sind meine Lebensaufgaben? – Warum gibt es Schicksalsschläge? – Warum gibt es Schmerzen? – Warum gibt es die Liebe? – Gibt es wiederholte Erdenleben? – Wo ist unser wirkliches Zuhause? – Warum habe ich diese Eltern, Geschwister, Partner, Kinder? – Zu welchem Zweck bin ich geboren? – Was ist der Sinn des Lebens? – Gibt es ein Jenseits?

Mit diesem Buch möchte dir anhand einiger Beispiele gezeigt werden, welche Einflüsse aus früheren Leben im Guten oder im Schlechten noch einwirken, und auf welche Weise man sich von unleidlichen, schmerzlichen Problemen, die man aus früheren Leben mit in das gegenwärtige gebracht hat, durch eine besondere Therapie – oft sogar in einer einzigen Sitzung – befreien kann. Denn in den fünfziger Jahren des zwanzigsten Jahrhunderts wurde in Amerika die Rückführungstherapie zufällig entdeckt, doch breitete sie sich dort erst zwanzig Jahre später immer mehr aus, sodass sie auch allmählich in anderen Ländern wahrgenommen und praktiziert wurde. Ich selbst praktiziere sie seit 1988.

Die Rückführungstherapie besagt, dass wir in unserem Unterbewusstsein alles gespeichert haben, was wir nicht nur im gegenwärtigen, sondern auch in früheren Leben und sogar in den Zwischenleben, sprich Jenseits, erfahren haben. Sind wir zum Beispiel von Migräne heimgesucht, die trotz ärztlicher Behandlung samt Medikamenten und trotz Psychotherapie nicht aufhört, uns unangenehme Kopfbeschwerden samt Begleiterscheinungen zu bescheren, dann könnte man diese Migränegeplagten (meistens sind es Frauen) nach einer Tranceinduktion und dann mittels des Höheren Selbst oder eines jenseitigen Helfers in jenes betreffende Leben führen, wo die Ursache für das heutige Problem zu finden ist. Alle chronischen Krankheitssymptome, seien sie seelischer, körperlicher oder geistiger Natur, müssen eine Ursache haben – und wenn keine eindeutig erklärbare Ursache dafür im heutigen Leben zu finden ist, dann ist diese in einem der früheren Leben aufzufinden. Bei chronischen Kopfschmerzen oder der Migräne ist die Ursache zu neunzig Prozent (so meine Erfahrung) in einem oder in mehreren früheren Leben zu finden. Und das gilt für alle chronischen Krankheitssymptome. Irgendwann wird auch die Medizin sich diesen Erkenntnissen gegenüber beugen und sie als Wundermittel für Heilungen akzeptieren. Aber alles ganz Neue wird erst ignoriert, dann bekämpft und schließlich akzeptiert. So wird es auch der Rückführungstherapie ergehen. Und einige mutige Ärzte/Innen haben sich schon bei mir darin ausbilden lassen, und es werden sicherlich immer mehr.

Ich bin – um zu erklären, wer dieses Buch dir vorlegt – Trutz Hardo mit dem internationalen Namen Tom. Ich bin fünfeinhalb Jahre lang um die ganze Welt und zweieinhalb Jahre quer durch

Afrika per Anhalter gereist, um auf die oben gestellten Fragen Antworten zu finden. Ich bin mit karmagläubigen Jainmönchen in Indien barfuß über den Dekan in Indien gelaufen, habe in Afrika mit Medizinmännern und ihren Geistern gesprochen, habe mich in verschiedenen Ländern in Séancen mit Jenseitigen unterhalten dürfen – u. a. mit Rudolf Steiner –, habe Menschen treffen dürfen, die mit Außerirdischen in Kontakt waren – wie zum Beispiel in Südafrika Elisabeth Klarer, die über ein Jahr lang auf einem anderen Planeten weilte, wie ich auch verschiedene Wunderheiler in Brasilien besuchte ebenso auf den Philippinen, wo ich im Februar 2018 dieses Buch schrieb und in Baguio noch den durch Schlaganfälle nun arbeitsunfähigen Jun Labo besuchte. Er war über viele Jahre der berühmteste Wunderchirurg, der nur mit Händen ohne Messer die Bauchdecke oder andere Körperteile öffnete und krankes Gewebe herausbeförderte. Ich habe bei ihm sehr viele Operationen miterlebt und sogar einmal assistieren dürfen, indem ich das Blut abwischen durfte. Oder ich habe auch in Séancen Materialisationen erleben dürfen, und bei einer dieser in Pennsylvania/USA stand auf einmal meine Großmutter im weißen Gewand vor mir und hauchte mich mit meinem Geburtsnamen Trutz an und fiel wieder in sich zusammen. Ich stand als Übersetzer und Freund mit dem bekannten Löffelverbieger Uri Geller auf der Bühne und habe sein Buch *"Mein Wunder-volles Leben"* übersetzt und herausgegeben. Die damals berühmteste Ärztin der Welt, Elisabeth Kübler-Ross, hat mir, da sie aufgrund von Schlaganfällen selbst nicht mehr schreiben konnte, mehrere Bücher diktiert, die ich dann übersetzt und im Silberschnur Verlag als dessen Mitbegründer veröffentlicht habe. (Ich könnte noch viel mehr über Begegnungen mit besonderen Menschen anführen.) Und schließlich durfte ich mittels der automatschen Schrift selbst in Kontakt mit der geistigen Welt kommen.

In Amerika erlernte ich die Rückführungstherapie, die von meinen jenseitigen Helfern jedoch erweitert und verbessert wurde. Mir wurde von ihnen mitgeteilt, dass ich nicht nur die Rückführungstherapie zu verbreiten habe, sondern auch die Literatur zu erweitern mir vornehmen soll, bleibt sie doch auf der Stelle stehen und dreht sich im Kreise. Mithilfe meiner jenseitigen sehr bekannten Schriftsteller kreierten wir in Koautorenschaft einen vierbändigen, sehr umfangreichen Roman mit dem Haupttitel MOLAR, der die deutsche Geschichte von 1933 bis 1949 wiedergibt – also ein Pendant zu Tolstois *KRIEG UND FRIEDEN*. Mit meinen jenseitigen Schriftstellerfreunden habe ich einige Romane, Komödien und Tragödien geschrieben, worin die Reinkarnation eine größere Rolle spielt. Denn diese in die Literatur einzuführen, ist eine meiner besonderen Aufgaben, wie ich auch ebenso die Wichtigkeit das Karmagesetzes vor allem durch meine Sachbücher, Vorträge und Seminare im In- und Ausland zu verbreiten habe. Aber alles bereitet mir Freude, wie ebenfalls die Freude, nach meinem Ableben wieder in die wunderbare jenseitige Welt zurückzugelangen, wo ich sicherlich viele wiedertreffen werde, die in meinem heutigen Leben für mich oder ich für sie wichtig waren. Unter *www.trutzhardo.de* findet man auch die Liste meiner Sachbücher, Romane, Dramen, spirituellen Bücher wie auch die vier Bände von meinen einzigartigen Weltreiseabenteuern. Als ehemaliger Geschichts- und Deutschlehrer darf ich sagen, dass es wohl keinen deutschen Dichter gibt, der ein spannenderes und facettenreicheres Leben gehabt haben dürfte.

Dieses Buch wendet sich vorwiegend an dich als Leser, der sich erkunden möchte, wie eine Rückführungstherapie verläuft und welche Erkenntnisse daraus für dich zu erzielen sind – und vor allem, von welchen karmischen und oft sehr schmerzhaften Verknotungen man sich zu befreien vermag. Denn alle chronischen Beschwerden welcher Art auch immer sind auf Untaten zurückzuführen, wo wir als Täter gegen das Gesetz der Liebe gehandelt haben. Vergewaltigten wir eine Frau, so müssen wir in einem sogenannten Opferleben selbst als Frau wiedergeboren und vergewaltigt werden. Haben wir gemordet, Verbrechen begangen, betrogen, verleumdet, gestohlen, dann wird das Karmagesetz wirksam, sodass wir ein Gleiches oder Ähnliches in einem Opferleben als Ausgleich erfahren. Und man kann nun den Ausspruch von Jesus verstehen: Keiner kommt zu Gott, ehe er nicht den letzten Heller bezahlt hat. (Matthäus 5:26) Denn indem eine Seele durch viele Leben hindurch immer wieder erlebt, dass sie das, was sie einem anderen im Guten oder Bösen antut, auf sie selbst zurückkommt, lernt sie mit den Erfahrungen in den verschiedenen Leben sich so zu verhalten, dass sie keine negativen Konsequenzen mehr zu erleiden haben wird.

Die göttliche Vorsorge hat uns aber die Rückführungstherapie geschenkt. Denn wenn wir – bleiben wir bei dem Beispiel Migräne – in einem Täterleben anderen den Kopf eingeschlagen haben und in einem oder mehreren Opferleben an Kopfverletzungen litten oder durch Totschlag starben, dann haben diese karmischen Ausgleichsgeschehnisse meistens noch heftige Nachwirkungen im gegenwärtigen Leben. Und wir können durch Vergebungsrituale diese Leiden mildern oder gar ganz auflösen. Das Höhere Selbst reicht uns einen Kelch mit einer goldenen Flüssigkeit, in welcher sich die Kraft der Liebe, der Vergebung, der Leid- und Schuldauflösung befindet. Man geht zuerst in das Täterleben und reicht der oder den Person(en), denen wir Tod, Leid oder Unrecht zugefügt haben, den Kelch und lässt sie daraus trinken, indem man sagt: Bitte vergebe/vergebt mir, was ich dir/euch Schmerzliches angetan habe. Und dann trinkt man ebenfalls aus diesem Kelch, um sich von seinen Schuldgefühlen zu befreien. Und nachdem das Höhere Selbst den goldenen Kelch wieder mit der Flüssigkeit der Liebe, der Vergebung und der Leid- und Schuldauflösung gefüllt hat, geht man in das – und wenn es mehrere Opferleben sind – in die Opferleben und reicht den Personen, die einem Leid zugefügt haben, den Kelch und sagt: "Ich vergebe euch, was ihr mir angetan habt." Dann trinkt man selbst einen Schluck davon und löst sich von dem damals erfahrenen Leid. Wie in meinen anderen Büchern schon erwähnt – z. B in *"Liebe aus karmischer Sicht"* – sind wir eigentlich selbst das Höhere Selbst und haben uns entschieden, das Spiel zu spielen, das da heißt: Von der Lieblosigkeit zur Liebe. Und der eine mag schon nach fünfzig Leben das Ziel erreicht haben, ein anderer benötigt vielleicht dafür einige Hundert Leben, denn Zeit ist eine Illusion. Im Grunde sind wir alle Gottes Kinder, und als solche immer in seiner Liebe, und zwar unschuldig und allliebend. Doch sobald wir uns aus eigenem Willen dafür entschieden haben, dieses Spiel von der Lieblosigkeit zur Liebe durchzuführen, beginnen wir mit Täterleben, da Täter ja gebraucht werden, um denen, die wegen ihrer eigenen Vergehen in Täterleben nun Täter benötigen, die ihnen durch Leiderfahrungen den karmischen Ausgleich bescheren. Daher sind unsere Erdenleben wie eine Aufführung auf einem Theater mit vielen Szenen dazwischen. Sobald wir dieses von uns selbst inszenierte Spiel beendet haben, fällt der Vorhang, und wir sind wieder hinter der Bühne in unserer Göttlichkeit. Aus höherer Sicht gibt es eigentlich keine Schuld, nur Liebe. Doch auf der Bühne erleben wir das spannende Spiel von der Lieblosigkeit zur Liebe. Und als solches waren wir – von wenigen Ausnahmen abgesehen – alle mal Täter in einigen Leben und Opfer in vielen Leben. Muss doch ein Täter, der viel Schreckliches anderen zugefügt hat, einige Opferleben erfahren, um die entsprechenden Ausgleichsgeschehnisse zu erleiden. Und unser gegenwärtiges Leben ist oft voll gespickt von den Nachwirkungen der Opferleben – oder ist selbst noch ein Opferleben, das den karmischen Ausgleich exerziert.

Ich als Rückführungsleiter/therapeut habe meine Worte oder Sätze in Normalschrift verfasst, jedoch jene der Zurückgeführten sind fett wiedergegeben. Kurze Bemerkungen sind in Klammern und kursiv gesetzt, während zusätzliche Erklärungen meinerseits den Verweis HINWEIS haben. Drei Pünktchen ... bedeuten, dass hier eine Sprachpause entstanden ist, da die zurückgeführte Person nachdenkt oder die richtige Beantwortung noch sucht. Wenn es heißt: Und das Höhere Selbst sagt, ... dann ist es so zu verstehen, dass es in Gedanken zu einem spricht und sich nicht verbal hörbar äußert.

Es versteht sich, dass alle Namen verändert wiedergegeben werden, um die Identität zu wahren. Ich gebe die Aussagen meiner in Halbtrance befindlichen Klienten, so weit es geht, wörtlich wieder, ist doch manchmal ein zu leises Sprechen nicht mehr zu verstehen.

Und du, lieber Leser, wirst mit vielen spannenden Erlebnissen aus deren früheren Leben konfrontiert, sodass dieses Buch an vielen Stellen auch bei dir Emotionen wecken könnte. Und sollten Situationen vorkommen, die dich sehr bewegen, so kann es gut sein, dass du in früheren Leben Ähnliches erlebt hattest, was dich auf einmal unbewusst an eigene frühere Erlebnisse erinnern könnte. Und einige der von den Klienten erlebten Ereignisse, die sich auf das gegenwärtige Leben beziehen, werden dich manchmal an eigene Problematiken erinnern. Und du wirst staunen, was die Rückführungstherapie alles aufzulösen vermag. Die Erlebnisse in den vergangenen Zeiten sind oft spannender als erdachte Krimis, da sie unmittelbar zum Kern des Geschehens führen und nicht, wie Krimis, ausgedacht worden sind. Und ich darf jetzt schon verraten, dass wir bei der Rückführungstherapie einen unsichtbaren Helfer zur Seite stehen haben, denn die geistige Welt hält es für die richtige Zeit, die Rückführungstherapie zum Wohle der Menschheit zu verbreiten.

Unterleibsschmerzen

Gabriele wurde in Ostdeutschland geboren, doch mit zehn Jahren kam sie zu einer Tante nach Österreich. Als Vierundzwanzigjährige lernte sie bei einem Ferienaufenthalt in der Südtürkei BÜLENT kennen. Sie verliebten sich. Bei ihrem wiederholten Treffen ein Jahr später bekam sie zum ersten Mal eine heftige Blasenentzündung. Schon ein Jahr später zog sie ganz zu ihm. Gemeinsam eröffneten sie dort für Touristen einen Souvenierladen. Ihre sich dort wieder einstellenden Blasenleiden verschlimmerten sich, konnten aber mit Antibiotika verringert werden. Bei ihrem Besuch zu Hause ließ sie sich vom Urologen untersuchen, der Blut im Urin feststellte. Zurück in die Türkei gekehrt, verschlimmerten sich ihre Blasenschmerzen trotz der regelmäßigen Einnahme der ihr mitgegebenen Arzneien. Es bildete sich am Scheideneingang ein Geschwür, das operativ entfernt wurde. Doch bei Intimverkehr verschlimmerten sich die Schmerzen. Da die Ärzte ihr nicht helfen konnten, probierte sie einige alternative Heilmethoden aus, wie Homöopathie, Fußreflexmassagen, Schüssler Salze u. a. Und bei ihrer Suche nach weiteren alternativen Heilmethoden entdeckte sie im Internet die Rückführungstherapie, wo sie meinen Namen fand. Und da ich in Kaufbeuren im Allgäu ein zehntägiges Ausbildungsseminar für Rückführungsleiter/therapeuten gab, hatte sie vor – mutig wie sie war – daran teilzunehmen.

Doch sie bat mich am dritten Tag, sie wegen ihres oben geschilderten Leidens, zu einer Einzelrückführung, die abends nach Beendigung des Seminartages und dem Abendessen stattfinden konnte – wollte sie doch wegen ihrer intimen Leiden nicht vor den anderen Teilnehmern von mir zurückgeführt werden.

Unsere auf dem Zimmer durchzuführende Therapie begann mit dem oben beschriebenen Vorgespräch, wobei außer ihrem Blasenproblem noch andere körperliche Probleme zur Sprache kamen. Jeweils zehn Tage vor ihrer Regel stellten sich in ihrer Brust Knötchen ein, die allerdings ab dem fünften Tag derart schmerzhaft wurden, dass sie diese nicht berühren konnte. Sie meinte, dass diese Brustbeschwerden mit ihrem Cousin zusammenhingen, der, als sie siebzehn Jahre alt war, gegen ihren Willen sie dort schmerzhaft angefasst hatte.

Doch schlimmer waren für sie die Pickel auf dem Gesicht, am Dekolleté und am Rücken. Diese zeigten sich schon in der Pubertät, die sich zwar mit der Einnahme der Pille etwas zurückzogen, jedoch sich danach wieder einstellten und ihr seit Jahren zu schaffen machten, sodass sie diese mit Puder zu überdecken versuchte. Doch zu ihrem Glück ließ BÜLENT sich nicht davon abhalten, ihr Gesicht zu küssen und sie auch körperlich zu begehren.

Nach unserem etwa halbstündigen Vorgespräch bat ich sie, sich auf meiner Couch hinzulegen und, wenn sie wolle, sich zuzudecken. Ich wies sie nochmals darauf hin, dass sie auch während der Rückführung auf die Toilette gehen könne, denn unterdrückt man zu lange dieses Bedürfnis, kehrt man womöglich wieder in den Wachzustand zurück. Ich sagte ihr, falls sie etwas nicht verstehe von dem, was ich sage, die rechte Hand zu heben, damit ich das Gesagte nochmals wiederhole, und auch die linke Hand zu heben, wenn sie bei irgendeinem Vorkommnis länger verweilen wolle. In meinem *"Das große Handbuch der Reinkarnation"* habe ich drei Induktionsmethoden aufgeführt, wie man möglich tiefst in den Alphazustand gelangen kann. Dort wird auch Wort für Wort der Vorgang beschrieben, wie man schließlich, über eine Wiese oder einen Sandstrand gehend, zu einer Heilquelle gelangt, aus der man einige Schlucke trinkt, bevor man, von rosa Wolken nach oben geleitet, in ein Wolkenbett geführt wird. Hier begegnet man seinem Höheren Selbst, das meistens unsichtbar bleibt, sich aber auch als Engel zeigt. Hier bittet man das Höhere Selbst, einen in jenes Leben zu geleiten, wo die Ursache für das aufzusuchende Problem zu finden ist. Und das Höhere Selbst führt einen zu einer Wolkenwand mit vielen Toren. Und vor einem dieser Tore bleibt man stehen und kann es berühren und auch sagen, wie es beschaffen ist.

Dieses Vorgespräch hat ca. eine halbe Stunde in Anspruch genommen. Und wir nahmen uns vor, mit ihren Blasenbeschwerden zu beginnen. Danach legte sie sich, nach meiner Aufforderung, auf die Bettliege, und nachdem ich ihr nochmals sagte, dass sie auch während der Sitzung auf die Toilette gehen könne, und das Heben des rechten Armes für mich das Zeichen sein sollte, nochmals meinen letzten Satz zu wiederholen, während das Heben des linken Armes mir vermittelt, dass sie noch länger bei einem von ihr erlebten Ereignis verweilen möchte. Und nun beginnt ihr Erlebnis mit dem zuerst hinter dem Wolkentor erfahrenen Leben.

(nun die Wiedergabe der CD-Aufzeichnung)
Es wird nun gleich bis drei gezählt, und du befindest dich dahinter in einem früheren Leben, wo die Ursache zu finden ist, woher deine Blasenbeschwerden stammen. Aber du bist zuerst einen Tag vor dem wichtigen Ereignis. Eins, zwei, drei. Jetzt bist du da. Schau mal zuerst auf deine Füße hinunter. Was hast du denn an?

blaue Strümpfe

Schau mal, was du weiterhin am Körper anhast. Befühl mal deine Kleidungsstücke.

ein Leinenkleid

Geh mal mit deinen Händen über dein Haar. Wie ist es beschaffen: lang, kurz, dunkel, hell?

Ich habe schulterlange dunkelbraune Haare. Aber ganz zerfilzt und dreckig. Ich bin eine junge Frau.

Wie alt bist du?

Ich bin dreiundzwanzig.

Wo bist du gerade? Schau dich mal um.

sieht aus wie ein Marktplatz

Was machst du dort?

Ich wart auf jemanden.

Was machst du so mit deinen dreiundzwanzig Jahren? Was ist deine Tätigkeit?

Ich mach nur so Gelegenheitsarbeiten.

Und kannst du davon leben?

Nein, ich hab immer Hunger.

Bist du verheiratet?

Nein, mich will niemand heiraten, weil ich so hässlich bin.

Auf wen wartest du?

Ich wart auf meine Chefin.

Gibt sie dir Arbeit?

Ja, sie gibt mir schon Arbeit, aber immer nur schmutzige, schlechte Arbeit.

Wie nennt die Chefin dich? Hast du einen Namen?

Julia

Sag mal: In welchem Land befindest du dich denn?

Frankreich

Vielleicht weißt du auch, in welchem Jahr oder Jahrhundert du dich befindest.

1628

(*Hier könnte ein Zahlendreher sich bei ihr eingeschlichen haben. Es könnte auch das Jahr 1862 sein.*)
Gibt es auch etwas Schönes in deinem Leben?

Ich lieb die Natur und die Tiere.

Stehst du in einer bestimmten Beziehung zu Tieren?

Wenn ich manchmal auf einem Bauernhof arbeite, dann kümmere ich mich um die Tiere.

Vor was hast du in deinem Leben Angst? ... Angst bestraft zu werden, verhauen zu werden, weggeschickt zu werden, zu verhungern? ...

Ich bin eigentlich mutig. Ich lass mir nichts gefallen. Weil ich so hässlich bin, zeigen die Leute mit dem Finger auf mich.

Wie gehst du damit um?

Ich spuck sie an.

Jetzt wird bis drei gezählt, und du bist einen Tag weiter bei einem wichtigen Erlebnis. Eins, zwei, drei.

Ich bin auf einer großen grünen Wiese. Da steht eine ganz lange Tafel mit weißem Tischtuch. Es scheint wohl irgendeine Feier zu geben.

Und was geschieht dann?

Eigentlich sollte ich gar nicht dort sein. Aber ich will einfach dort sein.

Was meinst du, was da gefeiert werden soll?

Es gibt in dem Ort eine Adelsfamilie oder so. Die haben dort wohl etwas Wichtiges zu feiern.

Warum bleibst du denn dort?

Eigentlich interessiert mich nur das Essen auf dem Tisch. Die Leute laufen dort herum. Die Frauen haben lange Kleider mit Rüschen. Und die Frauen haben Schirmchen. Keiner kümmert sich jetzt um das Essen. Die Tische sind voll. Das interessiert im Moment niemanden. Da liegt ein gebratener Truthahn. Darum steht Obst in Schüsseln.

Und was geht in dir jetzt vor?

Ja, ich habe jetzt großen Appetit.

Wie gehst du jetzt mit dieser Situation um?

Die Leute stehen alle zusammen, unterhalten sich. Es guckt keiner. Und da denke ich mir, ich geh einfach da jetzt hin und nehme mir dort einen Schenkel mit.

Entdeckt dich denn keiner?

Manche gucken aus den Augenwinkeln, aber reagieren nicht weiter.

Ergeben sich dennoch irgendwelche Konsequenzen für dich?

... Ich friere, ich bin überall nass.

Wo bist du denn jetzt eigentlich? Immer noch an der Tafel?

Nein, in einem Verließ.

Wie bist du dahin gekommen?

Sie haben mich erwischt, als ich was zu essen stehlen wollte. Und dann haben sie mich dort reingesteckt. Und dann haben sie ganz hässlich über mich gesprochen.

Sag mal, ist es dort dunkel?

Ich bin in einem Steinverließ. Es gibt nur ein ganz kleines Fenster. Es kommt nur wenig Licht hinein. Es tropft hier wie in einer Tropfsteinhöhle. Es ist alles feucht, kalt und eklig.

Welche Leute haben dich dort hineingesteckt?

Ich weiß nicht.

Haben sie was gesagt, wie lange du dort zu bleiben hast?

Sie sagten: Du bist nur eine dreckige Lumpenfrau. Du stinkst. Dich stecken wir einfach weg.

Wie fühlst du dich jetzt?

Ich friere so sehr. Mir ist so kalt.

Wenn bis drei gezählt worden ist, dann erlebst du ein weiteres Erlebnis. Eins, zwei, drei. Was geschieht denn da?

Da ist ein junges Mädchen, die bringt immer Essen für mich. Ich weiß gar nicht warum. Ich kenn sie gar nicht.

Was bringt sie dir?

Frisches Brot und sogar warmes Essen.

Redet ihr miteinander?

Nein, ich höre nur, wie sie die Treppen runterkommt. Sie gibt es dann der Wache, und die geben es mir.

Bei drei kommst du zu einem weiteren Erleben. Eins, zwei, drei.

Ich bin immer noch in dem Kerker.

Wie alt bist du jetzt?

Ich bin schon alt und klapsig.

Wie lange bist du wohl schon da?

Na ja, ich bin schon viel älter, denn meine Haare sind schon ein bisschen weiß.

Bist du schon zehn oder längere Jahre dort?

acht

Wie verrichtest du deine Notdurft?

Ich sitze dann in der Ecke. Da ist auch ein Eimer.

Auf was liegst du denn?

Auf den Steinen, auf dem Fußboden.

Hast du irgendwelche Krankeitssymptome? *(Vielleicht hat sie vor vierhundert Jahren das Wort Symptome nicht gekannt. Doch sie befindet sich trotzdem noch zu einem Teil mit ihrem Wissen im heutigen Leben und weiß, was dieses Wort bedeutet.)*

Mir ist immer kalt.

Es wird nun bis drei gezählt, dann befindest du dich unmittelbar nach deinem Tod. Eins, zwei, drei. Wo bist du jetzt?

Ich bin gestorben.

Wie alt bist du geworden?

(Sie weint.) fünfunddreißig

Woran bist du wohl gestorben?

Der Körper hatte einfach keine Kraft mehr.

Und kannst du deinen Körper dort liegen sehen?

ja

Wenn du jetzt auf dein Leben zurückschaust, was würdest du nie wieder erleben wollen?

(weinerlich) Ich will nie wieder solch eine Kälte spüren, nie wieder in solch einem Schmutz leben, so arm sein.

Und hungern müssen?

Das war nicht so schlimm.

Und es wird gleich bis drei gezählt, dann befindest du dich wieder vor dem Wolkentor bei deinem Höheren Selbst und kannst dich an alles erinnern. Eins, zwei, drei. Du bist wieder vor dem Wolkentor bei deinem Höheren Selbst und kannst dich an alles erinnern. Und dein Höheres Selbst reicht dir ein Schälchen mit einer Heilflüssigkeit

und sagt: "Trinke davon, damit du dich wieder sehr wohlfühlst."
Und du trinkst jetzt daraus ... ... und reichst das Schälchen zurück.

Und frage nun dein Höheres Selbst: Welche der Personen aus jenem Leben treffe ich im heutigen Leben wieder?

Ja, meine Mutter. Sie war jenes Mädchen, das mir das Essen gebracht hatte.

Warum hat sie dir wohl das Essen gebracht?

Ich hab ihr leidgetan.

Ist da aus jenem Leben noch jemand, der dir im heutigen Leben wiederbegegnet?

Ja, jener Wärter.

Hat er dich auch sexuell belästigt?

Er hat mich nicht einmal angeguckt.

Frage mal dein Höheres Selbst, was jenes Leben mit deinem heutigen Blasenproblemen zu tun hat.

Die Kälte im Kerker, aber auch die Kälte, die man mir im Leben entgegenbrachte.

Frage mal dein Höheres Selbst, warum dein Blasenleiden begann, als du BÜLENT kennenlerntest. Hatte dieses einen Zusammenhang mit deinem Blasenleiden?

Ja. Er musste erst lernen, was richtige Liebe ist. Er hat wohl am Anfang geglaubt, dass er mich liebt, aber es war nicht so.

Frage mal dein Höheres Selbst, ob es noch ein anderes Leben gibt, wo eine weitere Ursache für dein heutiges Blasenleiden zu finden ist. Was vermittelt es dir?

Noch ein weiteres Leben.

Und dein Höheres Selbst nimmt dich an die Hand und geleitet dich an der Wolkenwand entlang. Nun stehst du vor einem anderen Tor. Du kannst es mit deinen Händen berühren, und du weißt, wie es sich anfühlt. *(Die Beschaffenheit des Tores deutet schon darauf hin, was für ein Leben zu erwarten ist. Bei einem bevorstehenden schönen Leben ist das Tor auch schön. Bei einem schlimmen Täterleben ist das Tor meist ein dickes Eichentor mit Scharnieren oder dergleichen.)* Und das Höhere Selbst gibt dir zu verstehen: Gleich wird bis drei gezählt, und du befindest dich in einem Leben, wo eine weitere Ursache für deine Blasenbeschwerden zu finden ist. Doch bevor bis drei gezählt wird: Hier nimm nochmals dieses Fläschchen und trinke davon, damit du gleich alles wahrnehmen, fühlen und wissen kannst. Und du nimmst dieses Fläschchen, trinkst daraus ...... und reichst es dann zurück. Und du weißt, wenn jetzt gleich bis drei gezählt worden ist, befindest du dich hinter diesem Wolkentor und bist einen Tag vor jenem anderen Ereignis, das ebenfalls eine weitere Ursache ist, die mit deinem heutigen Blasenleiden zu tun hat. Eins, zwei, drei! Jetzt bist du da.

Schau einmal auf deine Füße hinunter. *(Man schaut auf die Füße hinunter, damit man sich unmittelbar im Körper fühlt. Wenn man sagen würde: Schau auf deine Füße hinunter, dann mag man sich dort stehen sehen und schaut auf seine Füße hinunter. Somit könnte man nicht in seinem Körper sein, sondern vor diesem stehen. Aber um alles genauestens zu erleben, muss man sich im eigenen damaligen Körper fühlen.)*

Was hast du an?

nix

Was hast du am Körper an?

Wie so eine Art Lederschurz.

Und was hast du am Oberkörper an?

nix, nackig

Und jetzt streich mal mit deinen Händen über deinen Brustkorb, den Nacken, das Haar und dein Gesicht. Wie lang ist dein Haar?

schulterlang

Ist es dunkel oder hell?

dunkel

Ist es geordnet?

Es ist zerzaust.

Bist du ein Mann oder eine Frau?

Ich bin ein Mann.

Wie alt bist du?

ungefähr dreißig

Wo befindest du dich? Drinnen oder draußen im Freien?

Ich befinde mich auf einer Grassteppe.

Bist du da allein? Oder ist jemand bei dir?

Ich bin allein. Ich bin auf der Jagd.

Was jagst du denn?

Am liebsten was Großes.

Und was ist dieses Große?

Löwen

Dazu gehört viel Mut.

Ja, ich bin groß, hab dicke Muskeln.

Mit welchen Waffen kämpfst du denn?

Mit einem langen Speer.

Hast du denn schon mal einen Löwen mit dem Speer getötet?

schon viele

Wirst du bei deinem Stamm bewundert?

Ja. Denn ich töte nur große Löwen. Denn ich bin ein starker Mann, und ein großer Löwe ist mir ebenbürtig.

Bist du mal von einem Löwen verwundet worden?

Ja, ich bin schon einige Male angegrabscht worden und habe viele Narben am Körper.

Hast du denn keine Angst?

Nein, ich habe keine Angst.

Bist du verheiratet?

ja

Hast du Kinder?

ja, elf

(Wahrscheinlich auch uneheliche.)

Wie heißt du denn?

...

Bei drei weißt du deinen Namen. Eins, ...

Schiko

Nun wird bis drei gezählt, dann bist du einen Tag weiter bei einem wichtigen Erlebnis. Eins, zwei, drei. Jetzt bist du da. Wo bist du?

Ich bin immer noch in der Steppe. Ich bin jetzt in einem höheren Gras und schleiche mich an eine Löwengruppe heran.

Ist das verwegen von dir?

nein

Ist da auch ein männlicher Löwe dabei?

Einer. Der guckt immer. Er hält Ausschau. ... Ich pirsch mich so langsam an. Und da gibt es auch einige Löwinnen, die haben auch Junge. Die liegen so rum und schlecken ihre Jungen ab. Die Jungen spielen. Aber der Löwe ist immer sehr wachsam. Der guckt.

Und was geschieht jetzt weiter?

Ich mach mir den Finger nass, weil ich guck, von wo der Wind jetzt kommt. Weil ich nicht will, dass er mich riecht. Ich komm aber von der richtigen Richtung und halt mich im Grass geduckt. Aber er guckt schon in meine Richtung. Er spürt wohl was. Ich setz mich erst mal hin und warte.

Und wie geht es weiter?

Ich bin eingeschlafen. Es ist schon dunkel geworden. Mir ist etwas kalt. Es ist klarer Himmel, und man sieht die Sterne. Ich liege auf der Seite, und ich spür, dass er hinter mir ist. Ich klammere mich an meinen Speer. Und ich überlege: Stehe ich auf, oder bleibe ich besser liegen und stelle mich tot. Ich merke jetzt seine Größe, wo er hinter mir steht. Er beschnuppert mich. Ich habe keine Angst, aber er beschnuppert mich. Er brummelt vor sich her. Er geht dann wieder weg. Pha, ich bin erst mal erleichtert. Ich stehe dann langsam auf. Ich guck ihm hinterher. Ich sehe, wie er sich von mir entfernt. Jetzt schmeiß ich ihm den Speer genau in den Rücken. *(aufseufzend)* Er hat mir nichts getan, und ich bring ihn jetzt um. *(schluchzend)* Einerseits wollte ich ihn nicht töten. Aber ich muss doch den meinen zu essen bringen. Oh Gott. Ja, er wehrt sich. Er versucht den Speer abzuschütteln oder ihn zu erwischen. Aber ich hab ihn so genau in das Rückgrat getroffen, dass ... er bricht langsam zusammen. Er liegt am Boden und atmet ganz schwer. *(schluchzend)* Und er guckt mich an, er hat goldene Augen. Und er schaut mich an: Warum hast du das getan, wo ich dich in Ruhe gelassen habe? Und es tut mir so leid. Es tut mir wirklich leid. So ein schöner Löwe. *(weint heftiger)* Ich sehe, wie so langsam das Leben aus ihm herausgeht. Er stirbt. Ich nehm seinen Kopf und versuch ihm zu erklären, dass ich ihn nach Hause bringen muss. Er scheint zu antworten: Es ist ok. ... Oh, es tut mir innerlich so leid.

Jetzt, wo er gestorben ist, was machst du mit ihm? Schneidest du jetzt was aus dem Körper heraus?

Nein. Ich streich ihm über die Mähne. Ich weiß jetzt nicht, was ich machen soll. Ich kann ihn nicht aufschneiden.

Wie geht es jetzt weiter?

Meine Leute suchen mich. Sie haben sich Sorgen gemacht, wo ich geblieben bin. Sie kommen zu mir. Als sie diesen wohl schönsten aller Löwen sehen, sind sie ganz begeistert. Sie tanzen und singen dazu. Ich fang an zu schreien: "Hört doch auf! Es ist doch nichts Schönes. Ich hätte ihn nicht umbringen sollen." Sie gucken mich an. Sie können das nicht verstehen. *(entsetzt)* Und jetzt schneiden sie ihn auf. Ich kann gar nicht hingucken. Es tut mir so leid. Sie hätten das nicht tun sollen.

Es wird bis drei gezählt, und dann bist du bei deinem nächsten Erlebnis. Eins, zwei, drei. Wie alt bist du jetzt?

fünfundsechzig

Wie viele Kinder hast du gezeugt?

drei

Und hast du mehrere Frauen gehabt oder nur eine?

eine

Was machst du weiterhin in deinem Stamm? Bist du noch Jäger?

Ich bin nicht mehr dort. Ich hab mein eigenes Zelt.

Hast du späterhin noch Löwen gejagt?

Nie wieder!

Was hast du sonst noch gejagt?

Nie wieder!

Aber wovon hast du denn gelebt?

Vegetarisch. Nur Gemüse.

Wie ist deine Frau mit deiner Veränderung umgegangen?

Sie konnte mich gar nicht verstehen. Sie hat immer für mich gekocht, und zwar mit Fleisch. Ich hab das immer weggestoßen. Ich arbeite auf dem Feld. Ich bin ganz hager und eingefallen. Haare sind ganz weiß.

Bist du noch weiterhin geachtet?

Die Leute lachen über mich. Sie zeigen mit dem Finger auf mich. Ich hab ihnen doch alles erklärt. Und sie können das nicht verstehen. Ich hab ihnen es ganz normal erklärt. Dann hab ich getobt. Aber sie schüttelten nur den Kopf.

Es wird nun bis drei gezählt, und dann bist du gerade gestorben und kannst deinen Körper unter dir liegen sehen. Eins, zwei, drei. Wie alt bist du denn geworden? Kannst du deinen Körper unter dir sehen?

fünfundachtzig

Und wenn du jetzt auf dein Leben zurückschaust und würdest jetzt sagen: "Ich will nie wieder." Was würdest du sagen?

Ich will nie wieder eine verwandte Seele umbringen. *(weint)*

Es wird nun bis drei gezählt, und dann befindest du dich wieder vor dem Wolkentor bei deinem Höheren Selbst und kannst dich an alles erinnern. Eins, zwei, drei. Du befindest dich jetzt wieder vor dem Wolkentor bei deinem Höheren Selbst und kannst dich an alles erinnern. Und das Höhere Selbst reicht dir ein Schälchen mit einer Heilflüssigkeit und sagt: "Trinke davon, damit du dich wieder sehr wohlfühlst." Und du trinkst davon ... Reichst dann das Schälchen zurück. Und du fühlst dich wieder sehr, sehr wohl. Und frag mal dein Höheres Selbst: Lebt meine damalige Frau wieder im heutigen Leben?

Es ist Bülent, und meine Katze war der Löwe.

Und nun frag mal, ob noch jemand aus jenem Leben im heutigen Leben wiedergeboren ist.

Unter denen, die mich suchten, ist einer mein Papa.

Und frag mal dein Höheres Selbst: Was hat dieses Erlebnis mit deinen Blasenbeschwerden zu tun?

Ich hab das Leben einer verwandten Seele ausgelöscht, ohne nachzudenken. Und die Blase erinnert mich jetzt jeden Tag

dran, dass ich mal besser nachgedacht hätte, bevor ich das gemacht hatte. Ich muss jeden Tag genauso leiden.

Hast du auch Schuldgefühle?

ja

Wenn du zu deiner Katze kommst, was fühlst du dann bei ihr?

Die liebt mich so sehr. Wenn ich nach Hause komme, dann kommt sie. Sie lässt sich dann einfach umfallen, streckt mir ihren Bauch entgegen. Den kuschele ich dann. Egal, wo die Lilli ist, wenn ich ruf, kommt sie sofort. Wenn BÜLENT sie ruft, dann kommt sie nicht. Wenn sie kommt, dann legt sie sich immer auf meine Blase.

Und kannst du dir vorstellen, warum sie sich gerade dorthin legt?

Sie sagt: Das muss dir doch gar nicht wehtun, das ist doch schon so lange her. Lass es doch einfach los. Das muss dir doch heute gar nicht mehr wehtun. - Letztes Jahr musste sie auch operiert werden, nachdem Blut im Katzenstreu war. Doch jetzt ist alles gut.

Warum hat sie sich an deine Blase geschmiegt?

Sie wollte mir die Schmerzen wegnehmen.

Frag mal dein Höheres Selbst, ob wir uns jetzt noch ein anderes wichtiges Leben anschauen sollten, das mit deinem Blasenbeschwerden zusammenhängt.

Nein.

Und nun frag mal dein Höheres Selbst: Warum sollte ich als Julia so lange Jahre bei dieser schlimmen Kälte eingekerkert sein? Warum musste ich diesen karmischen Ausgleich erleben? Und das Höhere Selbst nimmt dich an die Hand, und ihr schwebt an dieser Wolkenwand entlang und bleibt vor einem anderen Tor stehen. Du kannst es mit deinen Händen befühlen. Du weißt nun, wie es sich anfühlt. Und das Höhere Selbst reicht dir nochmals das Fläschchen und sagt: "Trink nochmals einen ordentlichen

Schluck, damit du gleich alles wahrnehmen, fühlen und wissen kannst." Und du trinkst davon ... und reichst das Fläschchen zurück. Und du weißt: Wenn jetzt gleich bis drei gezählt wird, dann befindest du dich hinter diesem Wolkentor eine Minute vor einem Ereignis, wo die Ursache zu finden ist, warum du als Julia dieser entsetzlichen Kälte ausgesetzt sein musstest. Eins, zwei, drei. Jetzt bist du da. Schau mal auf deine Füße hinunter. Was hast du denn da an?

Ich hab feste Stiefel an. Ich bin an einem großen Tisch. Ich bin ein großer Wickinger. Oh Gott, ich bin riesengroß. Ich bin auf einem Schiff.

Wie groß ist das Schiff?

Riesengroß. Und viele Männer Besatzung. Und ich bin wohl der Anführer. Ich hab so einen Stahlhelm mit Nieten auf – und riesigen Hörner darauf. Der Helm ist so schwer. Und, oh Gott, ich bin ja ein riesiger Mann.

Und wohl auch am meisten gefürchtet und geachtet?

Oh Gott, ich bin so groß.

Wie viele seid ihr denn auf diesem Schiff?

fünfhundert

Und du befiehlst?

ja

Wie heißt du?

Hendrik

Wie alt bist du denn ungefähr?

fünfundvierzig

Bist du verheiratet?

Ne, ich heirate doch nicht.

Wie lebst du deine sexuellen Bedürfnisse aus?

Na ja, wir überfallen manchmal andere Schiffe. Und wenn sie Frauen an Bord haben, dann ... na ja.

Was macht ihr denn so, wenn ihr irgendwo an Land geht?

Wir machen Raubzüge. Wir versuchen so viel zu stehlen, wie es geht.

Wo wohnt ihr eigentlich? Wo ist euer Zuhause?

Wo immer wir anlegen, da bleiben wir dann. Unser Schiff ist unser Zuhause.

Und heiratet ihr auch?

Ohne Heirat ist's immer am einfachsten. Man hat dann keine Kinder, um die man sich kümmern muss.

Und jetzt wird bis drei gezählt, dann kommst du zu einem Erlebnis, wo du jemandem sehr Schlimmes antust. Eins, zwei, drei. Jetzt bist du da.

Auf meinem Schiff sind da so große Masten mit Seilen dran. Und da hab ich ein Seil so quer rüber. Da hängen meine Trophäen, und da hab ich – wenn wir die anderen Schiffe entern und sie überfallen –, da schneide ich bei Leuten bei lebendigem Leib die Blase raus und hänge sie dann an meinem Trophäenseil auf. Manche sind schon vertrocknet, manche sind noch frisch. Aber da bin ich stolz drauf.

Und wie reagieren deine eigenen Leute darauf?

Für die ist das normal. Sie wissen, dass das so meine ...

Die tolerieren das?

Ja, sie gucken dann. Das ist dann auch irgendwie mein Ansehen.

Wie gehst du denn mit deinen eigenen Leuten um, wenn sie nicht so parieren?

Ich bin eigentlich sehr gerecht. Aber ich verlange Gehorsam. Aber es gibt da keine Probleme. Sie hören alle auf mich.

Und schneide mal gerade jemandem die Blase raus. Leben die Männer noch?

Die leben noch. Die schreien. Und manche betteln. Und ich nehme mein Messer und schneide einfach herum. Ich zögere da nicht. Und die liegen da und schreien und betteln um ihr Leben. Und ich lach und lach. O Gott. Ich genieß das fast.

Und deine Mannen, sind sie dabei und lachen mit?

Ja, manche auch.

Machst du das auch bei Frauen?

Nein, nur bei Männern. Und wenn ich die herausgeschnitten habe, dann lege ich sie mir über die Schultern und hänge sie dann an dem Seil auf.

Und was machst du mit den Männern?

Die lass ich liegen. Die sterben ja sowieso. Einige sind noch quick lebendig.

Und es wird bis drei gezählt, und du kommst zum nächsten wichtigen Erlebnis. Eins, zwei, drei. Wo bist du da?

Ich bin auf meinem großen Schiff. Ich bin alleine.

Wie alt bist du da?

achtundvierzig

Ankert ihr gerade?

Nein, nein. Ich bin auf offener See.

Auf offener See? Du kannst doch alleine das große Schiff nicht manövrieren.

Das Schiff ist leer.

Wo sind denn deine Leute?

Da war ein anderer Wickinger, und der versprach ihnen mehr Gold. Wir haben auch Reichtümer erbeutet. Aber mir war es wichtiger, dass wir gut verpflegt waren und ein gutes Auskommen

hatten. Doch der andere hat so die Gier in ihnen geweckt. Ja, dann waren alle weg. Oben auf dem Mast, da sitzt ein schwarzer Rabe.

Kannst du das Schiff irgendwie lenken? Oder bleibst du auf hoher See?

Ich bleib auf hoher See. Da ist nicht mal Land in Sicht. Ich kann das Schiff nicht steuern. Das ist unmöglich.

Hast du Verpflegung an Bord?

Nein, nein. Es geht schon alles auf ein Ende zu. Und der Rabe sitzt dort oben und guckt mich an. Er guckt mich so eindringlich an.

Und es wird bis drei gezählt, dann kannst du deinen Körper unter dir liegen sehen. Eins, zwei, drei.

Ich liege auf der Brücke unter dem Steuerrad. Und jetzt sitzt neben mir der Rabe. Er hat darauf gewartet, dass ich sterb. Er pickt meinen Körper an, um zu gucken, ob ich nicht mehr lebe.

Wie lange warst du denn allein auf dem Schiff?

Mehrere Wochen. Ich bin ganz schön ausgezehrt. Die Kleidung ist mir viel zu groß, passt nicht. Meine Zähne sind mir ausgefallen. Die Augen so tief in den Höhlen. Ich sehe eigentlich mehr aus wie so ein Geist.

Es wird nun bis drei gezählt, dann befindest du dich wieder vor dem Wolkentor und kannst dich an alles erinnern. Eins, zwei, drei. Du bist wieder vor dem Wolkentor bei deinem Höheren Selbst und kannst dich an alles erinnern. Und das Höhere Selbst reicht dir ein Schälchen mit einer Heilflüssigkeit, damit du dich wieder sehr wohlfühlst. Und du trinkst davon. ... Und reichst dann das Schälchen zurück. Und du fühlst dich wieder sehr wohl. Und du fragst dein Höheres Selbst: Wer von den damaligen Personen lebt auch in meinem heutigen Leben?

Der andere Wickinger, zu dem meine Leute gegangen sind, ist Bülent. Und einer meiner Leute, mit dem ich mich gut verstanden hab, ist mein Papa.

Und frag mal dein Höheres Selbst: Was hat das alles mit deinen Blasenproblemen zu tun?

Das Höhere Selbst sagt: Das ist ganz einfach. Du hast den Leuten, die du auf den anderen Schiffen geentert hast, solche schrecklichen Schmerzen zugefügt, und du hast sogar darüber gelacht und sie noch nicht einmal sofort erlöst. Du hast sie dann noch elendig verbluten lassen. Und ihre Blasen dann aufgehängt und damit angegeben.

Und frag mal dein Höheres Selbst: Ich hatte je ein Opferleben als Schiko gehabt. Ist jenes Opferleben das einzige, das aus diesem Täterleben resultiert, oder gibt es noch andere?

Es gibt wohl noch andere.

Aber im Zusammenhang mit deinen Blasenproblemen?

nein

Frage mal dein Höheres Selbst: **Ich habe ja die ekelhaften Hautprobleme, und die kommen immer wieder. Bitte führe mich dahin, wo die Ursache dafür zu finden ist.** ... Und das Höhere Selbst nimmt dich an die Hand, und ihr schwebt an der Wolkenwand entlang und bleibt vor einem anderen Wolkentor stehen. Du kannst es mit deinen Händen berühren. Du weißt, wie es sich anfühlt. ... Und das Höhere Selbst reicht dir nun das Fläschchen und sagt: "Nimm mal einen ordentlichen Schluck, damit du gleich alles wahrnehmen, fühlen und wissen kannst." – Und du trinkst davon ... ... und reichst es dann zurück. Und du weißt, wenn jetzt bis drei gezählt worden ist, dann ist dieses Tor geöffnet, und du befindest dich dort, wo deine Hautprobleme herkommen. Aber du bist zuerst einen Tag vor jenem wichtigen Erlebnis. Eins, zwei, drei. Schau mal auf deine Füße hinunter. Was hast du an?

Sandalen

Und was hast du sonst noch am Körper an?

Einen langen Rock und eine Bluse.

Dann geh mal mit den Händen über deinen Brustkorb und dein Haar. Wie trägst du denn dein Haar?

Meine Haare sind eigentlich länger. Aber ich habe sie hinten zusammengeknotet.

Welche Farbe haben sie?

Schwarz

Wie alt bist du?

Ich bin sechzehn. Ich bin ein Mädchen.

Und schau dich mal um. Wo bist du denn jetzt gerade?

Ich bin auf einem kleinen Hügel, und unten vor mir ist eine kleinere Stadt. Und dort wohn ich.

Bist du öfter mal auf diesem Hügel?

Ja, da ist die Luft so frisch. Und da hört man die Vögel, und da ist das Gras so grün.

Was machst du eigentlich mit sechzehn in deinem Leben?

Ich bin wie eine Hausangestellte, aber noch als Lehrling.

In welchem Land bist du denn?

Deutschland

In welchem Jahrhundert oder in welchem Jahr befindest du dich?

1806

Wie heißt denn diese Stadt?

...

Es wird bis drei gezählt, und dann kommt der Name. Eins, zwei, drei.

... Lieb .. Liebenberg ... Liebenstein.

(Sie war sich unsicher ob Liebenberg oder Liebenstein.)
Bist du schon verliebt?
Ja, da ist einer, der interessiert sich auch für die Vögel.
Wo bist du denn Hausangestellte?
Beim Arzt, ein Chirurg.
Und nun wird bis drei gezählt, und dann bist du bei einem wichtigen Erlebnis. Eins, zwei, drei. Wo bist du da?
Im Haus hat sich der Arzt ein Zimmer hergerichtet, in dem er auch OPs durchführt. Es ist verboten. Aber macht es trotzdem. An dem Tag will er, dass ich ihm bei der OP helfe.
Wie heißt du eigentlich?
Sandra
Du weißt ja, dass es verboten ist, zu Hause Operationen durchzuführen.
Sonst hat er eine Arztgehilfin, aber sie ist heute nicht da. Er bedrängt mich und sagt: "Du musst mir jetzt dabei helfen." Ich sage: "Ich weiß doch nicht, was ich machen soll." Er hat schon seinen weißen Kittel an und eine Maske vor dem Gesicht. Die Instrumente liegen da schon. Ich will da nicht mitmachen. Das ist ihm egal. Ich muss ihm Instrumente reichen. Jetzt gibt er mir die Kleidung. Die ziehe ich an. Ich muss mir was über die Haare tun und den Mundschutz. Und auch über die Hände muss ich mir was legen, aber es sind keine wirklichen Handschuhe. Ach, er gibt mir eine Flasche Alkohol. Ich soll mir die Hände einreiben. Das riecht so ...
Wer wird denn da behandelt?
Da liegt eine junge Frau. Und die will eine illegale Abtreibung machen lassen. Und sie ist noch nicht in Narkose. Sie ist nackend, doch mit Tüchern bedeckt. Der Arzt hat ihr in die Augen eine

Flüssigkeit getropft. Das ist wohl die Narkose. Ich sag nochmals zu ihm: "Ich kann das nicht. Ich hab Angst, dass ich was falsch machen könnte." Er will gar nicht hören, was ich ihm sage. Ich muss ihm eine Metallzange reichen.

Wie geht er dabei vor? Schneidet er etwas auf?

Nein, er geht so direkt unter den Bauchnabel. Dort schneidet er einfach rein. Sie hat so eine schöne glatte Haut. Jetzt läuft dieses dunkle Blut heraus. Ich will gar nicht hingucken.

Sag mal, holt er jetzt da etwas heraus?

Ja, er greift dort hinein und zieht da so etwas auseinander. ... Jetzt geht er tiefer hinein, als ob er da rumrührt. Ich hab so ein innerliches Gefühl, das wird nichts. Ich möchte weggucken, aber ich kann nicht. Und nun zieht er die Hand raus. Es ist alles blutig. Er hat da nun etwas in der Hand.

Erkennst du etwas genauer?

Man kann das noch nicht erkennen. Es ist etwas fleischig. Aber man erkennt nicht, dass es ein Baby sein könnte. So ein roter Klumpen.

Was macht er jetzt mit der offenen Wunde?

Er kippt da eine Flüssigkeit aus einer Glasflasche rein. Aber es riecht. Es könnte Alkohol sein, mit dem ich mir vorher die Hände einreiben musste. Ich hab das Gefühl, das kann nicht richtig sein. Aber ich trau mich nicht was zu sagen, da er ja der Arzt ist.

Und näht er das zu?

Ja, ja. Es geht so schichtweise. Erst näht er innen etwas zu ..., dann eine obere Lage, ... und jetzt die Bauchdecke. Und da entsteht eine längliche Wulstschicht.

Und nun gehe einmal eine Woche weiter und denke dann an diese OP zurück. ... Wie ist dir dann zumute?

Vielleicht hätte ich noch mit der Frau vor der OP reden sollen, vielleicht wäre sie dann gegangen.

Bist du dieser Frau später begegnet? Hat sie alles gut überlebt?

Sie hat die OP überlebt, doch habe ich sie nicht mehr getroffen. Aber ich höre von anderen, dass sie danach nie wieder Kinder kriegen konnte. Ich bin beim Arzt geblieben, aber ich habe meinen Respekt vor ihm verloren. Er hat das alles aus Geldgier gemacht. Ich war dann nie wieder bei einer OP dabei.

Bist du bei ihm noch länger geblieben?

Ich hab geheiratet.

Mit wie viel Jahren hast du geheiratet?

mit siebenundzwanzig

Wen hattest du denn geheiratet?

Da war ein Handwerker aus dem gleichen Ort. Wir kannten uns nur flüchtig. Doch dann kam er zu dem Arzt. Und hat dort sozusagen um meine Hand angehalten. Und der Arzt hat ja gesagt.

Bist du dann zu ihm gezogen?

Ja, bin ich.

Es wird bis drei gezählt, und dann bist du gerade gestorben und kannst deinen Körper unter dir liegen sehen. Eins, zwei, drei. Kannst du deinen Körper unter dir liegen sehen?

ja

Wie alt bist du geworden?

sechsundneunzig

Und wenn du jetzt auf dein Leben zurückschaust und würdest sagen, was du nie wieder erleben oder tun würdest. Was wäre das?

Ich will nie wieder zulassen, dass jemand von so einem Dilettanten verletzt werden kann.

Und nun wird bis drei gezählt, und du befindest dich wieder vor dem Wolkentor bei deinem Höheren Selbst und kannst dich an alles erinnern. Eins, zwei, drei. Du befindest dich wieder vor dem Wolkentor bei deinem Höheren Selbst und kannst dich an alles erinnern. Und das Höhere Selbst reicht dir das Schälchen mit der Heilflüssigkeit. Und du trinkst davon. ... ... Und reichst es dann zurück. Und du fühlst dich wieder sehr wohl. Und frage mal: Lebt dieser Arzt in deinem heutigen Leben?

mein Papa

Und frage mal weiter: Jene Frau, die dort operiert wurde, lebt sie in deinem heutigen Leben?

meine Mama

Frag mal dein Höheres Selbst: Was hat jenes Leben mit deinen heutigen Hautproblemen zu tun?

Ich habe zugelassen, dass eine Frau, die ganz ohne Makel war, dann einen Makel hatte. Und das hätte ich verhindern können.

Frage mal weiterhin, warum du im heutigen Leben einen Makel hast.

Da kann ich mal sehen, wenn jemand anderes einen Makel hat. Dass Leute dann auch einen angewidert anschauen.

Frag mal dein Höheres Selbst, ob es noch ein anderes früheres Leben gibt, das mit deinen Hautproblemen zu tun hat. Was sagt es dir?

ja

Und das Höhere Selbst nimmt dich an die Hand. Ihr schwebt an der Wolkenwand entlang und bleibt vor einem anderen Tor stehen. Es reicht dir wiederum jenes Fläschchen und sagt: "Trinke davon, damit du alles wahrnehmen, fühlen und wissen kannst." Und du nimmst es und trinkst davon. ... Und reichst es dann zurück. Und du weißt, wenn jetzt bis drei gezählt worden ist, dann ist dieses Tor geöffnet, und du befindest dich in einem Leben, wo eine weitere Ursache für deine Hautprobleme zu finden ist. Aber du bist erst einen Tag vor jenem wichtigen Ereignis. Eins, zwei, drei. Das Tor ist auf. Jetzt bist du da. Schau mal auf deine Füße hinunter. Was hast du da an?

Turnschuhe

Und was hast du sonst noch am Körper an?

Hose, T-Shirt

Und gleite mal mit deinen Händen über dein Haar und dein Gesicht. Wie trägst du dein Haar?

ganz kurz

Hell, dunkel?

hellbraun

Wer bist du denn?

Ich bin ein junger Mann.

Wie alt?

achtzehn

Sag mal: Wo bist du denn jetzt gerade? Schau dich mal um.

Ich bin drinnen. Aber durch das Fenster kommt so viel Licht rein, sodass es sich anfühlt, ich bin draußen.

Bist du dort allein?

Sind viele Leute um mich herum.

Was machen die Leute da? Du hast ja Turnschuhe an.

Sie kommen zu einem Museum, um sich dort Bilder anzugucken.

Was für Bilder sind das?

Es sind sieben.

Hast du auch Bilder ausgestellt?

Ein Freund von mir hat dort Bilder ausgestellt.

Wie heißt du denn?

Ryan

Sag mal, Ryan, in welchem Land bist du denn zu Hause?

USA

In welchem Jahr befindest du dich?

1960

Was machst du mit achtzehn in den USA?

Ich lass es mir gut gehen.

Woher hast du das Geld, um es dir gut gehen zu lassen?

Mein Vater ist reich.

Was macht denn dein Vater?

Er hat Immobiliengeschäfte.

Willst du denn einmal in sein Geschäft einsteigen?

Ja, sicherlich.

Und dein Freund ist Maler und hat Bilder dort ausgestellt.

Ja, genau.

Nun Ryan: Es wird bis drei gezählt, dann bist du am folgenden Tag bei einem wichtigen Erlebnis. Eins, zwei, drei. Wo bist du da?

Das Museum brennt. Oh Gott.

Kannst du nicht rauslaufen?

Mein Freund steht neben mir. Wir sind schon draußen. Aber es ist hier draußen schon ganz dunkel. Er ist ganz hysterisch, weil dort drin seine einzigen Bilder sind. Er verzweifelt daran. Er sagt: "Das ist mein Leben." Er will die Bilder rausholen. Er schreit hysterisch.

Was machst du da?

Ich überlege. Es ist doch ein großes Gebäude. Es muss doch irgendwo noch ein Zugang sein. Da sind ja noch viele Fenster. Es muss doch irgendwie ein Weg zu finden sein, damit man wenigstens ein oder zwei Bilder rettet. Ich gehe hinten rum. Da ist so ein Hintereingang. Man spürt schon die Hitze vom Feuer, aber es ist dort noch nicht. Und ich gehe rein. Und ich höre dieses Knistern. Auch Glasscheiben zerspringen, das Klirren kann ich schon hören. Und ich lauf jetzt einfach durch einen langen Gang. Sicherlich wird der Strom gleich ausfallen. Ich hab in meiner Tasche ein Feuerzeug. Damit kann ich etwas sehen, da der Strom nun aus ist. Und dann gelang ich zu den Treppen. Und ich weiß nicht, ob ich dann in die Ausstellungsräume gelange. Ich gehe in den zweiten Stock jetzt hoch. Und ich steh vor der Tür. Und ich kann vor der Tür drinnen hören, wie es knistert. Ich riech das Feuer auch. Ich spür auch durch die Wände die Wärme. Ich lege meine Hand auf die Klinke. Ich guck wenigstens mal. Doch ich trau mich nicht die Tür nun aufzumachen. Ich überleg noch. In mir bin ich ganz zerrissen. Auf der einen Seite sage ich mir: Das ist es nicht wert. Und auf der anderen Seite steht draußen mein Freund, der denkt: Ich verlier ja hier alles. Und ich denke: Augen zu und durch. Ich reiß die Tür auf. Und dann kommt mir ein Schwall entgegen. Ich versuch das Gesicht zu verdecken. Aber ... ich brenn einfach nur. Und ich dreh mich um. Doch ich brenn einfach nur.

Kannst du denn die Treppe runtergehen?

Ich versuch es. Ich versuch mich am Geländer festzuhalten. Aber ich hab den Arm über den Augen. Ich kann nichts sehen. Ich versuch mich nun am Geländer runterzutasten.

Was ist mit deiner Kleidung, brennt da was?

Angesengt. Irgendwie flackert etwas an mir dran.

Und schaffst du es nach unten?

Ich bin noch auf der Treppe. Es geht so langsam. Ich kann nicht sehen, wie viele Stufen ich noch hab. Ich hab aber das Gefühl, dass das Feuer von hinten kommt.

Und? Schaffst du es nach unten?

Ich bin wohl schon tot.

Es wird bis drei gezählt, dann weißt du, ob du gestorben bist. Eins, zwei, drei. Wo liegt dein Körper?

Ich lieg da am Treppenansatz und ... ja, und die Flammen fressen mich auf.

Kannst du was sehen?

Es brennt alles lichterloh. Das ganze Gebäude, alles, alles wird zerstört.

Schau mal, ob du jetzt auch von außen alles sehen kannst.

Ich sehe die Menschenmenge. Und ich seh meinen Freund. Und der schreit und schreit. Er ist ganz hysterisch. Er ist nur am schreien. Jetzt kommen schon die ersten Feuerwehrautos. Eigentlich ist alles umsonst. Es ist eh schon alles vorbei.

Wie fühlst du dich denn jetzt nach deinem Tod?

Besser, denn vorhin hat alles so wehgetan.

Wenn du jetzt auf dein Leben zurückblickst und würdest sagen: "Ich will nie wieder." Was wäre das denn?

Ich will mich nie wieder für andere in Gefahr bringen. Ich muss mich selber besser schützen.

Es wird bis drei gezählt, dann befindest du dich wieder vor dem Wolkentor bei deinem Höheren Selbst und kannst dich an alles erinnern. Eins, zwei, drei. Du bist jetzt wieder vor dem Wolkentor bei deinem Höheren Selbst und kannst dich an alles erinnern. Und das Höhere Selbst gibt dir ein Schälchen mit einer Flüssigkeit und sagt: "Trinke davon, damit du dich wieder sehr wohlfühlst."

Und du trinkst davon ... und reichst dann das Schälchen zurück. Und du fühlst dich wieder sehr wohl. Und du fragst dein Höheres Selbst: Wer ist denn dieser Freund? Und du erhältst als Antwort?

Bülent
Und frage mal weiter: Haben diese Rötungen und Pusteln auf meiner Haut etwas zu tun mit jenen Verbrennungen? Was sagt dein Höheres Selbst?

Ja, vor allem war ich ja am Gesicht verbrannt, und dann hatte ich ja so ein T-Shirt an, das verbrannte, weshalb ich auch auf der Brust jene Hautausschläge habe.

Und was war mit dem Rücken?

Da auch. Da hatte ich ja auch einen großen Ausschnitt. Am Unterkörper eigentlich nichts. Doch den halben Rücken runter.

Und du hattest dich ja umgedreht. Kannst du sehen, dass du genau an jenen Stellen diese Merkmale hast, wo du die Verbrennung spürtest?

ja

Und dann bist du beim Herabsteigen auf der Treppe nicht nur durch die Verbrennung, sondern vor allen durch die Hitze und den Qualm zu Tode gekommen.

Ich konnte dann nichts mehr sehen.

Frag mal dein Höheres Selbst: Gibt es noch ein weiteres Leben, das mit deinen Hautbeschwerden zu tun hat?

ja

Und das Höhere Selbst nimmt dich an die Hand. Und ihr schwebt an der Wolkenwand entlang und bleibt vor einem anderen Tor stehen. Du kannst es mit deinen Händen berühren, und du weißt, wie es sich anfühlt. ... Und das Höhere Selbst sagt: "Gleich wird bis drei gezählt, dann ist dieses Tor geöffnet, und du befindest dich in einem Leben, wo eine weitere Ursache für deine heutigen

Hautprobleme zu finden ist. Aber du bist zuerst einen Tag vor jenem Ereignis. Doch bevor bis drei gezählt worden ist, hier nimm dieses Fläschchen, trinke daraus, denn die Flüssigkeit darin vermag, dass du gleich alles wahrnehmen, fühlen und wissen kannst." Und du nimmst dieses Fläschchen, trinkst davon ...... und reichst es dann zurück. Und du spürst schon eine angenehme Wärme im Magen, und du weißt: Wenn jetzt bis drei gezählt worden ist, dann befindest du dich hinter diesem Tor in einem weiteren Leben, wo ebenfalls eine Ursache für deine Hautprobleme zu finden ist. Doch du bist zuerst einen Tag vor jenem wichtigen Ereignis. Eins, zwei, drei. Jetzt bist du da. Schau mal auf deine Füße hinunter, was hast du da an oder bist du barfuß?

ganz elegante Schuhe

Und welche Kleidungsstücke trägst du?

Ich habe Strumpfhosen an. Aber ich bin ein Mann. Ich trage seidene Kleider mit goldenen Knöpfen. Oh, ich hab eine weiße Perücke auf.

Wie alt bist du?

sechsundzwanzig

Wo bist du jetzt gerade, drinnen oder draußen?

Ich bin draußen im Garten.

Was machst du dann da gerade?

Der Garten gehört zu einem großen Schloss mit Gartenanlage, mit Beeten und Blumen und zwischendrin so Kies zum Laufen. Und da gehe ich spazieren.

Bist du da alleine?

Nö, da sind noch so ein paar andere Leute.

Was machst du eigentlich in deinem Leben? Was ist deine Haupttätigkeit?

Schriftführer

Wo denn?

am Hof

Was machst du denn da alles mit Schriften?

Na ja, Briefe schreiben, ich muss Briefe übersetzen.

In welcher Sprache?

Italienisch

Bist du Italiener?

Ich bin Franzose.

Wie heißt du denn?

François

Bist du verheiratet?

Nein, bin ich nicht.

Warum bist du nicht verheiratet? Du wärest doch eine gute Partie.

Nein, ich gehe in meiner Arbeit auf.

Aber hast du dich in jemand verliebt?

Ja, es gibt schon attraktive Damen. Aber die sind alle so oberflächlich. Die gucken nur, wer das meiste Geld hat. An den machen sie sich ran. Das interessiert mich gar nicht. Dann bleibe ich lieber allein. Wenn ich mich verliebe, dann von Herzen.

François, in welchem Jahrhundert befindest du dich?

im siebzehnten

Weißt du, wer da regiert?

...

Bei drei weißt du den Namen. Eins, zwei, drei.

Louis

Weißt du, der wie vielte es ist?

Der Zehnte ... nein der Achte.

(*Louis ist als Name richtig, aber es könnte der dreizehnte König Louis gewesen sein.*)

Es wird bis drei gezählt, dann bist du einen Tag weiter bei einem wichtigen Erlebnis. Eins, zwei, drei. Wo bist denn du da?

Ich bin jetzt in den Räumlichkeiten des Königs, und er macht gerade Körpertoilette. Er diktiert mir einen Brief, und nebenbei wird er gewaschen und gepudert. Ich sitze dort an einem Schreibtisch und schreibe, was er mir diktiert, und ich versuch nicht auf ihn zu schauen. Aber manchmal gucke ich hin. Und sie ziehen ihm die Kleider aus und nehmen ihm die Perücke herunter. Und er hat dort am Körper so alte Pusteln, manche größer, manche kleiner. Uhhh.

Und bist du entsetzt darüber?

Na klar. Ich denk mir: Er ist der König, der wohl das Beste haben könnte. Für mich ist Körperhygiene sehr wichtig. Und ich kann nicht verstehen, dass ein Mann wie er so fein gekleidet, darunter so hässlich, eklig ist. Das riecht auch ein bisschen.

Und wenn es noch ein wichtiges Ereignis gibt, das mit deinen Hautproblemen zu tun hat, dann wärest du bei drei da. Eins, zwei, drei.

Da ist eine Frau ...

Wie alt bist du jetzt?

Zweiunddreißig. Ich bin noch an dem Hof als Schriftführer. Da ist eine Frau, und ich weiß, dass sie eine Kurtisane vom König ist, und er hat sich von ihr abgewendet, weil sie jetzt auch solche Flecken, solche Entzündungen hat. Und bei ihr ist es ganz schlimm. Da kann sie diese nicht unter der Perücke oder unter der Kleidung verstecken. Jetzt hat sich der König von ihr abgewandt, und jetzt sucht sie meine Nähe. Sie kommt immer auf mich zu, und ich sehe, dass sie die Haut überpudert hat. Doch man sieht das trotzdem. Und das nässt. Phhh. Und sie nießt auch. Ich sag ihr, sie soll mich bitte in Ruhe lassen. Ich hab kein Interesse. Aber ich spür, dass der König sie zurückgewiesen hat. Mir ekelt es vor ihr auch.

Und nun, wie geht es weiter? ... Kommst du mit ihr noch näher zusammen? ... Verlässt sie den Hof? Oder was macht sie?

Ich biete ihr meine Hilfe an. Denn sie hat ihre Aufgabe verloren, weil der König sie nicht mehr will. Der König versucht sie vom Hof zu verdrängen. Er will das nicht so offen machen, aber – na ja, er hätte sie lieber weg. Und das merkt sie. Sie heißt Constance. *(Sie spricht es auf Deutsch aus.)* Und sie bittet mich um Hilfe, denn sie ist mittellos. Vorher lebte sie von der Gunst des Königs. Na ja, sie tut mir so leid, dass sie jetzt in dieser Situation ist.

Wie reagiert sie jetzt auf dein Verhalten?

Ich nehm sie mit in mein Apartment, aber ich muss es heimlich machen. Und ich wasch sie dort immer. Ich wasch ihr das Puder ab und sag ihr, dass es nicht gut ist. Denn dann kann die Haut nicht abheilen. Aber sie sagt: "Das heilt sowieso nicht mehr." Ich wasch sie immer. Aber das hilft nichts. Diese Flecken sind entzündet und eitrig.

Was verändert sich mit der Zeit zwischen euch?

Sie bleibt lange bei mir. Und dass sie mit mir so lange wohnt – der König hat nie nach ihr gefragt, sie war weg, und sie verlässt auch nicht mein Apartment – wir haben viele Gespräche miteinander. Sie hat eigentlich einen guten Charakter. Und sie sagt, wie sie früher mit dem König als Kurtisane gelebt hat und dass es falsch von ihr gewesen war, sich auf den König einzulassen, der sie mit Geschenken überhäuft hatte. Sie ist eigentlich klug. Man kann sich gut mit ihr unterhalten.

Aber das hält dich jetzt vielleicht davon ab, eine Ehefrau zu finden.

Eigentlich ja. Aber sie ist ja jetzt in meinem Haus.

Kommt ihr euch körperlich irgendwie näher?

Sie versuchte mal mich zu küssen. Aber dann bin ich zurückgewichen. Das war einfach nur Reflex.

Liebst du sie?

Eigentlich eher ein geschwisterliches Verhältnis. Aber ich möchte für sie sorgen, dass es ihr gut geht.

Es wird bis drei gezählt, dann kommst zu einem weiteren wichtigen Erlebnis mit Konstanze. Ein, zwei, drei. Wie alt bist du jetzt da?

Ich bin dreiundvierzig. Sie will gehen. Sie hat sich Tücher und Schals um den Körper gewickelt, denn sie hat überall diese Flecken – auf den Händen, auf den Armen, auf den Beinen, einfach überall. Und ich frage sie: "Warum willst du denn gehen?" Und sie sagt, dass es jetzt mit ihr zu Ende geht. Und sie will mir nicht zur Last fallen. Deshalb sei es besser, wenn sie jetzt gehen würde. Ich steh einfach da und lass sie aus der Tür gehen.

Und bei drei erlebst du dich, wo du gerade selbst gestorben bist. Eins, zwei, drei. Du bist gerade selbst gestorben. Kannst du deinen Körper unter dir liegen sehen?

ja

Wie alt bist du denn geworden?

fünfundsechzig

Woran bist du denn gestorben?

Lungenentzündung

Wenn du jetzt auf dein Leben zurückschaust und würdest sagen: "Ich will nie wieder." – Was würdest du sagen?

Ich würde mein Leben einfach nicht so dahinnehmen. Ich würde versuchen, vieles zu ändern.

Es wird bis drei gezählt, dann befindest du dich wieder vor dem Wolkentor bei deinem Höheren Selbst und kannst dich an alles erinnern. Eins, zwei, drei. Du bist jetzt wieder vor dem Wolkentor bei deinem Höheren Selbst und kannst dich an alles erinnern. Und das Höhere Selbst gibt dir ein Schälchen mit einer Flüssigkeit und sagt: "Trinke davon, damit du dich wieder sehr wohlfühlst." Und du trinkst davon ... und reichst dann das Schälchen zurück. Und du fühlst dich wieder sehr wohl. Und du fragst dein Höheres Selbst: Lebt die Seele von Konstanze wieder in einem heutigen Körper und treffen wir uns wieder? Und du erhältst die Antwort.

Es ist Bülent.

Frag mal dein Höheres Selbst, warum es dir dieses Leben mit der Kurtisane zeigen wollte.

Weil, mit dem damaligen Wissen hätte ich alle Bedingungen allgemein verbessern können. Ja, ich hab einfach selbst viel Wert auf Hygiene gelegt und hatte deswegen nie Hautgeschwüre, aber der König und alle anderen – da war die Hygiene nicht wichtig, da wurde viel drübergepudert und parfümiert, und wichtig war nur, dass die Kleider teuer waren. Aber ich hatte dieses Wissen, dass es gesünder wäre, sich nicht zu pudern. Und ich hab's nicht angewandt bei anderen. Ich hab die Situation einfach so hingenommen.

Das Höhere Selbst führt dich nun auf einen Berg der Erkenntnis. Und vor dir siehst du alle von dir jetzt aufgedeckten Leben wie auch dein heutiges Leben ganz links. Ganz rechts ist dein Leben als François. Da bist du am Königshof in Frankreich. Du bist der Schreiber. Da kommst du mit der Kurtisane Konstanze zusammen, die wie der König voller Hautflecken war. Und sie wohnt bei dir lange Zeit, bevor sie dich verlässt. Kannst du erkennen, was dieses Leben mit deinem heutigen zu tun hat? ... Kannst du erkennen, wie sich Bülent zu dir verhält, dem du als Konstanze so lange geholfen hast? ... Dass er an dir wieder etwas gutmachen will? Und zu dir steht, trotz deiner unschönen Hauterscheinungen?

Da ist noch ein anderer Zusammenhang.

Und neben dem Leben mit Konstanze kannst du unter dir dein Leben als Ryan erkennen. Und du hast einen engen Freund. Und der ist Maler. Und er hat eine Ausstellung mit seinen Bildern. Und dann brennt das Ausstellungsgebäude. Und dieser Freund schreit hysterisch, da diese Bilder sein Lebenswerk darstellen. Und du versuchst von hinten in das brennende Gebäude zu gelangen. Du stürmst die Treppen hoch, doch mit dem Öffnen des Ausstellungssaals erfasst dich ein Feuerschwall, du versuchst auf den Treppen wieder nach unten zu kommen. Aber der Rauch, die Hitze und dann auch die Flammen lassen dich tot niederstürzen. Und dieser Freund ist im heutigen Leben Bülent.

Und in dem anderen Leben bist du in Deutschland Sandra. Du bist im Haus eines Arztes als Hausgehilfin angestellt. Doch dieser nimmt trotz Verbot bei einer jungen Frau eine Abtreibung vor, und du musst ihm zum ersten Mal bei dieser OP beistehen. Du möchtest dieser Frau noch sagen, diese OP zu verweigern. Und nachdem der Arzt die kleine Leibesfrucht herausgeschnitten hat, näht er alles zu und verunstaltet beim Zusammennähen der Bauchdecke ihren Körper und lässt sie wissen, dass sie nie wieder schwanger werden kann. Du bist entsetzt über diesen medizinischen Scharlatan und verlässt ihn schließlich. Und diese Frau ist im heutigen Leben deine Mutter.

Und in einem weiteren Leben warst du ein groß gebauter Wickinger, der als Anführer von vielen Männern auf seinem Schiff an fremden Küsten die Leute überfällt, raubt, Frauen vergewaltigt, tötet und auch Schiffe kapert und den Gefangene bei ihrem vollen Bewusstsein die Blase herausschneidet und diese voller Stolz auf eine Leine hängt. Aber ein anderer Wickingeranführer verspricht deinen Männern größere Anteile der Beute, als du sie ihnen gewährt hast. Und auf einmal verlassen die Deinen dein Schiff, und du treibst allein auf See, ohne das Schiff allein manövrieren zu können, bis du ausgemergelt stirbst.

Und da ist noch ein anderes Leben, wo du ein mutiger Jäger bist, der mit seinem langen Speer auf Löwenjagt geht. Und ein Löwe bewacht die anderen. Und du schläfst in jener Steppe ein. Und du wachst auf und merkst, dass der Löwe bei dir ist. Und du weißt, wenn du dich regst, bist du gleich seine Beute. Du stellst dich tot. Er beschnüffelt dich, beleckt dich. Und er geht wieder weg. Und du erhebst dich und schleuderst ihm deinen Speer in den Rücken, und er fällt zu Boden. Und dich überfällt plötzlich ein Gefühl, was Schlimmes getan zu haben. Es ist ein Schuldgefühl. Er hat dir das Leben geschenkt, und du hast ihn getötet. Und du nimmst dir vor, nie wieder einen Löwen, ja sogar nie wieder ein Tier zu töten. Du hast dich mit deiner Familie zurückgezogen. Die Leute lachten über dich. Dir war es egal und hast dich nur vegetarisch ernährt. Und dieser Löwe ist im heutigen Leben deine Katze.

Und dann bist du eine Diebin. Du siehst dort einen gedeckten Tisch mit leckerem Essen. Und während sich die vornehmen Leute noch abseits unterhalten, schleichst du dich heran und entwendest ein Bratenstück. Doch du wist entdeckt und in ein Verließ geworfen. Und dort musst du lange im feuchten Dunkel sein. Es stinkt da. Doch ein Mädchen kommt mit Brot und warmem Essen, gibt es dem Wächter, der es dir dann weitergibt. Und dieses dir damals unbekannte Mädchen ist im heutigen Leben deine Mutter.

Und ganz links siehst du dein heutiges Leben. Und du hast die Blasenbeschwerden. Sag mal: Woher kommen denn diese? Was kannst du da erkennen?

Ich hab so vielen Leuten bei lebendigem Leibe die Blase rausgerissen.

Kannst du dir denken, dass du im heutigen Leben noch einen karmischen Ausgleich vorzunehmen hast?

ja

Und dann als du die Julia warst in jenem Verließ?

Ja, es war so kalt. Und kein richtiges Klo.

Und kannst du erkennen, dass du in deinem heutigen Leben da Schwierigkeiten hast?

ja

Siehst du ein, dass du das erleben musstest?

Ja, das musste ich haben.

Sag mal, könnte das von dir Erlebte noch im heutigen Leben ein Selbstbestrafungsmechanismus sein?

ja, ja

Und dieses beruht auf Schuldgefühlen. Diese Schuldgefühle sind verstärkt worden durch jene, die du nach dem Töten dieses Löwen in deine Seele gespeichert hattest.

ja

Hast du auch noch im heutigen Leben für irgendwas Schuldgefühle ohne eigentlich einen Grund dafür zu erkennen?

ja

Denn diese unbewussten Schuldgefühle hängen mit jenen aus den früheren Leben zusammen. Kannst du das erkennen?

ja

Und deine Katze hat auch Blasenbeschwerden gehabt, und ist der als Katze wiedergeborene Löwe. Erkennst du diese Zusammenhänge?

ja

Und nun sag mal: Woher kommen deine Hautprobleme?

Ich habe über bessere Körperpflege gewusst. Und ich habe es einfach für mich behalten. Ich hab die andern mit ihren Furunkeln gelassen.

Und wo ist die Hauptursache für deine Hautbeschwerden zu finden? Am Dekolleté, am Rücken ...? War das nicht, wo du dieser Ryan warst?

ja

Was hat dieses Leben mit der Arzthelferin Sandra damit zu tun?

Ja, die Frau hatte so makellos schöne Haut. Und ich habe zugelassen, dass der Arzt da reinschneidet. Dann entstand so ein dicker Wulst. Und ich fühlte mich schuldig, das nicht verhindert zu haben.

Bist du schon mal am Körper operiert worden?

Ja, da hatte ich Angst.

Frag nun mal dein Höheres Selbst: Darf ich mich jetzt von meinen Blasenbeschwerden befreien?

...

Frage noch mal: Darf ich mich zu hundert Prozent befreien oder weniger?

achtzig

Und frag einmal: Zu wie viel Prozent darf ich mich von meinen Hautproblemen befreien?

hundert

Frag mal weiter: Darf ich mich von den Kühlegefühlen an den Füßen und anderen Körperstellen befreien?

fünfundsechzig

Und frag mal dein Höheres Selbst, ob es noch etwas gibt, was du bei einer weiteren Rückführungstherapie an Problemen noch loswerden könntest.

Misstrauen

Und was noch?

Angst zu versagen

Und du stehst neben dem Höheren Selbst auf dem Berg der Erkenntnis. Und es reicht dir nun einen goldenen Kelch mit einer goldenen Flüssigkeit und sagt: "In diesem Kelch befindet sich die Macht der Liebe, der Vergebung und der Leid- und Schuldauflösung. Trinke mal zuerst einen kräftigen Schluck davon, damit du ganz voll Liebe bist." Und du trinkst davon. ... Und nun begebe dich mit diesem Kelch in dein Leben, wo du der Hendrik warst, jener Wickingerführer. Wem willst du dort den Kelch der Liebe, der Vergebung, der Leid- und Schuldauflösung reichen?

All jenen, denen ich wehgetan hab.

Dann reiche ihnen mal den Kelch. Und dieser kann sich multiplizieren, sodass ein jeder, dem du wehgetan hast, einen Kelch in der Hand hält. Kannst du jetzt zu ihnen sagen: Trinkt bitte davon. Bitte vergebt mir, was ich euch an schrecklichem Leid zugefügt habe? Ich liebe euch.

Trinkt bitte davon. Bitte vergebt mir, liebe Leute, was ich euch angetan habe. Es tut mir wirklich leid. Bitte vergebt mir. Ich liebe euch alle.

Lass sie daraus mal trinken. ... ... Schau sie jetzt mal an. Was erkennst du?

Sie lächeln mich an.

Geh mal zu all den Frauen, die du oder auch deine Männer mit deiner Zustimmung vergewaltigt habt, und reiche ihnen den

Kelch, ... sodass nun eine jede einen Kelch in der Hand hält. Was sagst du zu ihnen? Liebe Frauen, trinkt aus dem Kelch der Vergebung und der Leidauflösung. *(Hier wird die Schuld nicht mit genannt, da diese Frauen ja schuldlos waren.)*

Bitte, liebe Frauen, trinkt aus diesem Kelch. Es tut mir wirklich leid, was ich oder auch meine Männer euch an Schmerzen zugefügt haben. Bitte vergebt uns dafür. Wir lieben euch. ...

Und dann gehe mal zu dem Wickingeranführer, der dir deine eigenen Mannen abspenstig gemacht hat. Reiche ihm diesen Kelch. Was sagst du zu ihm?

Ich verzeih dir, dass du mir die Männer weggenommen hast.

Und wenn du willst, kannst du zu ihm sagen: Ich liebe dich.

...

Vielleicht war auch das schon für dich ein karmischer Ausgleich gewesen. Denn denen du die Blase herausgeschnitten hattest, mussten auch, wenn sie nicht bald gestorben waren, unter Schmerzen liegen bleiben. Und nun geh mal zu Hendrik, der da auf seinem Schiff verhungert war. Reiche ihm mal den Kelch. Was möchtest du diesem Wickingeranführer mit deiner ganzen Liebe jetzt sagen?

Dir ist nun alles vergeben worden.

Trinke davon, damit nun auch deine Schuld aufgelöst ist. Ich liebe dich.

Ich liebe dich. ...

Schau mal in sein Gesicht, nachdem er daraus getrunken hat, denn er braucht viel Liebe.

...

Und du kommst nun auf den Berg der Erkenntnis zurück. Und das Höhere Selbst füllt nochmals den Kelch und sagt: "Nun gehe in das Leben, wo du Schiko, der Löwenjäger, warst." Lass den Löwen daraus trinken. ... Was möchtest du ihm sagen? Lieber Löwe ...

Lieber Löwe, *(weinend)* **es tut mir so leid. Bitte verzeihe mir, was ich dir angetan habe.**

...

Gibt er dir ein Zeichen, dass er dir vergibt?

ja

Was möchtest du ihm noch sagen?

Lass mich los.

Trinke nun selbst aus diesem Kelch, damit deine ganzen Schuldgefühle ihm gegenüber aufgelöst sind. ... Sprich ihn an.

Lieber Schiko, ich liebe dich. Meine ganze Schuld dir gegenüber ist jetzt aufgehoben und vergeben.

Und du kannst ihn umarmen. ...

Und du kommst nun auf den Berg zu deinem Höheren Selbst zurück. Es füllt den Kelch nochmals und sagt: "Und nimm nun diesen Kelch und gehe in das Leben, wo du die arme Julia warst." Wem willst du den Kelch zuerst bringen?

dem Wärter

Und was sagst du ihm?

Danke, dass du Mitgefühl hattest und mir das Essen gebracht hast.

Und lass ihn daraus trinken ... und schau dann mal in sein Gesicht. ... Dann gehe auch mal zu jener jungen Frau, die Mitleid mit dir hatte. Was willst du ihr sagen?

Danke, dass du mir immer das Essen gebracht und dich um mich gesorgt hast, obwohl du mich nicht kanntest.

Kannst du ihr sagen: Ich danke dir, ich liebe dich?

Ich danke dir. Ich liebe dich.

Und reiche mal all jenen Menschen, die dich verachtet und auf dich gespuckt haben, den Kelch. ... Kannst du ihnen sagen: Ich vergebe euch allen, die ihr mir Leid zugefügt habt?

Ich vergebe euch allen für das, was ihr mir angetan habt.

Ich liebe euch.

Ich liebe euch.

Und du weißt, wenn du einer von jenen gewesen wärest, wärest du eventuell genauso gewesen wie sie.

ja

Und reiche allen jenen den Kelch, die dich zu Kerkerhaft verurteilt und die dich in das Verließ gebracht haben. Kannst du ihnen sagen: Ich vergebe euch, dass ihr mich ins Verließ verstoßen habt?

Ich vergebe euch, dass ihr mich so viele Jahre in das Verließ eingesperrt habt.

Und nachdem alle nun aus dem Kelch getrunken haben, gehe mal zur Julia. Was willst du zu ihr jetzt mit deiner ganzen Liebe sagen?

Lass los. Es ist jetzt alles gut. Trinke nun davon, damit nun dein ganzes Leid, deine ganzen Kälte- und Hungergefühle nun aufgelöst sind. Ich liebe dich.

Du kannst sie auch umarmen.

ja ...

Und du kommst auf den Berg der Erkenntnis zu deinem Höheren Selbst zurück. Es füllt nochmals den Kelch und sagt: "Nun geh in dein Leben als François, dem Schreiber am Königshof." Wem möchtest du zuerst den Kelch reichen?

der Konstanze

Was sagst du ihr mit deiner ganzen Liebe?

Bitte vergib mir, dass ich nicht früher eingegriffen habe und dich noch außerdem habe gehen lassen.

Und kannst du sagen: Ich liebe dich?

Ich liebe dich.

Und du umarmst sie dann.

ja

Und jetzt stehe mal vor dir selbst. Was willst du François nun sagen?

Es ist nicht gut, dir Vorwürfe zu machen. Du kannst sie jetzt loslassen.

Hab keine Schuldgefühle mehr.

Ja, hab keine Schuldgefühle mehr.

Und ich danke dir, dass du Konstanze geholfen hast.

Ich danke dir, dass du zumindest versucht hast ihr zu helfen.

Und du kannst ihn auch umarmen. ...

Und du kommst auf den Berg der Erkenntnis zu deinem Höheren Selbst zurück. Und es füllt nochmals den Kelch und sagt: "Nun gehe in dein Leben als Ryan." Wem möchtest du dort den Kelch geben?

meinem Kumpel

Was sagst du ihm?

Ich vergeb dir, dass du es zugelassen hast, dass ich in das brennende Gebäude hinaufgestiegen bin und dabei mein Leben riskiert hab. Und auch, dass ich im Endeffekt gestorben bin. Ich vergeb dir dafür.

Lass ihn daraus trinken und – wenn du willst – kannst du ihm sagen: Ich spreche dich von aller Schuld frei.

Ich spreche dich von aller Schuld frei.

Und du kannst ihn auch mal umarmen.

ja ...

Jetzt geh mal zu Ryan selbst und reiche ihm diesen Kelch. Was sagst du denn zu ihm, der verbrannt wurde?

Es ist jetzt alles vergeben. Es ist alles gut. Trinke davon, damit nun alles Leid, das du da erfahren hast, aufgelöst ist.

Ja, ich trinke davon, damit dein ganzes Leid und deine ganzen Schmerzen aufgelöst sind. Und es ist alles vergeben. Ich liebe dich.

Und du kehrst auf den Berg mit dem Kelch zurück, und dein Höheres Selbst sagt: Noch ist genug von der Flüssigkeit darin. Nun gehe in dein Leben als Sandra, der Arzthelferin. Wem möchtest du dort den Kelch geben?

dem Arzt

Was sagst du ihm denn?

Ich möchte dir vergeben, dass du so willkürlich und aus Geldgier gehandelt hast. Es ist dir vergeben. Ich liebe dich.

Und nun geh mal zu dieser jungen Frau, bei der er die Abtreibung vorgenommen hat.

Ich möchte mich bei dir entschuldigen *(schluchzend),* dass ich es zugelassen habe, aber ... es tut mir so leid.

Bitte vergib mir.

Bitte vergib mir.

Du kannst sie auch mal umarmen. ... Schau mal in ihr Gesicht, wie sie reagiert. ... Und nun geh zu Sandra selbst. Was möchtest du ihr mit deiner ganzen Liebe sagen?

Lass deine Schuldgefühle los. *(energisch)* Es ist alles vergeben.

Trinke davon, damit deine ganzen Schuldgefühle aufgelöst sind. Ich liebe dich.

Sandra, trinke davon, dann werden sich deine ganzen Schuldgefühle auflösen. Alles ist nun gut. Ich liebe dich.

Und du kommst wieder auf den Berg zurück, und das Höhere Selbst gießt den Kelch nochmals voll und sagt: "Liebe Gabriele, nun gehe mit diesem Kelch in dein heutiges Leben." Wem möchtest du dort den Kelch reichen?

meiner Mama

Was sagst du ihr denn?

(schluchzend) Ich bin so dankbar, dass du meine Mama bist.

Wenn du mich genervt hast, dann vergeb ich dir. Und wo ich dich genervt habe, vergib du mir.

Wenn ich dich je geärgert oder genervt habe, bitte vergib mir. Und ich vergebe dir, wenn du mir wehgetan hast. Ich liebe dich.

Du kannst sie auch umarmen. ... ...

Und nun geh mal mit dem Kelch zu deinem Vater. Was willst du ihm sagen?

Es tut mir leid, dass ich mich *(schluchzend)* dir nicht öffnen kann. Ich weiß, dass du das brauchst und du das möchtest.

Wo du mir wehgetan hast, vergebe ich dir. Und wo ich dir wehgetan habe, bitte vergib mir.

Ich vergebe dir, wo du mir wehgetan hast. Und bitte vergib du mir, wo ich dich geärgert habe oder dir nicht zugehört habe. ... Weil ich dir nicht meine Liebe gegeben habe. Bitte vergib mir dafür. Ich liebe dich.

Schau mal in sein Gesicht.

Er muss so sehr weinen.

Kannst du ihn mal umarmen, denn er braucht es sicherlich.

ja ...

Dann geh mal mit dem Kelch zu deiner Katze. Was willst du ihr sagen?

Ich danke dir, meine Lilli, dass du wieder bei mir bist und mich so liebst. Und verzeih mir, wenn ich morgens zu faul war aufzustehen und dir was zum Essen zu geben.

Ich danke dir, dass du mir so viel Liebe schenkst.

Ich danke dir dafür, dass du wieder in meinem Leben bist und dass du mir so treu bist und dass du mir alles verziehen hast, was ich dir als Löwe angetan habe.

Und nimm sie mal in deinen Arm und drück sie ganz herzlich.

... ...

(Tierseelen von verstorbenen großen Tieren werden oft als Hunde, Katzen bei Familien wiedergeboren, um sich vorzubereiten, selbst in einer der nächsten Inkarnationen mit ihrer Seele in einem menschlichen Körper geboren zu werden. Die meisten von uns Menschen lebten mit ihrer Seele vor der ersten Inkarnation in Tieren.)

Und nun geh mal zum Bülent, der früher dein Malerfreund gewesen war, ein andermal die Kurtisane Konstanze, und dann war er auch jener andere Wickingeranführer, der deine Mannen überredet hatte, zu ihm zu kommen, da er ihnen bessere Beuteanteile versprochen hatte. Erkennst du nun einen Zusammenhang ihm gegenüber, oder er dir gegenüber?

Er liebt mich ganz doll. Aber er hat Angst, dass er seine Liebe mir nicht richtig zeigt.

Glaubst du, dass er an dir wieder was gutmachen will, da du dich für ihn so eingesetzt hattest? Aber er war ja als Wickinger dein Konkurrent, sodass es noch manchmal zu Sticheleien zwischen euch kommt. Erkennst du, dass sich unbewusst noch alte Programme in das heutige Leben hineinmischen? Könnte es sein, dass du Angst hast, dass er dir was wegnimmt und dich verlässt?

Er hat Angst, dass ich, wenn ich mit meinen Talenten erfolgreich werde, er nur noch mein kleiner Mann, also mein Anhängsel wäre.

Und denkst du manches Mal unbewusst in seiner Gegenwart an deine pickelige Haut, die er ja doch selbst als Konstanze erleiden musste? Kannst du da einen Zusammenhang sehen?

Ja, die Pickel machen ihn etwas hässlicher als er ist, und er fragt mich immer, ob ich denke, dass er noch attraktiv ist.

Könntest du dir vorstellen, dass solch eine Frage für ihn unbewusst mit seiner Hässlichkeit als Konstanze zu tun haben könnte?

ja

Und jetzt reiche ihm den Kelch. Was sagst du ihm mit deiner ganzen Liebe? ... *(da sie zögert, etwas zu sagen)* Alles, was zwischen uns in früheren Leben an Leidvollem passiert ist, ist jetzt aufgelöst. All das Ungute hat keine Macht mehr über uns. Bitte vergib mir, wo ich dir im heutigen oder in früheren Leben wehgetan habe, und ich vergebe dir, wo du mir in früheren oder im heutigen Leben wehgetan hast.

Lieber Bülent, alles was in früheren oder im heutigen Leben an Ungutem zwischen uns geschehen ist, hat keine Macht mehr über uns. Es ist jetzt alles aufgelöst. Wir können alles loslassen. Wir können ganz befreit sein. Es tut mir leid, wenn ich dir wehgetan habe, wenn ich dich geärgert habe, bitte verzeih mir.

Wenn du mir weh ...

Wenn du mir wehgetan hast oder ich dir, dann wollen wir uns vergeben.

Und ich danke dir, für die Liebe, die du mir gegeben hast.

Ich danke dir für all die Liebe, die du mir gegeben hast. Oh, ich liebe dich.

Schau mal in seine Augen, nachdem er daraus getrunken hat. ... Könnt ihr euch umarmen?

Oh ja!

Nun reiche mal der Gabriele den Kelch. Was willst du zu ihr/dir sagen?

Lass alles los, was dich leiden lässt.

Trinke davon, damit du von deinen ganzen Schuldgefühlen und von deinem ganzen körperlichen Leid befreit bist. ...

Trinke davon, damit du von deinen ganzen Schuldgefühlen und von deinem ganzen körperlichen Leid befreit bist. Trinke davon, damit du von deinen ganzen Schuldgefühlen und von deinem ganzen körperlichen Leid befreit bist. Trinke davon, damit du von deinen ganzen Schuldgefühlen und von deinem ganzen körperlichen Leid befreit bist.

Und kannst du zu dir sagen: Du bist nun befreit von allen Schuldgefühlen. Ich liebe mich.

Ich bin nun befreit von allen Schuldgefühlen. Ich liebe mich.

Und noch zweimal.

Ich bin nun befreit von allen Schuldgefühlen. Ich liebe mich. Ich bin nun befreit von allen Schuldgefühlen.

Und deine ganzen körperlichen und seelischen Beschwerden wollten dich nur daran erinnern, dass da noch etwas aufzulösen ist. Und nun hast du alles aufgelöst. Und jetzt sprich sie an: Liebe Gabriele ...

Nimm einen großen Schluck aus dem Kelch und löse dich von der Schuld. Du kannst die Schuld loslassen, du kannst deine Schmerzen loslassen. ...

Selbstbestrafung?

Ja, lass diese auch los.

All deine Probleme, lass sie los. Du brauchst dich nicht mehr zu bestrafen. Und du darfst jetzt eine wunderschöne Frau sein und ganz heil werden. Umarme sie.

Ja, lass alle deine körperlichen Beschwerden los, du brauchst sie nicht mehr. Und du bist frei von der Schuld. Du kannst jetzt eine schöne Frau sein ohne Schmerzen. Ich liebe dich.

Jetzt umarm sie mal und drücke sie mal richtig. Und kannst du ihr sagen: Du bist eine wunderbare Frau, ich liebe dich?

Du bist eine wunderbare Frau. Ja, ich liebe dich.

Und du kommst jetzt mit diesem Kelch auf den Berg der Erkenntnis zurück. Und das Höhere Selbst sagt: "Noch ist etwas Flüssigkeit darin. Nun trinke nun den ganzen Rest auf, damit du nun ganz geheilt bist." ... ... Und du trinkst jetzt den ganzen Rest auf, und reichst den leeren Kelch zurück. Und das Höhere Selbst reicht dir nun in die eine Hand einen großen geöffneten Kiefernzapfen und sagt: "Nimm ihn in die eine Hand, und mit der anderen hole aus dir alles heraus, was du loswerden willst." Knete es wie einen schwarzen Ton dort hinein, und während du das tust, sage je dreimal, von was du dich befreist: Ich befreie mich von aller Schuld und allen Schuldgefühlen ...

Ich befreie mich von aller Schuld und allen Schuldgefühlen. Ich befreie mich von aller Schuld und allen Schuldgefühlen. Ich befreie mich von aller Schuld und allen Schuldgefühlen.

Ich befreie mich von aller Selbstbestrafung. Und knete es hinein.

Ich befreie mich von aller Selbstbestrafung. Ich befreie mich von aller Selbstbestrafung. Ich befreie mich von aller Selbstbestrafung.

Ich befreie mich von all meinen Blasenbeschwerden. Ich befreie mich von all meinen Blasenbeschwerden. Ich befreie mich von all meinen Blasenbeschwerden. Ich befreie mich von all meinen Blasenbeschwerden.

Ich befreie mich von allen meinen Hautbeschwerden. Ich befreie mich von allen meinen Hautbeschwerden. Ich befreie mich von allen meinen Hautbeschwerden. Ich befreie mich von allen meinen Hautbeschwerden.

Ich befreie mich von allen anormalen Kältegefühlen. Ich befreie mich von allen anormalen Kältegefühlen. Ich befreie mich von allen anormalen Kältegefühlen. Ich befreie mich von allen anormalen Kältegefühlen. Ja, ich befreie mich von allen anormalen Kältegefühlen an meinen Füßen. Ich befreie mich von allen anormalen Kältegefühlen an meinen Füßen. Ich befreie mich von allen anormalen Kältegefühlen an meinen Füßen.

Ich befreie mich von meinen Minderwertigkeitsgefühlen. Ich befreie mich von meinen Minderwertigkeitsgefühlen. Ich befreie mich von meinen Minderwertigkeitsgefühlen. Ich befreie mich von meinen Minderwertigkeitsgefühlen.

Ich befreie mich von aller Disharmonie mit meiner Mutter und meinem Vater.

Ich befreie mich von aller Disharmonie mit meinen verwandten Seelen. Ich befreie mich von aller Disharmonie mit allen verwandten Seelen. Ich befreie mich von aller Disharmonie mit allen verwandten Seelen.

Und vor allem befreie ich mich von aller Disharmonie mit Bülent.

Besonders befreie ich mich von aller Disharmonie mit Bülent. Besonders befreie ich mich von aller Disharmonie mit Bülent. Besonders befreie ich mich von aller Disharmonie mit Bülent.

Von was willst du dich noch befreien?

Wut! Ich befreie mich von aller Wut und Aggression. Ich befreie mich von aller Wut und Aggression. Ich befreie mich von aller Wut und Aggression.

Dieser Kiefernzapfen ist nun ganz voll geworden. Und das Höhere Selbst entzündet vor dir nun ein Lichtfeuer und sagt: "Dieses sieht aus wie eine Flamme. Alles, was dort hineingelegt wird, verwandelt sich in die Urliebe zurück. Nun, liebe Gabriele, lege deinen schwere Zapfen in dieses Lichtfeuer." Das tust du. ... Und auf einmal löst sich dieser Zapfen auf ... immer mehr, immer mehr. Jetzt ist er ganz aufgelöst und eine große Erleichterung ist in dir. Und jetzt sage je dreimal, von was du befreit bist: Ich bin jetzt frei von? Kannst du nun sagen: Ich bin jetzt frei von aller Schuld und Schuldgefühlen.

Ich bin jetzt frei von aller Schuld und Schuldgefühlen.

Und nochmals.

Ich bin jetzt frei von aller Schuld und Schuldgefühlen.

Und noch einmal.

Ich bin jetzt frei von aller Schuld und Schuldgefühlen.

Ich bin frei von aller Selbstbestrafung.

Ich bin frei von aller Selbstbestrafung. Ich bin frei von aller Selbstbestrafung. Ich bin frei von aller Selbstbestrafung.

Ich bin frei von meinen Blasenbeschwerden.

Ich bin frei von meinen Blasenbeschwerden. Ich bin frei von meinen Blasenbeschwerden. Ich bin frei von meinen Blasenbeschwerden.

Ich bin frei von meinen Hautbeschwerden.

Ich bin frei von meinen Hautbeschwerden. Ich bin frei von meinen Hautbeschwerden. Ich bin frei von meinen Hautbeschwerden.

Ich bin frei von den Kältegefühlen an den Füßen.

Ich bin frei von den Kältegefühlen an meinen Füßen. Ich bin frei von den Kältegefühlen an meinen Füßen. Ich bin frei von den Kältegefühlen an meinen Füßen.

Ich bin frei von allen Minderwertigkeitskomplexen.

Ich bin frei von allen Minderwertigkeitsgefühlen. Ich bin frei von allen Minderwertigkeitsgefühlen. Ich bin frei von allen Minderwertigkeitsgefühlen.

Ich bin frei von aller Disharmonie mit meinen und Bülents Verwandten.

Ich bin frei von aller Disharmonie mit meinen und Bülents Verwandten. Ich bin frei von aller Disharmonie mit meinen und Bülents Verwandten. Ich bin frei von aller Disharmonie mit meinen und Bülents Verwandten.

Und ich bin jetzt besonders frei von aller Disharmonie mit Bülent.

Ich bin besonders frei von aller Disharmonie mit Bülent. Ich bin besonders frei von aller Disharmonie mit Bülent. Ich bin besonders frei von aller Disharmonie mit Bülent.

Ich bin besonders frei von aller Wut und Aggression.

Ich bin besonders frei von aller Wut und Aggression. Ich bin besonders frei von aller Wut und Aggression. Ich bin besonders frei von aller Wut und Aggression.

Und was verändert sich von nun ab in deinem Leben? ... Was ist mit deinen Schuldgefühlen? Du hast sie solange über mehrere Leben mit dir herumgetragen.

Endlich weg!

Denn die haben an deinen Kräften gezerrt, dich depressiv, ohnmächtig, verzagt und klein zu fühlen. Und was ist mit deinen Minderwertigkeitskomplexen?

Sie sind ebenfalls weg.

Und deine Blasen- und Hautbeschwerden, die wollten dich darauf aufmerksam machen, dass da noch was nicht aufgelöst ist, die sind jetzt weg. Und wenn du jemanden von deinen Verwandten triffst, was ist jetzt anders?

schön

Und wenn sie etwas unschön reagieren, dann machst du es nicht zu einem Problem, denn das ist das ihre. Denn du weißt: Wenn du alles erlebt hättest, was jene in früheren oder im heutigen Leben erlebt hätten, dann wärest du genauso wie einer von ihnen. Jeder ist das Produkt seiner seelischen Erfahrungen aus dem heutigen oder früheren Leben. Du kannst sie so lassen, wie sie sind. Und eure Beziehung mit dir und Bülent wird nun so unbelastet und so schön sein. Denn du weißt ja jetzt, wieso er so ist, wie er eben auf Grund seiner Erlebnisse aus früherem oder auch dem heutigen Leben so ist, wie er ist. Und nun sag mal: Was für eine Frau möchtest du von nun ab sein? Ich bin ... eine erfolgreiche, schöne, gesunde und liebende Frau?

Ich bin von nun an eine gesunde Frau.

Und was noch?

Ich bin eine schöne und eine fröhliche Frau.

Und erfolgreich?

Ja, ich bin eine sehr erfolgreiche Frau.

Und jetzt sag es dreimal, was für eine Frau du von nun ab bist.

Von nun ab bin ich eine gesunde, schöne, fröhliche und erfolgreiche Frau. Von nun ab bin ich eine gesunde, schöne, fröhliche und erfolgreiche Frau. Von nun ab bin ich eine gesunde, schöne, fröhliche und erfolgreiche Frau.

Und diese Affirmation schreibst du dir nachher auf. Du kannst diese notierte Affirmation in der Handtasche tragen oder unter das

Kopfkissen legen oder an deinen Spiegel im Bad anheften, sodass du diese Affirmation vor dir siehst und, wenn du allein bist, diese hörbar aussprichst, oder wenn jemand da ist, der dich hören könnte, diese im Stillen einige Male flüsterst. Denn du bist von nun an eine gesunde, schöne, fröhliche und sehr erfolgreiche Frau. Jawohl!!

Und das Höhere Selbst nimmt einen etwa einen Meter langen silbernen Stab hervor und hüllt dich mit diesem Stab in einen Lichtkokon ein. In diesem Licht ist eine ganz, ganz hohe Heil- und Liebesschwingung. Und diese Liebesschwingung dringt nun in dein ganzes Wesen ein, im körperlichen, seelischen und geistigen Bereich. Und diese Liebesschwingung vibriert nun in dir und bringt Heilkraft und Liebe. Und du genießt jetzt diese totale Liebe, die alles in dir in Harmonie bringt. ... ... Auch deine Chakren werden nun in optimale Schwingung gebracht. ... ... Auch deine Aura wird jetzt wie erneuert. ... ... Ein schönes Gefühl. ... ... Und wenn du möchtest, kannst du dich jetzt bei deinem Höheren Selbst für die Begleitung und Beratung bedanken.

Danke.

Und mit einem Male befindest du dich wieder im Wolkenbett und kannst dich an alles, alles erinnern, was du erlebt und erfahren hast. Alles bleibt, wenn du möchtest, in deiner Erinnerung. Und du spürst, wie du aufgeladen wirst von der göttlichen Energie, die dir so viel Heilkraft, Selbstsicherheit, Liebe und Harmonie gibt. ... ... Und nun sag noch mal: Ich bin frei von aller Schuld und Schuldgefühlen.

Ich bin frei von aller Schuld und allen Schuldgefühlen.

Und noch mal.

Ich bin frei von aller Schuld und allen Schuldgefühlen.

Und noch mal.

Ich bin frei von aller Schuld und allen Schuldgefühlen.

Ich bin frei von aller Selbstbestrafung.

Ich bin frei von aller Selbstbestrafung. Ich bin frei von aller Selbstbestrafung. Ich bin frei von aller Selbstbestrafung.

Ich bin nun frei von allen Blasen- und Hautbeschwerden. Ich bin nun frei von allen Blasen- und Hautbeschwerden. Ich bin nun frei von allen Blasen- und Hautbeschwerden. Ich bin nun frei von allen Blasen- und Hautbeschwerden.

Ich bin frei von allen Kältegefühlen an den Füßen.

Ich bin frei von allen Kältegefühlen an den Füßen. Ich bin frei von allen Kältegefühlen an den Füßen. Ich bin frei von allen Kältegefühlen an den Füßen.

Ich bin frei von allen Minderwertigkeitskomplexen.

Ich bin frei von allen Minderwertigkeitskomplexen. Ich bin frei von allen Minderwertigkeitskomplexen. Ich bin frei von allen Minderwertigkeitskomplexen.

Ich bin nun frei von aller Disharmonie mit meinen und Bülents Verwandten.

Ich bin nun frei von aller Disharmonie mit meinen und Bülents Verwandten. Ich bin nun frei von aller Disharmonie mit meinen und Bülents Verwandten. Ich bin nun frei von aller Disharmonie mit meinen und Bülents Verwandten.

Und besonders bin ich befreit von aller Disharmonie mit Bülent.

Und besonders bin ich befreit von aller Disharmonie mit Bülent. Und besonders bin ich befreit von aller Disharmonie mit Bülent. Und besonders bin ich befreit von aller Disharmonie mit Bülent.

Und ich bin frei von aller Wut und Aggression.

Und ich bin frei von aller Wut und Aggression. Und ich bin frei von aller Wut und Aggression. Und ich bin frei von aller Wut und Aggression.

Und mit einem Male bist du wieder auf der Wiese bei dieser Heilquelle. Und du beugst dich über sie und trinkst von diesem warmen Heilwasser. Denn du weißt: In diesem Wasser ist eine hohe Heilenergie. ... ... Und du entdeckst auf einmal hinter dieser Quelle eine Badewanne, hineingesetzt in die Wiese, vollgefüllt mit diesem warmen Heilwasser. Und du zögerst nicht. Du ziehst dich nun ganz aus ... und gehst zu dieser Wanne hin. ... Dort angekommen, steigst du in dieses warme Wasser hinein, setzt dich hinein, sodass nur noch der Kopf herausschaut. Und du fühlst, wie diese Heilkraft durch deine Poren zu jeder Zelle deines Körpers dringt. Und du tunkst auch deinen Kopf einige Male unter, damit diese Heilkraft auch dort hineingelangen kann. Denn diese Heilenergie heilt jetzt alles an und in dir. Und du genießt jetzt dieses warme Heilbad. ... ... Du spürst eine angenehme Wärme in deinem Blasenbereich und auf der Haut, wo diese Pickel sind. ... Und nun steigst du wieder heraus, doch die Heilkraft in dir wirkt weiterhin. Du bist mit einem Male wieder ganz getrocknet und gehst zu deinen Kleidern zurück. ... Aber dort angekommen, entdeckst du, dass da neue Kleidungsstücke liegen. Du bückst dich, nimmst sie in die Hand. Sie sind seidenweich und duften so schön. Du legst sie an. ... Sie passen wie maßgeschneidert. Und du gehst über die Wiese zurück, woher du gekommen bist. Du fühlst dich wie eine neue Frau. Und nun sage je dreimal von was du befreit bist: Ich bin frei von aller Schuld und allen Schuldgefühlen.

Ich bin frei von aller Schuld und allen Schuldgefühlen.

Und noch mal.

Ich bin frei von aller Schuld und allen Schuldgefühlen.

Und noch mal.

Ich bin frei von aller Schuld und allen Schuldgefühlen.

Ich bin frei von aller Selbstbestrafung.

Ich bin frei von aller Selbstbestrafung. Ich bin frei von aller Selbstbestrafung. Ich bin frei von aller Selbstbestrafung.

Ich bin nun frei von allen Blasen- und Hautbeschwerden.

Ich bin nun frei von allen Blasen- und Hautbeschwerden. Ich bin nun frei von allen Blasen- und Hautbeschwerden. Ich bin nun frei von allen Blasen- und Hautbeschwerden.

Ich bin frei von allen Kältegefühlen an den Füßen.

Ich bin frei von allen Kältegefühlen an den Füßen. Ich bin frei von allen Kältegefühlen an den Füßen. Ich bin frei von allen Kältegefühlen an den Füßen.

Ich bin frei von allen Minderwertigkeitskomplexen.

Ich bin frei von allen Minderwertigkeitskomplexen. Ich bin frei von allen Minderwertigkeitskomplexen. Ich bin frei von allen Minderwertigkeitskomplexen.

Ich bin nun frei von aller Disharmonie mit meinen und Bülents Verwandten.

Ich bin nun frei von aller Disharmonie mit meinen und Bülents Verwandten. Ich bin nun frei von aller Disharmonie mit meinen und Bülents Verwandten. Ich bin nun frei von aller Disharmonie mit meinen und Bülents Verwandten.

Und besonders bin ich befreit von aller Disharmonie mit Bülent.

Und besonders bin ich befreit von aller Disharmonie mit Bülent. Und besonders bin ich befreit von aller Disharmonie mit Bülent. Und besonders bin ich befreit von aller Disharmonie mit Bülent.

Und ich bin frei von aller Wut und Aggression.

Und ich bin frei von aller Wut und Aggression. Und ich bin frei von aller Wut und Aggression. Und ich bin frei von aller Wut und Aggression.

Und du gelangst zu einem kniehohen Stein. Du setzt dich darauf. Du kannst dich an alles erinnern, woran du dich erinnern möchtest. Du fühlst dich sehr, sehr wohl. Und du hörst nun eine Stimme, die sagt: Es wird nun von einundzwanzig bis fünfundzwanzig gezählt, dann bist du wieder in der Wohnung von Tom-Trutz Hardo und kannst dich an alles erinnern.

Einundzwanzig, du bewegst deine Zehen, zweiundzwanzig, du bewegst deine Finger, dreiundzwanzig, du bewegst deine Knie, vierundzwanzig, du bewegst deine Ellenbogen. Fünfundzwanzig, du öffnest deine Augen und fühlst dich sehr, sehr wohl.

Oft ist auf einmal der Gesichtsausdruck der aus der Rückführungstherapie Zurückgekehrten völlig verändert. Die Augen leuchten, alle Anspannungen sind verschwunden. Man umarmt sich. Und anschließend kopiere ich ihr die mit meinem Diktiergerät aufgenommene Rückführung auf eine CD, die ich ihr dann mitgebe.

Und einige Tage später im Seminar fragte ich, wer sich von mir zu einer Demonstration vor allen anderen zurückführen lassen möchte. Und sie bat zu meiner Überraschung diejenige zu sein. Sie legte sich auf eine Liege und deckte sich zu, während alle anderen Teilnehmer mit ihren Stühlen näher rückten. Gabriele wollte nun durch eine weitere Rückführungstherapie von ihren Regel- und Brustschmerzen befreit werden.

Nach einigen Monaten schicke ich eine Mail zu den von mir Zurückgeführten, um mich nach deren Wohlergehen zu erkundigen. Und hier ist nun ihre Antwort:

> Die seit zehn Jahren bestehenden Blasenbeschwerden waren nach der Rückführungstherapie sofort

weg, sodass sich eine Verbesserung von 95 % eingestellt hat. Die Verbesserung meiner Regelschmerzen traten langsam ein, wurden von Monat zu Monat besser, sodass keine Krämpfe mehr entstehen. Die Brustschmerzen samt den Zysten treten nur noch selten auf, während sich meine PMS (Übelkeit vor Periode) sich um 75 % zurückgezogen hat. Meine Beziehung zu Bülent ist deutlich entspannter, denn seit meinen Rückführungen gibt es keine Wutausbrüche oder Getobe mehr, denn ich kann ihn so lassen, wie er ist. Meine Beziehung zu seiner Familie ist lockerer geworden. (Seine Mutter nörgelt nicht mehr wegen unseres Lebensstils.) Und nach meiner Rückkehr zu ihm nach dem Seminar sagte er zu mir: Du siehst jetzt viel entspannter und zugänglicher aus. Meine Kopfschmerzen waren deutlich verbessert. Es fanden keine Blitze mehr im Kopf statt. Ab und an noch ein leichtes Kopfweh.

Für jeden Rückführungstherapeuten ist es wohl ein großes Geschenk, anderen oft sehr wirkungsvoll helfen zu dürfen. Außer meiner schriftstellerischen Tätigkeit könnte ich mir keinen wundervolleren Beruf ausgesucht haben.

Kraftlosigkeit

Die Lehrerin Gerda ist eine sechzigjährige verheiratete Frau und Mutter von drei Kindern.

Und du weißt, Gerda, wenn dieses Tor bei drei geöffnet ist, dann befindest du dich dahinter in einem früheren Leben, wo eine Ursache zu finden ist, warm du dich in deinem heutigen Leben so kraftlos fühlst. Aber zuerst bist du einen Tag vor einem wichtigen Ereignis. Eins, zwei, drei. Jetzt bist du da. Schau mal auf deine Füße hinunter. Was hast du denn an den Füßen an?

Ich bin barfuß.

Was hast du sonst noch am Körper an?

ein großes Kleidchen

Geh mal mit deinen Händen über deinen Brustkorb, den Nacken, das Haar und dein Gesicht. Wie ist dein Haar beschaffen? Ist es lang oder kurz, dunkel oder hell?

lang und dunkelbraunes Haar

Und sag mal, wie alt bist du denn?

vier

Und schau mal, wo du gerade bist, drinnen oder irgendwo im Freien?

Ich bin in einem verwilderten Garten.

Bist du dort allein, oder ist jemand bei dir?

Ich bin alleine.

Was machst du da? Gehst du spazieren, oder hast du was vor?

Ich warte auf meine Mutter.

Sag mal, ist dieser Garten bei eurem Zuhause, oder ist er woanders?

Er gehört zu dem Schloss.

Wohnt ihr dort?

Meine Mama bringt dort was hin. Sie hat einen Korb gehabt.

Weißt du, was in dem Korb war?

Kräuter. Das ist Medizin.

Hat sie das selbst hergestellt?

Hmm.

Macht sie das öfter, dass sie den Leuten irgendwas bringt?

ja

Wie heißt du denn?

Philippa

Hast du auch noch Geschwister, Philippa?

einen großen Bruder

Wo wohnt ihr denn?

In einer Hütte.

Und wo steht diese Hütte?

Im Dorf ganz nah an der Burg.

Was gibt es denn in diesem Burggarten zu sehen, was so schön ist?

Rosen

Und jetzt wird bis drei gezählt, dann bist du einen Tag weiter bei einem wichtigen Erlebnis: Eins, zwei, drei. Wo bist du?

... Angst

Vor was hast du denn Angst?

Ich hab mich versteckt.

Vor was denn?

Da sind Männer. Mama schreit.

Hat sie sich auch versteckt?

Ich bin noch in unserer Hütte.

Was für Männer sind es?

Es sind Soldaten.

Was machen sie?

Einer zerrt Mutter am Haar. Sie tun Mama weh.

Schreit sie dann?

ja

Was vernimmst du? Was hörst du?

(weinend) Einer reißt Mama die Kleider herunter. Und sie schreit. Man hält ihr die Hand vor den Mund.

Kannst du etwas sehen? Oder hörst du das nur?

Der eine sagt, wir nehmen sie noch mit, bevor wir sie zum Herzog bringen.

Wird sie dann weggeführt?

Sie tun Mamma was ganz Schreckliches an.

Glaubst du, sie nehmen sie mit?

(schluchzend) Mama sagt nichts mehr. Sie sind weg. Ich bin traurig. Ich bin ganz allein.

Kommst du nun aus deinem Versteck hervor? Ist niemand mehr da? ... Gehst du vor die Tür? Kannst du ihnen hinterhersehen?

... Alle weg.

Sag mal: Wie geht es weiter? Wartest du, bis sie zurückkommt?

... Da kommt meine Oma. ... Sie nimmt mich in den Arm. Sie sagt: Mein armes kleines Mädchen. ... Ich weiß gar nicht, was los ist.

Fragst du deine Großmutter?

Wo ist Mama?

Was sagt sie?

Du armes kleines Mädchen.

Und nimmt sie dich mit?

Ja. Ich will zu Mama.

Was sagt sie dann?

Sie sagt gar nichts mehr. Sie hält mich nur ganz fest. Aber sie weint.

Ich habe Angst. *(weiterhin schluchzend)*

Es wird bis drei gezählt, dann kommst du zum nächsten wichtigen Ereignis. Eins, zwei, drei. Wie alt bist du denn da?

fünfzehn

Wo bist du denn jetzt?

In der Hütte der Großmutter.

Wo ist denn dein großer Bruder?

Er ist auch da. Meine Mutter ist nicht zurückgekommen.

Hast du erfahren, was mit ihr geschehen ist?

Ja. Sie haben sie als Hexe verbrannt.

Was machst du denn mit fünfzehn? Was ist deine Haupttätigkeit?

Ich helfe meiner Großmutter die Kräuter zu verarbeiten. Wir machen Tinkturen und Salben. Wir leben davon. Wir verkaufen das. Und dann kommen manchmal auch Leute in die Hütte. Und meine Großmutter kann heilen und helfen.

Bringt sie dies auch dir bei? Oder willst du mal was anderes machen?

Ich kann das auch schon.

Hast du auch schon geheilt oder selbst aus Kräutern etwas hergestellt?

Ja, ich helfe ihr immer.

Und was macht denn dein Bruder?

Mein Bruder ist im Kloster.

Will er mal Priester werden oder im Kloster bleiben, oder ist er dort nur Hilfsarbeiter?

Ich glaube, meine Großmutter hat ihn irgendwann mal dorthin gegeben. Sie konnte es sonst nicht mit zwei Kindern schaffen. Wir hatten nicht genug zu essen.

Es wird nun bis drei gezählt, und kommst du zu einem sehr wichtigen Erlebnis. Eins, zwei, drei. Jetzt bist du da. Wie alt bist du?

... zwanzig

Wo bist du da?

Ich bin im Wald. Ich hab mich versteckt.

Warum?

Da war ein Reiter. Ich kenne ihn von der Burg.

Gehst du auch auf die Burg mit den Kräutern?

Ja. Und der stellt mir immer nach. Ich will den nicht. Er hat mich entdeckt, als ich am Waldrand Kräuter gesammelt hab.

Ist er allein oder mit anderen zusammen?

Er ist alleine. Ich bin dann ganz schnell in den Wald gelaufen, und ich hab das Gefühl, er sucht mich.

Und wie geht es weiter?

Ich bin in einer alten mir bekannten Hütte. Und er hat mich da entdeckt und will, dass ich rauskomme. Ich lass ihn wissen, er solle sich wegscheren und zu seiner Frau gehen.

Wie reagiert er?

Er droht mir. Er brenne die Hütte an, wenn ich nicht rauskomme oder ihn reinlasse.

Und zu was entscheidest du dich?

Ich will lieber sterben. Ich gehe nicht raus.

Hat er das Haus angesteckt?

Ja. *(keuchend)* Ich kriege keine Luft mehr.

Machst du denn dann trotzdem die Tür auf und läufst raus?

Ja. Ich stürze nach draußen und falle.

Und?

Er ist da und schlägt und tritt mich. *(schluchzend)* Und sagt, ich sei eine Hure. Er schleift mich weg. Die Hütte brennt.

Was geschieht weiterhin?

Er reißt mir die Kleider vom Leib. *(Sie weint.)*

Es wird bis drei gezählt, und dann ist alles vorbei. Eins, zwei, drei. Ist er weggeritten?

Ja, ich bin alleine. Meine Kleider sind zerrissen. Ich weine. Und er sagte: Wag nicht zu sprechen, sonst bringe ich dich um. *(heftig weinend)* Wie soll ich das der Großmutter erklären?

Es wird bis drei gezählt, und dann kommst du zu deinem nächsten wichtigen Erlebnis. Eins, zwei, drei. ... Wie alt bist du denn da?

zwei Wochen später

Wo bist du da?

Ich bin zu Hause bei meiner Großmutter.

Und?

Ich höre Männerstimmen, ganz viele.

Vor der Hütte?

vor der Hütte

Meinst du, sie kommen zu euch?

Und dann höre ich auch Frauen. Sie rufen nach der alten Hexe. Meine Großmutter und ich umarmen uns. Wir sind ganz ängstlich. Und jetzt wird die Tür aufgerissen. Und dann kommen ganz viele rein. Reißen uns auseinander.

Nehmen sie sie mit?

Ja, sie nehmen sie mit und schleifen mich an den Haaren raus und schimpfen mich Hure. Und die Frau von jenem Ritter zeigt auf mich: Sie hat meinen Mann verhext. Sie ist dran schuld.

Ist ihr Mann auch dabei?

Er steht weiter da hinten ... und macht gar nichts.

Wo werdet ihr hingeführt?

Sie binden uns zusammen mit einem Strick an ein Pferd. Und dann schleifen sie uns hinterher zur Burg.

Es wird jetzt bis drei gezählt, dann bist du gerade gestorben und kannst deinen Körper unter dir liegen sehen. Eins, zwei, drei. Philippa, du bist gerade gestorben. Was ist da passiert?

Ich sehe zwei Scheiterhaufen. Meine Großmutter und ich sind an einen Pfahl angebunden und verbrannt. Die hatten uns durchs Dorf geschleift. Wir waren schon halb tot, als wir dort ankamen.

Haben da viele Leute zugeschaut?

ja

Haben sie euch etwas zugerufen?

Die haben gejohlt und geschrien: Ja, verbrennt sie die alte Hexe und ihre Brut! *(weiterhin schluchzend)*

Und jetzt wird bis drei gezählt, und dann schau dich mal um, ob jemand angeschwebt kommt. Eins, zwei, drei.

meine Mutter

Wie sieht sie aus?

ganz hell und leuchtend

Und siehst du auch deine Großmutter neben euch schweben?

Doch, sie ist auch da.

Und schau mal, wohin dich deine Mutter geleitet. Bei drei bist du da. Eins, zwei, drei.

Eine schöne Wiese. Blumen. Es riecht wunderbar. Vögel.

Schau dir mal deine Mutter an. Wie ist sie gekleidet?

Ganz helles leuchtendes Gewand.

Ihr seid jetzt auf der Wiese. Wie kommst du dir jetzt in dieser Schönheit vor? Und vorher ward ihr gerade noch verbrannt worden. Kannst du dir das alles erklären? Oder erklärt dir die Mutter das alles?

Ich bin nicht auf der Erde. Es ist alles so leicht. Ich schwebe.

Ist das nicht herrlich, zu wissen, dass jetzt alles vorbei ist? Und die Großmutter ist auch da?

ja

Und es wird bis drei gezählt, dann kommst du zu deinem nächsten schönen Erlebnis in dieser höheren Welt. Eins, zwei, drei. Jetzt bist du da. Was erlebst du, was dich da so erfreut?

ein Fest

Was ist das für ein Fest?

Ich kenne die alle. Es sind alles meine Seelenverwandten. Ganz viele.

Feiern die jetzt deine Rückkehr, oder ist das ein anderes Fest?

Ich glaube, das ist meine Rückkehr.

Und deine Großmutter?

Sie ist auch da. Mein Vater ist da. Mein Großvater ist da. Ich kenn sie alle.

Wie ist das Fest? Tanzt ihr?

Wir lachen. Wir sprechen nicht, aber wir kommunizieren miteinander. Wir müssen uns nur in die Augen schauen.

(In meinem Buch "Erlebe dein Jenseits" kann man mit der beigefügten CD sein eigenes Zwischenleben zwischen dem vorausgegangenen und dem heutigen selbst wiedererleben.)

Und es wird bis drei gezählt, dann hast du mit einem Meister oder einem Engel ein Gespräch. Und er erklärt dir dann, warum du ein so schweres Leben haben solltest, wo du verbrannt und vorher noch vergewaltigt werden musstest. Eins, zwei, drei. Mit wem unterhältst du dich denn da?

Erzengel Michael

Und, was fragst du? Was erklärt er dir?

Karma

Und weißt du, was das bedeutet?

Ich musste erleben, die Mutter zu verlieren, ich musste erleben, ganz viel Angst zu haben, und ich musste erleben, Todesangst zu haben. Und er sagt, ich habe das ganz gut gemacht.

Und lass dir das noch weiterhin erklären. Heißt das, dass du was ausgleichen solltest, von dem, was du selbst einmal in einem früheren Leben gemacht hattest?

Alles, was ich jetzt erfahren habe, habe ich auch schon anderen angetan.

Und wenn bis drei gezählt worden ist, dann bist du auf einmal wieder vor dem Wolkentor bei deinem Höheren Selbst und kannst dich an alles erinnern. Eins, zwei, drei. Du bist wieder vor dem Wolkentor bei deinem Höheren Selbst und kannst dich an alles erinnern. Und das Höhere Selbst reicht dir ein Schälchen mit einer Heilflüssigkeit und sagt: "Trinke davon, damit du dich wieder sehr wohlfühlst." Und du trinkst davon ... und reichst es dann zurück und fühlst dich wieder sehr, sehr wohl. Und du sagst dem Höheren Selbst: Ich habe schon von Erzengel Michael erfahren, dass alles von mir Erlebte aus karmischen Gründen geschehen sollte. Und ich möchte doch wissen, bevor wir dort hingehen, wo ich die Ursache dafür gesetzt habe, gibt es noch ein weiteres Leben, das ich aufsuchen sollte, das damit zu tun hat, warum ich im heutigen Leben nicht in meine Kraft komme? Oder war dieses Leben als Philippa das eigentliche Leben? Was sagt dein Höheres Selbst?

Da gibt es noch ein Leben.

Und das Höhere Selbst nimmt dich an die Hand, und ihr schwebt an der Wolkenwand entlang und bleibt vor einem anderen Tor stehen. Du kannst es mit deinen Händen berühren. Und du weißt, wie es sich anfühlt.

Und das Höhere Selbst reicht dir dieses Fläschchen und sagt: "Trinke davon, damit du gleich alles fühlen, wahrnehmen und wissen kannst." Und du trinkst davon ... und reichst dieses Fläschchen zurück. Und du weißt, wenn jetzt bis drei gezählt worden ist, dann befindest du dich hinter dem Wolkentor in einem anderen Leben, wo ebenfalls eine Ursache zu finden ist, warum du Angst hast, vor Prüfungen, vor Leuten zu stehen und nicht in deine Kraft kommen kannst. Aber du bist erst wieder einen Tag vor diesem wichtigen Erlebnis. Eins, zwei, drei. Das Tor ist auf. Jetzt bist du da. Schau mal auf deine Füße hinunter. Was hast du an?

Riemensandalen

Was hast du sonst noch an? Befühl mal deine Kleidungsstücke.

Ein weißes langes Gewand mit ganz vielen Falten.

Gleite mal mit deinen Händen über deinen Brustkorb, dein Haar und dein Gesicht. Wie ist dein Haar beschaffen? Ist es lang oder kurz, hell oder dunkel?

ganz viele Locken

Hell oder dunkel?

bunt

Wie alt bist du denn?

fünfundzwanzig

Befindest du dich im Augenblick drinnen oder im Freien? ... Wo bist du denn da?

Ich bin in einem Tempel.

Bist du da beschäftigt, oder betest du dort?

Ich bin Heilerin.

Gibt es noch andere Heilerinnen dort? Oder bist du die Einzige?

Da gibt es noch eine.

Mögt ihr euch eigentlich?

nein

Warum mögt ihr euch nicht?

Sie ist neidisch, weil ich Fähigkeiten habe, die sie nicht hat.

Wie heißt du denn?

Francheska

Sag mal, in welchem Land bist du denn da?

Es könnte Griechenland sein.

Und nun, Francheska, sage mal, wie lange bist du denn schon Heilerin?

Ich hab das von meiner Mutter gelernt.

Und deine Mutter, hat sie dort auch gearbeitet?

ja

Lebt sie noch?

Nein. Sie ist bei einem Unfall ums Leben gekommen.

Sag mal, du bist fünfundzwanzig. Bist du verheiratet?

nein

Warum nicht?

Ich diene den Kranken.

Aber warum soll es widersprechen, dass du nicht verheiratet bist? Hat sich noch keiner gefunden, den du als Mann haben willst?

Ist ok so.

Wo wohnst du eigentlich? Bist du im Tempel zu Hause oder wohnst du woanders?

Auf dem Gelände des Tempels habe ich zwei Räume, die mir gehören.

Und die andere Heilerin? Wohnt sie auch da?

Nein, sie wohnt nicht in der Tempelanlage. Sie kommt dort immer hin.

Ist sie älter als du?

Ja, sie ist älter.

Es wird nun bis drei gezählt, und dann bist du bei einem wichtigen Erlebnis. Eins, zwei, drei. Jetzt bist du da. Wo bist du?

In einem Heilsaal. Da ist eine kranke Frau. Sie ist schwanger. Ja, sie bekommt Zwillinge.

Und du hilfst bei der Entbindung?

Sie hat Wehen. Aber es geht nicht. Ich hab das Gefühl, das wird kompliziert. Die Kinder liegen nicht richtig. Ich kann das spüren mit meinen Händen. ... Ich fange nun an, mit meinen Händen zu arbeiten. Ich hab das schon oft gemacht. Ich brauch da nicht reinzugehen, ich muss sie nur auf den Bauch legen. Ich weiß, dass ich helfen kann, die Babys zu drehen. Das kann gut gehen. Aber ich hatte Streit mit der anderen Heilerin, weil sie nicht einverstanden ist, was ich mache.

Ist sie auch dabei?

Sie war dabei. Sie ist jetzt aber weg.

Und wie geht das weiter?

Später kommt die andere wieder. Ich bin bei der Mutter und lege die Hände auf den Bauch. Und nehme Kontakt auf mit den Babys. ... Es sind drei. O Gott! Sie sind so groß.

Du fühlst sie. Kommen sie jetzt heraus?

Ich arbeite mit Energien durch meine Hände. Ich spüre, da ist irgendwas. Anscheinend wollen sie nicht kommen. Das eine hat die Nabelschnur um den Hals. Und jetzt geht es der Mutter ganz schlecht. ... ... Das erste Baby kommt. Die Mutter schreit ganz furchtbar, aber ich schaff das. Das erste Baby ist gesund. Ich geb das der Helferin. ... Ich krieg beim zweiten Baby diese Nabelschnur nicht weg. Ich spür, dass der Herzschlag da ganz schwach wird. ... Jetzt kommt es raus. Ich ziehe. Es ist ganz blau. Ich versuche es zu beleben.

Ist die Nabelschnur darum?

Sie ist schon weg.

Und was ist mit dem dritten?

Es kommt jetzt. Aber es ist ganz klein. Es ist nicht gewachsen.

Und kommt es lebend heraus?

Nein. Nur das Erste.

Bekommt die Mutter das alles mit?

Ihr geht es ganz schlecht. Sie blutet wie wahnsinnig. Ich muss mich erst um die Mutter kümmern.

Wie geht es weiter? Bist du allein, oder ist eine Helferin dabei?

Ich hab genug Helferinnen. Das ist ok. Aber die Mutter stirbt, denn sie hat zu viel Blut verloren. Doch das eine Baby lebt. Und dann kommt meine Kollegin ... die sagt, ich sei an allem schuld. Ich hätte die Mutter verhext. Deshalb sei das dritte

Kind nicht gewachsen, und das zweite tot auf die Welt gekommen. Jetzt hat sie endlich einen Grund. Sie sagt: "Ich werde dafür sorgen, dass du nie mehr heilen kannst. Du bist dran schuld. Die Mutter musste nicht sterben. Und die zwei Babys auch nicht. "Ich", so behauptet sie von sich, "hätte sie gerettet." Ich kann nichts dafür, dass sie starb.

Es wird bis drei gezählt, und dann kommst du zum nächsten wichtigen Ereignis. Eins, zwei, drei.

Ja, ich kann meine Hände nicht mehr spüren. Ich kann nicht mehr heilen.

Das heißt, du hast auch keine Kraft mehr in den Händen?

Ich kann auch nichts mehr fühlen. Ich konnte alle Krankheiten erspüren mit den Händen. ... Es geht nicht mehr.

Und was machst du dann? Verlässt du dann den Tempel?

ja

Nun komm mal zu deinem nächsten wichtigen Erlebnis. Bei drei bist du da. Eins, zwei, drei. Jetzt bist du da, Francheska. ... Wo bist du denn da?

Ich lebe als Bettlerin.

Wie alt bist du da?

sechsundzwanzig

Wo bettelst du denn?

auf den Straßen

Aber einige Leute kennen dich ja. Wie gehen die damit um? Du hast doch vielen geholfen?

Ich bekomme sehr viele Almosen. Die bringen nur Essen. Manchmal bringen sie mir auch eine Decke.

Wie fühlst du dich jetzt eigentlich, wo du deine Kraft verloren hast?

Ich fühle mich schuldig.

Aber du hast doch keine Schuld. Was hättest du denn besser machen können?

Ich weiß es nicht. Aber ich will wieder heilen.

Und was ist mit der anderen Heilerin? Wie schaut sie dich an, wenn du sie siehst?

Sie schaut weg. Sie will mich nicht sehen. Ich weiß, sie ist jetzt die Hauptheilerin.

Was ist da geschehen? Hatte sie dich verflucht?

Ich weiß es nicht. Meine Kraft war weg. Ich bin nicht mehr. Ich weiß aber nicht warum.

Vielleicht hat sie etwas gemacht, damit du deine Heilkräfte verlierst.

Ich weiß nicht.

Es wird bis drei gezählt, dann kommst du zum nächsten wichtigen Ereignis. Eins, zwei, drei. Jetzt bist du da. Wie alt bist du da?

Neunundsechzig. Ich liege auf einem Bett. Ich bin krank.

Was fehlt dir?

Mein Herz ist schwach.

Weißt du, dass es mit dir bald zu Ende geht?

Ja. Aber alles ist gut so.

Und es wird bis drei gezählt, dann bist du gerade gestorben und kannst deinen Körper unter dir sehen. Eins, zwei, drei. Wie alt bist du denn geworden?

neunundsechzig

Und an was bist du denn gestorben?

an gebrochenem Herzen

Und wenn du jetzt auf dein Leben zurückschaust und würdest sagen: "Ich will nie wieder." Was würdest du nie wieder tun wollen?

Ich will nie wieder heilen. Ich will nie wieder Verantwortung übernehmen.

Und nun wird wieder bis drei gezählt, und dann befindest du dich wieder vor dem Wolkentor bei deinem Höheren Selbst und kannst dich an alles erinnern. Eins, zwei, drei. Du befindest dich wieder vor dem Wolkentor und kannst dich an alles erinnern. Und das Höhere Selbst reicht dir ein Schälchen mit einer Heilflüssigkeit und sagt: "Trinke davon, damit du dich wieder sehr gestärkt und wohlfühlst." Und du trinkst davon ... und reichst das Schälchen zurück und fühlst dich sehr, sehr wohl. Und du fragst dein Höheres Selbst: Meine Konkurrentin, die andere Heilerin, lebt sie in meinem heutigen Leben? ... Wer ist sie denn? Entweder bekommst du ihren Namen oder siehst ihr Gesicht, oder vielleicht ist sie auch nicht in deinem heutigen Leben.

nein

Frag mal dein Höheres Selbst: Was hat dieses Leben mit meiner Kraftlosigkeit, mit meiner Angst vor Verantwortung und der Angst zu heilen zu tun?

Sehr viel. Es ist wichtig, diese Angst zu heilen.

Frage dein Höheres Selbst: Warum musste ich als Philippa, die Heilerin, wie ich im Jenseits erfuhr, aus karmischen Gründen verbrannt werden? Und in dem Leben als Francheska bin ich falsch angeklagt und beschuldigt worden, bei der Entbindung den Tod der Mutter verursacht zu haben, worauf ich den Tempeldienst als Heilerin verließ und dann in Armut weiterlebte. Bitte führe mich nun in ein Leben, wo die Ursache dafür zu finden ist.

Und das Höhere Selbst nimmt dich an die Hand, und ihr schwebt an der Wolkenwand entlang und bleibt vor einem anderen Tor stehen. Und du kannst es berühren und feststellen, wie es sich anfühlt. Und das Höhere Selbst reicht dir ein Fläschchen und sagt: "Trinke davon, denn die Flüssigkeit darin vermag, dass du sowohl alles erfahren fühlen und wissen kannst." Und du nimmst dieses Fläschchen, trinkst ein paar Schlucke davon ... ... und reichst das Fläschchen zurück. Und das Höhere Selbst sagt: "Wenn gleich bis drei gezählt worden ist, befindest du dich dahinter bei einer Tat, wo du jemand etwas zu Leide tust und das Karma seinen Ursprung findet, das dann später in den beiden Leben als Philippa und Francheska einwirkt. Aber du bist zuerst kurz vor dieser Tat. Eins, zwei, drei. Das Tor ist auf. Du bist da. Schau mal auf deine Füße hinunter. Was hast du an den Füßen an?"

Stiefel

Was hast du sonst noch am Körper an?

eine Uniform

Wie sieht diese aus?

Lederhosen mit Gürtel

Und hast du eine Waffe bei dir?

Eine Axt und ein Schild. Ich hab noch ein Messer an der Seite stecken. Ich sitz auf einem Pferd. Ich bin nicht alleine. Da sind noch mehr solche wie ich.

Wo bist du denn da jetzt gerade?

Ich bin im Wald nahe einem Waldrand, und unten sehe ich ein Dorf.

Was habt ihr da vor?

Gegen Abend, wie besprochen, werden wir dieses Dorf überfallen und ausrauben.

Und jetzt wird bis drei gezählt, und du weißt, was du da tust. Eins, zwei, drei. Jetzt bist du da.

Ich höre noch fürchterliches Gebrüll. Wir schreien alle. Wir sind mindestens sechzig, und wir stürmen den Abhang hinunter.

Wie alt bist du denn?

fünfundzwanzig

Und du bist einer von jenen Soldaten.

Ich bin der Anführer.

Wie heißt du denn?

Egon

Und was geschieht jetzt?

Die schreien und rennen aus den Häusern. Und die Frauen versuchen ihre Kinder einzufangen. Und die Kinder schreien ganz laut.

Und, was macht ihr da?

Wir reiten da einfach durch, und wer uns in den Weg kommt, dem hacken wir den Kopf ab oder wird erstochen, und die Pferde laufen über die Alten drüber.

Und was machst du so im Besonderen?

Eine Frau mit einem Baby im Arm, die rennt schreiend weg. Und ich reite hinter ihr her. Doch sie hat ein Messer und rammt es meinem Pferd in die Brust. Diese gottverdammte Hure, was wagt sie sich! Ich steh dann auf, zieh mein geklemmtes Bein unter dem Pferd raus. ... Ich hab mich Gott sei Dank nicht verletzt und bin so wütend. Ich reiß ihr den Säugling aus den Armen und schmeiß ihn gegen die nächste Hauswand. Und dann reiß ich der Frau die Kleider vom Leib. Und nehm mir jetzt das, was mir zusteht. HHaa!

Nimmst du sie mit, oder machst du noch was an Ort und Stelle?

Die soll spüren, was sie gemacht hat und dass sie sich mit mir nicht anlegen kann.

Was machen alle deine Kumpels da?

Ich höre nur noch Frauen schreien. Und dann brennen schon die ersten Hütten. Ich denke, da sind andere mit den Frauen zu Gange. Dann wird den Frauen in das Gesicht geschlagen, bis sie ohnmächtig sind. Und manche werden über die Pferde geworfen. Einige sind schon tot.

Und was machst du mit der Frau, die du genommen hast?

Ich geh erst einmal in die Hütte und schau, ob da was für uns von Wert ist.

Was könnte da wertvoll sein?

Da sind Waffen. Da ist eine Truhe. Ja, da sind ja Goldstücke drin. AAHH. Ich nehm alles mit. Ich hab einen großen Sack. Und dann hol ich die raus. Und dann ruf ich einen von unseren Kumpels: Heh, komm mal her! Helf mir mal die Truhe zu tragen. Und wir nehmen alles mit. Das war ein guter Fang. Hhaa.

Haben die auch noch Tiere gehabt, die ihr gebrauchen könntet?

Ja, die Pferde auf den Koppeln.

Wo sind denn die Männer des Dorfes?

Die sind weg auf Kriegszug.

Das habt ihr vorher erkundet?

Hhaa. Ja.

In welchem Land bist du denn?

Deutschland

Und in welchem Jahr bist du denn?

935

Hast du das öfter gemacht, dass du mit deinen Leuten Dörfer überfallen hattest?

(mürrisch) Ja, klar. Ich mach das schon ein paar Jahre.

Sag mal: Hast du selbst Frau und Kinder?

Ne. Ich nehm mir immer was Frisches, und möchte mich verwöhnen lassen. Und dann verkauf ich sie als Sklavinnen.

Ach, das geht?

na klar

Und wer nimmt euch diese Frauen ab?

Teilweise kann ich die an die Herrschaften verkaufen. Die dürfen dann auf dem Hof mitarbeiten.

Und nun wird bis drei gezählt, und du bist bei einem anderen Ereignis, wo du vielleicht wiederum Gewalt ausübst. Eins, zwei, drei. Jetzt, Egon, bist du da.

Wir sind in unserem Lager. Und da ist eine aus dem Dorf, die gefällt mir. Eine Rothaarige. Hhaa! Die ist schon vierzig.

Hat jemand anderes schon ein Auge auf sie geworfen?

Die fängt schon an mit dem Hans zu kokettieren. Aber das geht nicht. Ich bin der Boss. Und sie gehört mir.

Hast du das dem Hans verdeutlicht?

Gestern Abend hab ich mir den gekrallt. Und hab ihm das gesagt, dass sie mir gehört. Er soll bloß die Finger von ihr lassen, sonst schneide ich ihm die Kehle durch.

Und der verdrückt sich dann auch?

Der ist ganz schön frech, der Kerl. Der guckt mir ganz schön lange in die Augen. Mein lieber Mann. Auf den muss ich aufpassen. Der ist nämlich auch stark. Der könnt mir mal gefährlich werden.

Und nun sag mal, was ergibt sich weiterhin daraus? ... Bei drei, weißt du das. Eins, zwei, drei.

Er sitzt da am Feuer, und ich seh, wie er sich erhebt und an die Maria ranschleicht. Und die macht ihm doch glatt schöne Augen.

Und was geht jetzt in dir vor?

Eine Wut. Ich geh auf den Kerl zu: "Lass die Finger von Maria, du Dreckskerl! Die gehört mir!" Und er stellt sich breitbeinig vor mich hin und guckt mich ganz frech an. Ich hole aus und hau dem eine rein.

Der andere, steckt er das weg? Oder was?
Er zieht ein Messer. Ich hab kein Messer. Ich hab es in der Hütte gelassen. "Du feige Sau! Steck das Messer weg!" Aber er schwenkt die ganze Zeit das Messer vor meiner Nase rum. Jetzt hat er mich schon mal "autsch!" am Arm erwischt. Ich versuch immer auszuweichen. Ich komm nicht an diesen Kerl ran. AHH!

Hat er zugestoßen?

Es steckt das Messer in meiner Brust. Ich falle um. *(stöhnend)*

Kannst du noch was sagen? Oder?

Hilfe! Helf mir doch einer!

Und es wird bis drei gezählt, dann siehst du deinen Körper unter dir liegen. Eins, zwei, drei. Schau mal. Kannst du deinen Körper jetzt da liegen sehen?

ja

Und was siehst du noch?

Er hat das Messer in der Hand. Da sind auch einige da, die auf meiner Seite standen. Sie wollten auf ihn losgehen. Und er hat sie angeschrien: "Bleibt stehen, wo ihr seid! Ich bin jetzt der Boss. Wagt nur einen Schritt nach vorne zu gehen. Ihr habt gesehen, was dem Egon passiert ist. Wenn ihr nicht aufpasst, passiert mit euch dasselbe. Und ich geh jetzt zu Maria."

Nun wird bis drei gezählt, und dann bist du wieder vor dem Wolkentor bei deinem Höheren Selbst. Und das Höhere Selbst reicht dir ein Schälchen mit einer Heilenergie und sagt: "Gerda, trinke davon, damit du dich wieder sehr, sehr wohlfühlst." Und du trinkst daraus ... Und du fühlst dich wieder sehr, sehr wohl. Und reichst es dann zurück. Und du fragst: Lebt die Seele von Maria in meinem heutigen Leben?

mein Mann

Und wer ist der Hans?

meine Mutter

Jetzt lass dir mal erklären vom Höheren Selbst, warum musste das geschehen, dass du von ihr getötet worden bist?

Ich war sehr selbstgefällig. Ich habe gedacht, ich wär allmächtig und unverwundbar.

Und wenn du jetzt auf dein Leben zurückblickst und würdest sagen: "Ich will nic wieder." Was würdest du sagen?

Ich will nie wieder Macht ausüben. Diese ist viel zu gefährlich, da sie missbraucht wird. Ich will nie wieder jemand vertrauen, nie wieder jemand vertrauen.

Und frag mal dein Höheres Selbst: Wir wollten ja herausfinden, warum du im heutigen Leben nicht in deine Kraft kommst. Was hat jenes Leben damit zu tun? Lass dir dies mal erklären.

Ja, ich habe geschworen, dass ich nie wieder Macht ausüben möchte. Nie wieder Verantwortung übernehmen will. Und auch nie wieder vertrauen, auch jenen, die mir helfen wollen. Ja, das ist in meinem heutigen Leben auch. Kann nicht vertrauen.

Frag mal dein Höheres Selbst: Sollten wir uns noch ein anderes Thema ansehen, oder dies, was wir jetzt aufgedeckt haben, ausreichend ist, um deine Machtlosigkeit aufzulösen? Was antwortet dir dein Höheres Selbst?

Das reicht.

Dein Höheres Selbst führt dich auf einen Berg. Es ist der Berg der Erkenntnis. Und von hier siehst du all die aufgedeckten Leben vor dir ausgebreitet.

Ich muss mal auf Toilette bitte.

Und du kannst nun aufstehen, und zur Toilette gehen.

(Ich nehme die Decke von ihr herunter.)

Nach dem sie sich wieder niedergelegt, sich zugedeckt und die Augen geschlossen hat:

Es wir nun bis drei gezählt, und dann befindest du dich wieder im Wolkenbett. Eins, zwei, drei. Du liegst jetzt wieder so weich und herrlich im Wolkenbett. Und es wird jetzt von neunundachtzig bis achtzig gezählt, und mit jeder Zahl gehst du wieder ganz tief in den Schlaf. ... *(Dieser Countdown ist ebenfalls in meinem DAS GROSSE HANDBUCH DER REINKARNATION zu finden.)* achtzig, achtzig, achtzig. Und mit einem Male bist du wieder bei deinem Höheren Selbst auf dem Berg der Erkenntnis, wohin dich dein Höheres Selbst geführt hat. Und unter dir ausgebreitet, siehst du all die aufgedeckten Leben und auch dein heutiges Leben. Auf der einen Seite ist dein Leben als Gerda. Und Gerda kommt nicht in ihre Kraft für alles, was sie sich vornimmt. Sie fühlt sich immer gehemmt, auch in Bezug zum Heilen. Sie hat Angst vor Publikum und hat Selbstzweifel. Und auf der anderen Seite ist dein Leben als Egon. Und er ist ein Krieger. Und die nehmen sich, was sie wollen. Mit seinen Mannen stürmt er die Dörfer, wenn deren Männer weg sind, und nimmt sich nun alles, nicht nur die Frauen, das ganze Hab und Gut, was immer er gebrauchen kann, ihm macht es nichts aus, wenn die Hütten niederbrennen, und er haut nieder, was sich ihm in den Weg stellt. Und seine Männer machen das Gleiche. Aber da ist eine Frau, die hat noch einen Säugling im Arm, sie wagt es, ein Messer gegen ihn zu ziehen, tötet sein Pferd, und er steigt ab und vergewaltigt sie und wirft ihr Kind vorher noch gegen eine Wand. Er macht schlimme Dinge, raubt das Gold und reitet davon. Aber dann in seinem Lager angekommen, entdeckt er eine Rothaarige, die ihm gefällt. Aber da ist einer, ein ihm untergebener, kraftvoller, selbstbewusster Mann, der mit diesem Mädchen flirtet, und du hast Wut. Du willst diese für dich haben, du sagst: "Das ist meine!" Und jener zieht ein Messer und ersticht dich und erklärt sich dann zum Anführer. Und da ist dein Leben als Francheska, du bist eine Heilerin in einem Tempel irgendwo am Mittelmeer, und du hilfst den Frauen, nicht nur bei allen körperlichen Gebrechen, sondern auch bei Entbindungen. Du hast jedoch eine neidische Konkurrentin, die eigentlich die erste Heilerin sein will. Und nun willst du eine schwangere Frau von ihren drei Kindern entbinden. Das Erste kommt noch gesund raus, das Zweite ist blau angelaufen und hat noch die Nabelschnur um den Hals und ist bereits tot, während das dritte Kind gar nicht gewachsen ist, und ebenfalls leblos ist. Und unter Schreien verblutet diese Frau. Und diese Neiderin klagt dich an, dass es deine Schuld gewesen sei, dass die Mutter verblutete, sie selbst hätte das besser gemacht. Und du wirst entlassen als Heilerin. Und ziehst dich zurück und heilst nie wieder. Und du erlebst als Philippa, wie du als Hexe festgenommen wirst. Du weißt nicht, wo sie ist, und deine Großmutter nimmt dich zu sich. Und einige Jahre später werdet ihr beide als Hexen öffentlich verbrannt. Doch im Jenseits begegnest du all deinen Lieben wieder. In den beiden Leben als Francheska und als Philippa warst du Heilerin. Woher kommt deine heutige Angst zu heilen oder dich in der Öffentlichkeit zu zeigen? ... Und woher kommen deine Zweifel an deinen Fähigkeiten?

Das ist der Schwur, nie wieder zu heilen und nie wieder Verantwortung zu übernehmen.

Und kannst du dir vorstellen, dass jene Programmierung von damals, nie wieder zu heilen und Verantwortung zu übernehmen, noch heute in dir ist?

ja

Und du weißt, was der Philippa geschehen ist. Hast du noch Angst vor Publikum, vor Leuten zu stehen und zu ihnen zu sprechen?

ja

Was ist mit deiner Angst vor Männern? Wie stehst du überhaupt zu Männern?

Da ist noch viel Angst und Misstrauen und Wut.

Kannst du auch erkennen, woher diese Wut und Misstrauen ihnen gegenüber kommt?

ja

Und schau mal, woher die Angst vor Verantwortung kommt. Denk an jene eifersüchtige Heilerkonkurrentin.

ja

Und warum musstest du verbrannt werden?

Das hab ich ja auch als Egon gemacht. Ich habe verbrannt und vergewaltigt.

Aber dann hat ein Messer deinem Leben ein Ende bereitet. Hast du noch manchmal Brust- oder Atembeschwerden?

Brust. Ich habe Blockaden in der Brustwirbelsäule. Und immer Schmerzen. Ich habe genau den Stich darein gespürt. Es war genau die Stelle.

Ist der Stich von vorne gekommen oder von hinten?

Von vorne. Aber er ist ganz durchgegangen. Es war ein ganz langer Dolch, und ich habe auch gespürt, dass er bis an die Wirbelsäule gegangen ist.

Und du weißt nun, wer ist denn deine Mutter damals gewesen?

der Hans

Und wer ist denn da der Manfred gewesen?

Die Maria. Und da ist noch was. Das Baby, das ich gegen die Wand geworfen hab, das ist meine Tochter.

Möchtest du dich von deiner Hilflosigkeit, deiner Angst zu heilen, von deinem mangelnden Selbstvertrauen, nun befreien?

Ja, ja, ja, ja!

Möchtest du dich auch von deinen Brust- und Wirbelsäulenschmerzen befreien?

ja

Auch von allen Disharmonien mit Mutter, deinem Mann und deiner Tochter?

ja

Und das Höhere Selbst reicht dir einen goldenen Kelch mit einer goldenen Flüssigkeit und sagt: "In diesem Kelch befindet sich die Flüssigkeit der Liebe, der Vergebung, der Leid- und Schuldauflösung." Trink zuerst mal einen kräftigen Schluck, damit du ganz viel Mut und Liebe hast. Und nun begebe dich mit diesem Kelch in das Leben als Egon. Wem möchtest du dort den Kelch zuerst reichen?

dem Baby

Was sagst du ihm?

Ich bitte dich ganz herzlich um Vergebung für das, was ich dir damals angetan habe. Ich hab dich so grausem umgebracht. Es tut mir so leid. *(etwas weinend)* Ich bitte dich ganz herzlich um Vergebung.

Du kannst es in den Arm nehmen und es wiegen und sagen: Ich liebe dich. ... Schau mal, wie es dich dann ansieht.

Ich lieb dich von ganzem Herzen. Es tut mir so leid.

Und du legst der Mutter ihr Kind in den Arm. Was sagst du der Mutter?

Meine Liebe, es tut mir so leid. Ich hab dir dein Baby genommen. Ich hab dich vergewaltigt. Es tut mir so schrecklich leid, was ich dir angetan hatte. Bitte vergib mir.

Und frag mal dein Höheres Selbst: Wer ist denn dessen Mutter? Lebt sie in deinem heutigen Leben?

nein

Und nimm den Kelch und gehe zu jenem Konkurrenten, der dir das Messer in die Brust gestochen hat. Was möchtest du ihm sagen?

Lieber Hans, ich vergeb dir, was du mir damals angetan hast. Dass du hinterrücks mein Vertrauen missbraucht und mich umgebracht hast.

Im Grunde kann ich dir dankbar sein, denn du hast mir in jenem Leben noch ein Stück von meinem Karma aufgelöst. Denn ich habe andere auch erstochen.

Ich danke dir, dass du mir einen Teil meines Karmas aufgelöst hast. Trink aus dem Kelch, ich vergebe dir. Ich liebe dich.

Lass ihn mal daraus trinken und schau mal in sein Gesicht.

...

Und dann geh auch mal zu der Maria. Was willst du ihr sagen?

Liebe Maria, es tut mir leid, dass ich nicht akzeptieren konnte, dass du den Hans lieber mochtest als mich. Es tut mir leid, dass ich so wütend auf dich war. Ich wünsche dir alles Gute. Werde glücklich mit Hans. Das gönne ich dir von Herzen.

Und lass sie auch mal daraus trinken. ...

Geh erst mal zu all den Frauen, die du vergewaltigt hast. Und der Kelch kann sich multiplizieren. Und auf einmal haben alle diese Frauen, die du geschändest hast, diesen Kelch in der Hand. Und lass sie daraus trinken. Und sage: Trinkt daraus, damit das Unheil, was ich über euch gebracht habe, nun aufgelöst ist. Bitte vergebt mir. Ich liebe euch.

Liebe Frauen, bitte vergebt mir für all das, was ich euch angetan hab, dass ich eure Würde genommen habe, dass ich euch Gewalt angetan habe. Ich bitte euch von Herzen: Bitte vergebt mir. Ich liebe euch.

Und dann schaue einmal in ihre Augen. Vielleicht dämmert es ihnen, dass du ihnen das Karma aufzulösen geholfen hattest.

Und nun steh mal vor all den anderen Leuten, denen du in mannigfacher Weise Schaden oder Tod zugefügt hattest. Was willst du ihnen sagen? Der Kelch kann sich multiplizieren, sodass jeder einen Kelch in der Hand hat. Was sagst du ihnen?

Ihr Lieben alle, ich bitte jeden Einzelnen von euch, mir zu vergeben für das, was ich euch angetan habe, jedem Einzelnen von euch. Ich weiß, ich war ein wilder Geselle. Bitte verzeiht mir. Ich liebe ...

Ich liebe euch.

Und lass alle daraus trinken. Und schau mal in deren Gesichter. Wenn jetzt noch einer Wut zeigt, dann reiche ihm nochmals den Kelch und sage: Trinke daraus, damit viel Liebe in dich kommen möge. Bitte vergib mir. Ich liebe dich.

Bitte vergib mir. Ich liebe dich.

Und nun steh mal vor dem Egon. Was willst du mit deiner ganzen Liebe ihm sagen?

Lieber Egon, ich vergebe dir von ganzem Herzen all die Missetaten, die du begangen hattest, all das Leid, das du anderen Menschen zugefügt hast. Ich vergebe dir, dass du damals so böse warst.

Und ich kann dir den Kelch der Liebe und Vergebung jetzt geben, denn deine Seele ist jetzt für deine weiteren Leben zur Liebe herangewachsen. Und jetzt kann ich dir sagen: Ich vergebe dir all deine Schuld.

Ich liebe dich. Ich vergebe dir all deine Schuld, was du in diesem oder anderen Leben anderen als Karmaausgleich angetan hattest. Ich vergebe dir von ganzem Herzen. Ich liebe dich.

Und umarme ihn mal. Und du spürst nun, dass die Liebe nun auch in ihn kommt.

...

Und du kommst auf den Berg zurück, und das Höhere Selbst gießt den Kelch nochmals voll und sagt: "Und gehe in dein Leben als Francheska, die Heilerin im Tempel." Wem möchtest du dort den Kelch bringen?

meiner Kollegin

Was sagst du ihr?

Liebe Freundin, ich vergebe dir von ganzem Herzen, da du aus Missgunst und Neid dafür gesorgt hast, dass ich nicht mehr meinem Beruf nachgehen konnte. Ich weiß, du konntest es nicht anders. Ich vergebe dir von ganzem Herzen.

Auch wenn ich nicht wusste, warum du so handeltest, vielleicht hast du ja auch dabei geholfen, Karma bei mir aufzulösen. Was immer auch sein mag: Ich vergebe dir. Ich liebe dich.

Ja, ich vergebe dir von ganzem Herzen. Ich liebe dich.

Und schau ihr mal in ihre Augen. Kannst du eine Veränderung dort wahrnehmen?

Ich spüre ganz viel Leid in den Augen. Ich spüre, dass ihr das leid tat. Sie schaut mich direkt an. Das konnte sie früher nie.

Und nun geh mal zu der Frau, die bei der Entbindung verblutete. Was möchtest du ihr sagen?

Liebe Mutter, es tut mir so leid, dass ich dir nicht helfen konnte, dass ich dir dein gesundgeborenes Kind zu einem Waisen gemacht habe und dass ich dich und deine zwei anderen Babys nicht retten konnte. Bitte, vergib mir von ganzem Herzen. Ich habe mein Bestes getan. Ich konnte nichts dafür. Bitte vergib mir. Es tut mir schrecklich leid. Ich liebe dich und deine Babys.

Schau mal, wie sie dich jetzt anblickt.

Sie ist mir nicht böse.

Du kannst jetzt auch zu dem gesunden Baby gehen, nachdem es allein ist ohne Mutter. Und lass es aus dem Kelch trinken.

Liebes Baby, ich freu mich, dass du leben darfst. Und ich bitte um Vergebung, dass ich deine Mutter und deine Geschwister nicht retten konnte. Jetzt bist du alleine. Bitte vergib mir von ganzem Herzen. Ich habe mein Bestes getan. Ich konnte nichts dafür. Und ich liebe dich von ganzem Herzen.

Nachdem es aus dem Kelch getrunken hat, ... schau mal in seine Augen.

mhhm

Dann geh auch noch zu seinem Vater. Was willst du ihm sagen?

Ich habe mein Bestes getan. Ich bitte dich, vergib mir, dass ich dich zum alleinerziehenden Vater nur eines Kindes gemacht habe. Bitte vergib mir, dass ich deine Frau und deine anderen zwei Babys nicht retten konnte. Es ging nicht anders. Ich liebe dich von ganzem Herzen.

Und nun geh mal zu dir selbst. Und reich mal der Francheska den Kelch. Was willst du ihr sagen?

Liebe Francheska, ich reiche dir den Kelch der Schuldauflösung und der Vergebung, damit alle deine Schuldgefühle, weil du es anscheinend nicht gut genug gemacht hattest, dir jetzt vergeben sind. Es ist dir alles vergeben. Es ist alles ok. Ich liebe dich von ganzem Herzen.

Und du kommst nun auf den Berg zurück. Und das Höhere Selbst gießt den Kelch noch mal voll, und begebe dich in dein Leben als Philippa. Wem möchtest du dort den Kelch der Liebe, der Vergebung, der Leid- und Schuldauflösung bringen?

Dem Ritter, der mich vergewaltigt hat.

Was willst du ihm sagen?

Ich vergeb dir, was du mir und meiner Großmutter angetan hast. ...

Ich danke dir, denn du hast wahrscheinlich auch geholfen, mein Karma auszugleichen. Wenn es so ist, dann danke ich dir dafür.

Ich danke dir, dass du mir geholfen hast, mein Karma auszugleichen. Bitte trink jetzt aus dem Kelch der Vergebung.

Und lass ihn daraus trinken, und dann schau mal in sein Gesicht.

Er weint.

Und jetzt, zu wem möchtest du noch gehen? Vielleicht zu seiner Frau?

ja

Was willst du ihr sagen?

Liebe Frau, ich verzeihe dir, dass du mich denunziert hast, dass du mir einen so schrecklichen Tod beschert hast, wie auch meiner Großmutter.

Ich vergebe dir ...

Ich vergebe dir von ganzem Herzen für all das Leid und die Schmach, für alles, was du mir angetan hast, all die Schmerzen, die ich erleiden musste. Ich vergebe dir.

Lass sie mal daraus trinken. ...

Jetzt geh einmal zu den Männern, die deine Mutter vergewaltigt haben, während du dich verstecktest. Was sagst du ihnen, die dann noch deine Mutter abgeführt haben, damit auch sie noch als Hexe verbrannt wurde?

Ich vergebe euch für all das, was ihr meiner Mutter angetan habt, all die Schmerzen, die ihr ihr zugefügt habt, wie auch alles, was ihr späterhin ihr noch angetan habt. Ich vergeb euch.

Vielleicht hat sie auch mal im früheren Leben als Mann auch Mütter der Kinder vergewaltigt, während diese zusehen mussten. Und dann geh mal zu den Reitern, die dich und die Großmutter abgeholt haben, dich an den Haaren gezogen und euch beide hinter dem Pferd zum Ort reinschleiften, und ihr beide ebenfalls wie deine Mutter auf dem Scheiterhaufen landetet. Willst du diesen Rittern ebenfalls den Kelch reichen?

Ich vergebe euch allen für all das Leid, das ihr meiner Großmutter und mir zugefügt hattet. Vielleicht war es auch ein karmischer Ausgleich. Und dafür danke ich euch, dass ihr dafür gesorgt habt.

Und dann lass sie aus dem jeweiligen Kelch in ihrer Hand trinken. ....

Dann geh auch noch zum jenen Leuten, die den Tod über euch verhängt haben, der Kirche oder dem Magistrat. Was willst du ihnen sagen?

Ich vergebe dir. Denn es ist einer. Ein Mönch. Ich vergebe dir, dass du mich zum Feuertod bestimmt und mich vor allen Leuten bloßgestellt hast. Ich vergebe dir und den anderen Männern.

Lass ihn daraus trinken, und schau mal in sein Gesicht. Verändert sich da was? ... Und ich kann dir auch danken, denn du hast mir geholfen, mein Karma aufzulösen.

Und wenn du mir geholfen hattest, mein Karma aufzulösen, dann danke ich dir.

Und nun reich all den Leuten, die da zugeschaut haben, dich mit Hexe oder Hure geschmäht haben, den Kelch. Denn du weißt, du hättest auch einer von ihnen sein können. Was willst du ihnen nun sagen?

Ich vergebe euch von ganzem Herzen. Trinkt aus dem Kelch, die ihr euch gefreut habt über all das Leid, das ich ertragen musste, wird es wohl auch ein karmischer Ausgleich gewesen sein. Und dafür danke ich euch. Ich vergebe euch von ganzem Herzen. Ich liebe euch.

Lass sie alle aus dem Kelch in ihrer Hand trinken und schau dann mal in ihr Gesicht. ... Und jetzt geh mal zu dir selbst. Was willst du ihr sagen?

Liebe Philippa, trinke aus diesem Kelch, damit all dein Leid und all, was du in diesem Leben erfahren solltest, dir vergeben ist, und der karmische Ausgleich nun stattgefunden hat und damit dein Leid nun aufgelöst ist. Trink. ...

Und schau mal in ihr Gesicht, nachdem sie daraus getrunken hat.

Sie weint. Und wir umarmen uns.

Und nun kommst du auf den Berg zurück. Und das Höhere Selbst gießt den Kelch noch mal voll und sagt: "Nun gehe in dein heutiges Leben." Wem möchtest du dort den Kelch bringen?

meiner Tochter

Dann steh mal vor ihr. Was willst du ihr mit deiner ganzen Liebe sagen?

Liebe T., ich verstehe, warum du mir gegenüber immer zurückhaltend warst und nie ein vertrauensvolles Gefühl entwickeln konntest, bitte vergib mir, was ich dir angetan habe in den vergangenen Leben, nicht nur in dem einen, das wir heute angesehen haben. Ich kann so gut verstehen, dass du mir nicht vertraut hast, aber liebe T., bitte verzeih mir. Ich liebe dich von ganzem Herzen.

Und vergib mir bitte auch, wo ich dir im gegenwärtigen Leben Leid zugefügt habe, und ich vergebe dir, wo du mich verletzt hast.

Alles, was ich dir in diesem Leben angetan hab, bitte vergib mir. Und was du mir angetan hast, ich vergebe dir. Ich liebe dich.

Und zu wem gehst du mit dem Kelch als Nächstes?

meiner Mutter

Reiche ihr mal den Kelch. Was sagst du ihr?

... Wer war noch mal meine Mutter?

Die Mutter war der Mörder.

Mutter, ich vergebe dir von ganzem Herzen, was du mir angetan hast. Das war auch Karmaausgleich. Dafür danke ich dir.

Danke. Und ich vergeb dir auch die Lieblosigkeit in meinem heutigen Leben. Und sollte ich dir im heutigen Leben etwas angetan haben, dann bitte vergib mir auch, ich bitte dich von ganzem Herzen darum.

Auch darum, dass sie dich als kleines Kind schon so klein gemacht hat, und sicherlich schon damals dir behilflich war, karmisches Verschulden aufzulösen.

Liebe Mutter, ich vergebe dir alles. Ich liebe dich.

Und nun reiche alle denen den Kelch, die dir im heutigen Leben wehgetan haben oder denen du wehgetan hast. Kannst du ihnen sagen: Bitte vergebt mir, wo ich euch wehgetan habe, und ich vergebe euch, wo ihr mir wehgetan habt.

Bitte, vergebt mir, wo ich euch wehgetan habe. Und ich vergebe euch, wo ihr mir wehgetan habt.

Und gehe auch mal zu deinem Ehemann. Kannst du ihm sagen: Wo ich dir wehgetan habe, bitte vergib mir, und wo du mir wehgetan hast, ich vergebe dir.

Du warst zu stark für mich. Ich wollte mich schon von dir trennen, da du mich so klein gehalten hast. Aber ich bin immer wieder geblieben. Wo ich dir wehgetan habe, bitte vergib mir, und wo du mir wehgetan hast, ich vergebe dir von ganzem Herzen. Denn du hast für mich gesorgt. Ich liebe dich. Aber bitte vergib mir, dass ich dich dann doch verlassen habe, um in meine Größe zu kommen. Aber nach wie vor bin ich sehr in Liebe mit dir verbunden.

Kannst du ihm sagen: Geh deinen Weg. Habe eine neue Partnerin und habe viel Freude im Leben.

Ja, geh deinen Weg. Vielleicht findest du eine neue Partnerin. Ich wünsch dir viel Glück und Liebe von ganzem Herzen.

Und ich danke dir, dass du mir unsere Kinder geschenkt hast.

Ja. Ich danke dir für unsere wunderbaren Kinder.

Schau mal in sein Gesicht.

Er lächelt.

Und gibt es noch jemand, zu dem du mit dem Kelch gehen möchtest?

... Zu meiner Tante. Liebe Tante R., es ist schwer zwischen uns beiden. Früher haben wir uns sehr geliebt. Und inzwischen ist es so schwierig geworden. Ich hab auch das Gefühl, dass du mir keine Luft gibst. Und wenn ich komme, bin ich so mutlos. Denn ich liebe dich. Ich weiß nicht, was zwischen uns ist. Ich wünsche mir einfach Harmonie zwischen uns.

Bitte vergib mir ...

Bitte vergib mir, wenn ich dir wehgetan haben sollte. Und da, wo du mir wehgetan hast, vergebe ich dir von ganzem Herzen.

Und lass sie aus dem Kelch trinken. ... Und schau dann mal in ihr Gesicht. Kannst du zu ihr sagen: Ich liebe dich?

Ich liebe dich von ganzem Herzen.

Und kannst du sie nun umarmen?

hhm

Und nun steh vor dir selbst und reiche dir den Kelch der Liebe, der Vergebung, der Leid- und Schuldauflösung. Was willst du jetzt zu dir, zur Gerda, sagen mit deiner ganzen Liebe?

Liebe Gerda, trinke aus diesem Kelch, um alles Leid und alle Schuld aufzulösen. Alles, was du anderen in früheren Leben oder in diesem Leben an Leid angetan hast, sei dir nun vergeben. Und ich liebe dich von ganzem Herzen. Und ich weiß, dass du inzwischen sehr viel gelernt hast über den Karmaausgleich. Deine Seele ist gewachsen durch all die Erfahrungen, die du machen durftest. Und ich liebe dich von ganzem Herzen. Alles soll nun von dir aufgelöst werden. Alle Schuld, alles Leid.

Und ich umarme dich, für deinen Mut, alles aufzulösen.

Ich umarme dich für deinen Mut, endlich alles aufzulösen.

Und du kommst mit diesem Kelch auf den Berg zurück. Noch ist etwas Flüssigkeit darin. Nun, liebe Gerda, trinke den ganzen Rest auf, damit du nun endlich von all dem, was dich hinderte, glücklich zu sein, befreit bist. Und du trinkst ihn leer ... und reichst ihn dem Höheren Selbst zurück. Und das Höhere Selbst reicht dir nun einen großen geöffneten Kieferzapfen und sagt: "Nimm ihn in die eine Hand. Und mit der anderen hole alles aus dir heraus, was du loswerden willst und knete ihn wie einen schwarzen Ton in diesen Zapfen, indem du je dreimal sagst, von was du dich befreien willst: Ich befrei mich von ...?"

Ich befreie mich von meiner Kraftlosigkeit.

Jawohl. Und noch einmal.

Ich befreie mich von meiner Kraftlosigkeit.

Und noch einmal.

Ich befreie mich von meiner Kraftlosigkeit.

Ich befreie mich von der Angst vor Verantwortung.

Ich befreie mich von der Angst vor Verantwortung. Ich befreie mich von der Angst vor Verantwortung. Ich befreie mich von der Angst vor Verantwortung.

Ich befrei mich von der Angst zu heilen und anderen zu helfen.

Ich befrei mich von der Angst zu heilen und anderen zu helfen.
Ich befrei mich von der Angst zu heilen und anderen zu helfen.
Ich befrei mich von der Angst zu heilen und anderen zu helfen.

Ich befreie mich von der Angst vor Publikum zu sprechen.

Ich befreie mich von der Angst vor Publikum zu sprechen. Ich befreie mich von der Angst vor Publikum zu sprechen. Ich befreie mich von der Angst vor Publikum zu sprechen.

Ich befreie mich von allen Selbstzweifeln und meinem mangelnden Selbstwertgefühl.

Ich befreie mich von allen Selbstzweifeln und meinem mangelnden Selbstwertgefühl. Ich befreie mich von allen Selbstzweifeln und meinem mangelnden Selbstwertgefühl. Ich befreie mich von allen Selbstzweifeln und meinem mangelnden Selbstwertgefühl.

Ich befreie mich von meiner Wut auf Männer und meinem Misstrauen ihnen gegenüber.

Ich befreie mich von meiner Angst vor Männern, meinem Misstrauen und meiner Wut ihnen gegenüber. Ich befreie mich von meiner Angst vor Männern, meinem Misstrauen und meiner Wut ihnen gegenüber. Ich befreie mich von meiner Angst vor Männern, meinem Misstrauen und meiner Wut ihnen gegenüber.

Ich befreie mich von all meinen Brustwirbelschmerzen.

Ich befreie mich von all meinen Brustwirbelschmerzen. Ich befreie mich von all meinen Brustwirbelschmerzen. Ich befreie mich von all meinen Brustwirbelschmerzen.

Ich befreie mich von allen Disharmonien mit meiner Mutter, meinem Mann, meiner Tochter und meiner Tante.

Ich befreie mich von allen Disharmonien mit meiner Mutter, meinem Mann, meiner Tochter und meiner Tante. Ich befreie mich von allen Disharmonien mit meiner Mutter, meinem Mann, meiner Tochter und meiner Tante. Ich befreie mich von allen Disharmonien mit meiner Mutter, meinem Mann, meiner Tochter und meiner Tante.

Und ich bin endlich frei von aller Schuld und allen Schuldgefühlen. Stopfe es hinein.

Und ich bin endlich frei von aller Schuld und allen Schuldgefühlen. Und ich bin endlich frei von aller Schuld und allen

Schuldgefühlen. Und ich bin endlich frei von aller Schuld und allen Schuldgefühlen.

Fällt dir noch irgendwas ein, was du zusätzlich noch hineinstopfen willst? Dann knete es hinein.

Ich befreie mich von allen anderen körperlichen Schmerzen, die mich momentan noch plagen.

Hinein damit.

Ich befreie mich von allen anderen körperlichen Schmerzen, die mich momentan noch plagen. Ich befreie mich von allen anderen körperlichen Schmerzen, die mich momentan noch plagen.

Jetzt ist der Zapfen so richtig voll geworden. Und das Höhere Selbst entzündet vor dir ein Lichtfeuer. Es ist reines Licht. Nun, liebe Gerda, lege deinen schweren Zapfen dort hinein. Denn alles, was dort hineingelegt wird, verwandelt sich in die Urliebe zurück. ... Und auf einmal siehst du, wie dieser Zapfen sich immer mehr auflöst, immer mehr, immer mehr. Und jetzt ist er ganz aufgelöst. Und eine große Erleichterung ist in dir. Und jetzt kannst du je dreimal sagen, von was du frei bist: Ich bin frei von aller Kraftlosigkeit und ...

Ich bin frei von aller Kraftlosigkeit, und mir wird alles gelingen, was ich anpacke. Ich bin frei von aller Kraftlosigkeit, und mir wird alles gelingen, was ich anpacke. Ich bin frei von aller Kraftlosigkeit, und mir wird alles gelingen, was ich anpacke.

Ich bin jetzt frei vor der Angst vor Verantwortung, und ich nehme jetzt für mich die Verantwortung.

Ich bin frei von der Angst, Verantwortung zu übernehmen. Ich bin frei von der Angst, Verantwortung zu übernehmen. Ich bin frei von der Angst, Verantwortung zu übernehmen, und ich nehme von nun ab die Verantwortung für all mein Tun.

Ich bin frei von der Angst zu heilen und den anderen zu helfen.
Ich bin frei von der Angst zu heilen und den anderen zu helfen. Ich bin frei von der Angst zu heilen und den anderen zu helfen. Ich bin frei von der Angst zu heilen und den anderen zu helfen.

Ich bin frei von der Angst vor Publikum und kann einen Vortrag vor Publikum halten.

Ich bin frei on der Angst vor Publikum und kann einen Vortrag vor Publikum halten. Ich bin frei on der Angst vor Publikum und kann einen Vortrag vor Publikum halten. Ich bin frei on der Angst vor Publikum und kann einen Vortrag vor Publikum halten.

Ich bin frei von allem Selbstzweifel und habe von nun an ein gesundes Selbstvertrauen für alles, was ich tue.

Ich bin frei von allem Selbstzweifel und habe von nun an ein gesundes Selbstvertrauen für alles, was ich anpacke. Ich bin frei von allem Selbstzweifel und habe von nun an ein gesundes Selbstvertrauen für alles, was ich anpacke. Ich bin frei von allem Selbstzweifel und habe von nun an ein gesundes Selbstvertrauen für alles, was ich anpacke.

Ich habe jetzt keine Angst vor Männern und kann jetzt Männern ohne Angst, Wut und Misstrauen begegnen.

Ich habe jetzt keine Angst vor Männern und kann jetzt Männern ohne Angst und Wut und Misstrauen begegnen. Ich habe jetzt keine Angst vor Männern und kann jetzt Männern ohne Angst und Wut und Misstrauen begegnen. Ich habe jetzt keine Angst vor Männern und kann jetzt Männern ohne Angst und Wut und Misstrauen begegnen.

Ich bin frei von allen Brustwirbelschmerzen im Körper und allen anderen Schmerzen im Körper.

Ich bin frei von allen Brustwirbelschmerzen im Körper und allen anderen Schmerzen im Körper. Ich bin frei von allen Brustwirbelschmerzen im Körper und allen anderen Schmerzen im Körper. Ich bin frei von allen Brustwirbelschmerzen im Körper und allen anderen Schmerzen im Körper.

Ich bin frei von aller Disharmonie mit meiner Mutter, meinem Mann, meiner Tochter und meiner Tante, und ich kann sie so lassen, wie sie sind, und trage ihnen nichts nach.

Ich bin frei von aller Disharmonie mit meiner Mutter, meinem Mann, meiner Tochter und meiner Tante, und ich kann sie so lassen, wie sie sind und trage ihnen nichts nach. Ich bin frei von aller Disharmonie mit meiner Mutter, meinem Mann, meiner Tochter und meiner Tante, und ich kann sie so lassen, wie sie sind und trage ihnen nichts nach. Ich bin frei von aller Disharmonie mit meiner Mutter, meinem Mann, meiner Tochter und meiner Tante, und ich kann sie so lassen, wie sie sind und trage ihnen nichts nach.

Und ich bin frei von aller Schuld und allen Schuldgefühlen. Und ich bin frei von aller Schuld und allen Schuldgefühlen. Und ich bin frei von aller Schuld und allen Schuldgefühlen. Und ich bin frei von aller Schuld und allen Schuldgefühlen.

Und was verändert sich in deinem Leben? Wie steht's um deine Einengung?

Jetzt kann ich alles vollbringen, was ich tun möchte, und alle meine Pläne umsetzen.

Und dein ganzes Leben kannst du dir nun wundervoll gestalten.

Jaaaa!! Ich kann meine ganzen Vorhaben nun umsetzen, die ich schon lange habe.

Und sag mal: Was für eine Frau möchtest du von nun an sein? Ich bin eine erfolgreiche, mutige, angstfreie ... Was fällt dir so ein?

Ich bin eine kraftvolle, vitale, selbstbewusste, sehr weibliche, gesunde, erfolgreiche, liebevolle und lustige Frau. Ich bin eine kraftvolle,
selbstbewusste ...
selbstbewusste,
erfolgreiche ...
erfolgreiche und liebende Frau.
Und noch mal: Ich bin von nun ab ...
Ich bin von nun ab eine angstfreie, selbstbewusste, erfolgreiche und liebende Frau.
Und noch mal.
Ich bin von nun ab eine angstfreie, selbstbewusste, erfolgreiche und liebende Frau.
Und noch mal.
Ich bin von nun ab eine angstfreie, selbstbewusste, erfolgreiche und liebende Frau.
Und das bist du von nun ab.
Und das Höhere Selbst nimmt einen silbernen, etwa einen Meter langen Stab, aus welchem ein weißer Lichtnebel hervorkommt. In diesem befindet sich eine ganz hohe Liebesschwingung. Und nun hüllt dich dein Höheres Selbst mit diesem Stab in einen Lichtkokon ein. Und diese hohe Liebesschwingung durchdringt nun dein ganzes Wesen im körperlichen, seelischen und geistigen Bereich. Alles wird angefüllt mit dieser hohen Liebesschwingung. Und du genießt jetzt diese hohe Liebesschwingung, die alles in dir in Harmonie bringt und alles heilt. Und du genießt diese totale dich heilende Liebe. ... ... Und wenn du möchtest, kannst dich jetzt bei deinem Höheren Selbst für die Begleitung und Beratung bedanken. ... ... *(Oft wird es ausgesprochen oder auch in Gedanken gesagt, sodass man einen Augenblick innehält, bevor man weitergeht.)*

Und auf einmal befindest du dich wieder im Wolkenbett. Und die goldenen Strahlen der göttlichen Liebe hüllen dich ein und vermitteln dir Liebe, Heilkraft, Selbstsicherheit und Harmonie. Du fühlst dich sehr, sehr wohl. Und du kannst dich an alles erinnern, an was du dich erinnern möchtest. ... ...

Und mit einem Male befindest du dich wieder auf der Wiese bei der Heilquelle. Und du trinkst von diesem warmen Heilwasser. Denn du weißt, dass sich darin eine hohe Heilschwingung befindet, die alles zu heilen vermag. Und du trinkst nun davon. ... ... Und du entdeckst etwa zwei Meter dahinter eine Badewanne, eingelassen in die Wiese, vollgefüllt mit diesem warmen Heilwasser. Und du zögerst nicht. Du ziehst dich ganz aus ..., gehst dann zu der Wanne hin ... und steigst in das angenehm warme Wasser hinein, sodass nur noch der Kopf herausschaut. Aber auch diesen tunkst du einige Male in dieses Heilwasser hinein, damit die Heilkraft durch die Poren der Haut in den Körper eindringt und all den Abermilliarden Zellen Heilkraft und Liebe bringt. Und du genießt dieses Heilbad. ... Alles kommt in Harmonie. ... ... Und du steigst wieder aus der Wanne heraus und bist auf einmal wieder ganz getrocknet. Und du gehst zu deinen Kleidungsstücken zurück. Aber dort angekommen, entdeckst du, dass da neue Kleidungsstücke liegen. Du nimmst sie in die Hand. Sie sind so seidenweich und duften so gut. Du legst sie an. ... Sie passen wie maßgeschneidert. Und du gehst nun über die Wiese zurück in die Richtung, aus der du hergekommen bist. Du fühlst dich wie eine neue Frau. ... Und nun sage nochmals je dreimal, von was du dich befreit hast. Ich bin nun frei von ...

Ich bin frei von ... (und sie wiederholt nun ihre Befreiungsprogrammierung).

Und was für eine Frau bist du von nun an?

Ich bin von nun ab eine angstfreie, selbstbewusste, erfolgreiche und liebende Frau.

Und du gelangst zu einem kniehohen Stein. Auf diesen setzt du dich. Du schließt deine Augen und fühlst dich sehr wohl. Du kannst dich an alles erinnern, woran du dich erinnern möchtest. Es wird nun von einundzwanzig bis fünfundzwanzig gezählt, dann befindest du dich wieder in Berlin in der Wohnung von Sinaida und Tom und kannst dich an alles erinnern. Es ist der 5. Oktober 2014. Einundzwanzig, du bewegst deine Zehen. Zweiundzwanzig, du bewegst deine Finger. Dreiundzwanzig, du bewegst deine Knie. Vierundzwanzig, du bewegst deine Arme. Fünfundzwanzig, du öffnest deine Augen und fühlst dich sehr, sehr wohl.

Ein dreiviertel Jahr später erkundigte ich mich, um zu erfahren, was sich nach unserer Rückführungstherapie bei ihr verändert hat.

Hier nun ihre E-Mail:

> Nach der Rückführung hat sich meine Angst zu heilen und vor einer Gruppe aufzutreten fast gelegt. Inzwischen biete ich Seminarabende an und stelle voller Freude fest, dass ich ohne Blackout und mit großer Freude diese Arbeit machen kann. Vor vierzehn Tagen habe ich vor zirka sechzig Personen, Eltern und Schülern eine Präsentation gehalten. Ich war so überrascht, wie locker ich den Abend gestalten konnte. Ich schaue jetzt voller Zuversicht und Freude, was das Jahr 2015 noch bringen wird.

Angst vor Männern
und Nackenbeschwerden

Edith ist eine sechzigjährige Kindergärtnerin und ist trotz ihrer Angst vor Männern vier Beziehungen eingegangen, wobei eine sich über fünf Jahre erstreckte, aus welcher eine heute dreizehnjährige Tochter entstand. Edith hat eine Sperre vor Sexualität und hat noch nie – wie sie beschämend gestand – einen Orgasmus erlebt. Ihr Vater hatte sie wohl als junges Mädchen missbraucht, was ihre Psychotherapeutinnen offenbarten, obwohl sie keine direkten Erinnerungen an ein intimes Miteinander mit ihm hatte. Ihrer linken Brust wurden vor drei Jahren bei drei Operationen Krebsgeschwulste entnommen. Sie ist seit längerer Zeit ledig, und aus Angst zögert sie, sich wieder mit einem Mann einzulassen. In einer Rückführung hatte sie schon einmal erlebt, in früheren Leben vergewaltigt worden zu sein. Und sie kam zu mir aus der Schweiz nach Berlin, um sich endlich von der Angst vor Männern zu befreien. Außerdem klagte sie über ihre Angst, sich von einer Geschlechtskrankheit anstecken zu lassen, weiterhin über ihre langjährigen Nackenschmerzen, ihre Angst vor vielen Leuten zu stehen und sie anzusprechen, wie auch über ihre Disharmonien mit Vater, Bruder und Nichte sowie mit ihrer bereits verstorbenen Mutter.

Über die Wiese wird Edith zum Wolkenbett geführt. Ich hatte schon während der Anamnese den Verdacht, dass sie in ihrer Sexualität von einem Besetzer blockiert wird. Und tatsächlich hatte sich dort in ihrem Unterleib die Seele eines Mannes mit Namen Gustav bei ihrer Entbindung vor dreizehn Jahren im Krankenhaus niedergelassen, war er selbst dort vor wenigen Tagen verstorben und suchte nach einer Geborgenheit, weshalb er die Gelegenheit wahrnahm, als ihre Tochter aus dem Unterleib herauskam, in die Gebärmutter einzudringen. Er wollte es nicht zulassen, dass sie mit einem anderen Mann verkehrte. So sagte er: "Die gehört mir!" Ich konnte ihn mithilfe der zehn Engel der Befreiung dazu überreden, sich von seiner verstorbenen Frau abholen und in die jenseitige Welt – unserer wirklichen Heimat – führen zu lassen.

(Alle bei meiner Partnerin Sinaida und mir ausgebildeten Rückführungsleiter/therapeuten müssen, um ein Diplom zu erhalten, die Clearingstherapie erlernt haben, damit sie Klienten ebenfalls, wenn nötig, von Besetzungen oder negativen Energien befreien können. Wir werden über dieses Thema in den nächsten Jahren ein ausführliches Buch schreiben.)

Im Wolkenbett angekommen und mittels der Engel von den Besetzungen befreit, bittet sie ihr Höheres Selbst, sie in ein Leben zu führen, wo ihre Angst vor Männern entstanden ist. Und nun haben sich beide vor dem betreffenden Wolkentor eingefunden.

Tom: Und du weißt, wenn dieses Tor sich öffnet, dann befindest du dich dahinter in einem früheren Leben, wo deine Blockade für deine körperlichen Beschwerden herkommt. Doch zuerst bist du einen Tag vor diesem wichtigen Erlebnis. Eins, zwei, drei, das Tor ist auf. Du bist da. Schau mal auf deine Füße hinunter. Was hast du an, oder bist du barfuß?

rosa Pömps

Schau mal, was hast du noch weiterhin am Körper an?

ein Kleid mit Rüschen

Geh mal mit deinen Händen über deinen Brustkorb und dein Haar. Wie ist denn dein Haar beschaffen?

langes blondes Haar mit Locken

Wie alt bist du denn?

zweiundzwanzig

Und wo befindest du dich gerade als junge Frau? Bist du drinnen oder draußen?

ist ein wunderschönes Schloss

Bist du drinnen oder davor?

im Garten

Ist jemand bei dir?

nein

Wie heißt du denn?

Veronique

In welchem Land bist du jetzt?

in Frankreich

In welchem Jahr befindest du dich denn, Veronique?

1753

Und wo in Frankreich bist du denn?

Schloss Versailles

Gehörst du zum Hofstaat, oder bist du angestellt als eine Bürgerliche, oder bist du eine Adlige?

Ich gehöre nicht zum Hofstaat.

Und was machst du da? Gehst du da einem Beruf nach?

Ich steige gerade die Treppe hinunter. Ich möchte gerne dazugehören, aber in Wirklichkeit gehöre ich nicht dazu. Meine Eltern sind so arm.

Wie ist es dir gelungen, in das Schloss zu kommen? Bist du eingeladen?

Ich gehöre nicht dazu.

Aber du bist jetzt dort im Schlossgarten. Bist du da einfach reingegangen?

ja

Du sagst, du möchtest dazugehören, entdeckt werden.

Ich möchte reich sein. Aber es ist nur ein Traum.

Und nun, Veronique: Es wird bis drei gezählt, und dann bist du bei einem wichtigen Ereignis am folgenden Tag. Eins, zwei, drei. Jetzt bist du da. Wo bist du? Was erlebst du jetzt?

Ich bin im Wald. Meine Kleider sind zerrissen.

Was ist passiert?

Drei Männer ...

Und die haben dich vergewaltigt?

Ja, und sie lachen. Ich bin davongelaufen. Meine ganzen Sachen sind kaputt.

Kanntest du die drei Männer irgendwie?

hmm

Und wie gehst du jetzt mit dem Passierten um?

Ich bin tief verletzt.

Wo bist du denn eigentlich zu Hause?

Ich muss nach Hause laufen. Und ich kann doch nicht so nach Hause gehen.

Und schau mal, ob du es schaffst.

Kutschen fahren vorbei, und man lacht über mich. Keiner hilft.

Schau mal, wenn du nach Hause kommst, was da passiert. ... Eins, zwei, drei. Jetzt bist du zu Hause. Wer sieht dich da?

Ich bin nicht zu Hause.

Wo denn?

Ich bin auf der Straße. Ich kann nicht so nach Hause kommen.

Was machst du jetzt?

Ich möchte mich umbringen.

Und du weißt nun, ob du dich umbringst.

Ich steh an einer Klippe.

Und was passiert? Wenn du dich hinabgestürzt hast, dann kannst du bei drei deinen Körper unter dir sehen. Eins, zwei, drei.

(Sie nickt.)

Kannst du da Blut sehen?

(Sie nickt.)

Wie fühlst du dich denn, wo du aus deinem Köper herausgekommen bist?

Ich möchte mit Männern nie wieder zu tun haben.

Und schau mal, ob da jemand angeschwebt kommt, um dich abzuholen.

Engel kommen.

Und bei drei weißt du, wo sie dich hinführen. Eins, zwei, drei.

Ich bin zu Hause.

Und wie sieht dein Zuhause aus?

...

Erkennst du da jemanden? ... Kommt da jemand auf dich zu? ... Ist es deine eigentliche Familie?

Es ist alles nur weiß.

Es wird nun bis drei gezählt, und dann bist du wieder vor dem Wolkentor bei deinem Höheren Selbst und kannst dich an alles erinnern. Eins, zwei, drei. Du bist wieder vor dem Wolkentor bei deinem Höheren Selbst und kannst dich an alles erinnern. Und das Höhere

Selbst reicht dir ein Schälchen mit einer Heilflüssigkeit, und du trinkst nun davon, damit du dich wieder sehr, sehr wohlfühlst. ...
... Und du reichst das leere Schälchen wieder zurück. Und du fragst dein Höheres Selbst: Diese drei Männer, die dich vergewaltigt haben, lebt jemand von ihnen in deinem heutigen Leben?

... ...
Oder begegnest du keinem von diesen dreien wieder?

Mein Bruder, meine Schwester und mein Vater.

Wie stehen diese drei dir im heutigen Leben gegenüber? Magst du sie?

sehr gespannt

Und wie verhalten sie sich dir gegenüber? Haben sie dir gegenüber ein schlechtes Gewissen? Wollen sie wieder etwas gutmachen?

Sie sind nicht gut.

Vielleicht haben sie ein schlechtes Gewissen dir gegenüber und wollen das wegdrücken, weil sie sich unbewusst dir gegenüber schuldig fühlen. Sie wollen nicht deine Nähe, weil unbewusst diese Schuld wieder in ihnen hochsteigt. Und frag mal dein Höheres Selbst, was hat jenes Leben mit meiner Abwehr gegen Männer zu tun? Warum kann ich mit ihnen auch keinen Orgasmus erleben?

Ich hab geschworen, mich keinem Mann mehr hinzugeben.

Und frag mal dein Höheres Selbst: Ich bin ja dann ausgelacht worden, als ich so zerlumpt über die Straßen ging. Habe ich im heutigen Leben noch Angst von Menschen angesehen zu werden? Ist davon noch etwas in meinem heutigen Leben übrig geblieben? Angst vor Menschen zu sprechen?

...

Und nun frag mal dein Höheres Selbst: Gibt es noch ein weiteres früheres wichtiges Leben, das mit der Abwehr von Sexualität zu tun hat?

keins

Und dann bitte mal dein Höheres Selbst, da alles einen Sinn hat, dich in ein früheres Leben zu führen, wo du die Ursache für deine Abwehr gegen Sexualität selbst gesetzt hast. Und das Höhere Selbst führt dich nun an der Wolkenwand entlang und bleibt dann vor einem anderen Tor stehen. Du kannst es mit deinen Händen berühren. Du weißt, wie es sich anfühlt. Und das Höhere Selbst reicht dir nochmals das Fläschchen und sagt: "Trinke noch mal einen ordentlichen Schluck daraus, damit du gleich alles wahrnehmen, fühlen und wissen kannst." Und du trinkst davon ... und reichst dieses Fläschchen zurück. Und du weißt: Bei drei ist das Tor auf. Und du befindest dich fünf Minuten vor einem wichtigen Ereignis. Eins, zwei, drei. Das Tor ist auf. Und du befindest dich bei einer Begebenheit, wo du die Ursache gesetzt hast, warum du in jenem späteren Leben selbst vergewaltigt worden bist. Eins, zwei, drei. Jetzt bist du da. Schau mal auf deine Füße hinunter. Was hast du an?

Stiefel

Was hast du noch an Kleidungsstücken an?

Uniform

Geh mal über dein Haar und dein Gesicht. Wie ist dein Haar beschaffen?

Ich hab einen schwarzen Hut auf.

Wie alt bist du?

zweiunddreißig

Welche Arbeit machst du?

Ich bin der Kapitän.

Bist du jetzt auf einem Schiff? Oder wo bist du da?

auf dem Schiff

Wie heißt du denn? ... Da kommt dein Name: Eins, zwei, drei!

Francis

In welchem Jahr oder Jahrhundert befindest du dich?

1803

Fährst du schon lange zur See?

Schon seit dem zwanzigsten Lebensjahr.

Sind da viele andere Männer an Bord?

ja

Habt ihr auch noch andere Leute an Bord?

Wir haben viele Frauen auf dem Schiff.

Was sind das für Frauen? Woher kommen die?

Flüchtlinge

Sind das weiße Frauen?

Nein, es sind schwarze Frauen.

Warum habt ihr sie an Bord?

Wir bringen sie nach England als Dienstmädchen.

Wie viele Frauen habt ihr an Bord?

sechzig

Es wird bis drei gezählt, und dann weißt du, was du mit deiner Sexualität machst. Eins, zwei, drei. Was machst du mit den Frauen?

Die drei Schönsten kommen zu mir in meine Kajüte.

Was ereignet sich da?

Ich bin sehr erregt.

Und wie geht es weiter?

Erst müssen sie sich waschen. Und dann haben wir alle zusammen Sex. Und die müssen alles machen, was ich will.

Nimmst du dir immer nur eine? Oder wie gehst du dabei vor?

So, wie es gerade kommt.

Sind sie auch zugänglich? Geben sie sich dir auch hin?

Ja, sie müssen.

Und passiert jetzt da noch etwas Besonderes?

Eine ziert sich.

Und wie reagierst du?

Ich werde sie aufhängen. Es tut mir schon leid. Aber ich muss ein Exempel setzen, damit keine Weitere sich ziert.

Und alle Besatzungsmitglieder samt den Afrikanerinnen kriegen das mit?

ja

Aber wenn sie geschwängert sind, kannst du sie dann noch verkaufen? Oder geht das dich nichts weiter an? ... Du hast sie nach England gebracht, und was mit ihnen dort passiert, ist wohl nicht mehr deine Sorge.

(Sie nickt.)

Jetzt geh zu deinem nächsten wichtigen Erlebnis, das mit Sexualität zu tun hat. Eins, zwei, drei. Jetzt bist du da ... Gibt es irgendein Erlebnis, das sehr drastisch ist, wo du jemand wehtust?

... ... *(keine Antwort)*

Und wenn bis drei gezählt worden ist, dann bist du gerade gestorben und kannst deinen Körper unter dir liegen sehen. Eins, zwei, drei. Du bist gerade gestorben. Kannst du deinen Körper unter dir liegen sehen?

ja

Wie alt bist du geworden?

sechsundfünfzig

Woran bist du denn gestorben?

an Syphilis

Und wenn du jetzt sagen solltest, was du nie wieder erleben möchtest, was wäre das? "Ich will nie wieder ...?"

Ich will nie wieder Frauen schänden oder sie zum Sex zwingen. Und bei drei bist du wieder vor dem Wolkentor bei deinem Höheren Selbst und kannst dich an alles erinnern. Eins, zwei, drei. Du bist wieder vor dem Wolkentor bei deinem Höheren Selbst und kannst dich an alles erinnern. Und das Höhere Selbst überreicht dir ein Schälchen mit einer Heilflüssigkeit und sagt: "Trinke davon, damit du dich wieder sehr wohlfühlst."

Und du trinkst nun davon ... und reichst das Schälchen dann zurück, und fühlst dich wieder sehr wohl. Und du fragst dein Höheres Selbst: Jene Frau, die ich hängen ließ, lebt sie in meinem heutigen Leben? ... Wenn ja, bekommst du einen Namen oder ein Gesicht.

Oh, Schreck. Das ist meine heutige Mutter.

Kannst du erkennen, warum du dich im heutigen Leben nicht mehr mit einem Mann einlassen willst oder nur mit Ängsten verbunden? Dass du bei einem Einlassen mit einem Mann du Angst hast, dass wieder etwas Schlimmes passieren könnte, was du damals selbst als Mann getan hast?

...... *(keine Antwort)*

Und frag mal dein Höheres Selbst: Gibt es noch ein weiteres Leben, was mit deiner Angst vor Männern aufgesucht werden sollte? Oder haben wir alles Wichtige zu dieser Problematik nun schon aufgedeckt?

noch mehr

Und das Höhere Selbst nimmt dich an die Hand, und ihr schwebt an der Wolkenwand entlang und bleibt vor einem anderen Tor stehen. Du kannst es mit deinen Händen berühren. Du weißt, wie es sich anfühlt. Und das Höhere Selbst reicht dir nun wieder dieses Fläschchen und sagt: "Trinke abermals davon, damit du gleich alles wieder wahrnehmen, fühlen und wissen kannst." Und du trinkst daraus. .... Und reichst es dann zurück. Und du weißt:

Wenn jetzt bis drei gezählt worden ist, dann ist dieses Tor geöffnet. Und du befindest dich dahinter in einem weiteren Leben, wo ebenfalls eine Ursache für deine sexuellen Vorbehalte beim Sex mit Männern zu finden ist, aber du bist zuerst einen Tag davor. Eins, zwei, drei. Das Tor ist auf. Du bist jetzt da. Schau mal auf deine Füße hinunter. Was hast du denn an?

Ich bin barfuß.

Und was hast du weiter am Körper an?

Ich hab ein Röckchen an wie ein kleines Kind.

Bist du ein Mädchen oder ein Junge?

Mädchen

Wie alt bist du denn da?

fünf

Wie sind deine Haare beschaffen? Dunkel oder hell?

blond und Löckchen

Und wo bist du denn jetzt gerade?

Ich sitze draußen. Ich habe so einen kleinen Teddybär, selber gemacht.

Ist es dein Spielzeug, dieser Teddybär?

Hmmh

Jetzt ruft dich jemand mit deinem Namen. Wie heißt denn du? ... Bei drei ist er da. Eins, zwei, drei.

Anna

Bei drei stehst du vor deinem Zuhause und weißt, wie es aussieht. Eins, zwei, drei. ... Wo wohnst du denn? ... Ist es ein Haus? Oder was anderes?

Es ist ein Haus, aneinandergereiht mit anderen. Graue Häuser.

Geh mal dorthin, wo du nachts schläfst. Eins, zwei, drei, jetzt bist du da. Wo schläfst du denn?

alles Holz

Wer schläft noch mit dir dort?

Meine Schwester. Wir haben so ein Hochbett.

Ist sie älter oder jünger?

älter

Wie kommt ihr miteinander aus?

gut

Wenn bis drei gezählt worden ist, dann nimmst du deine Lieblingsspeise mit deiner Familie ein, wo du noch fünf Jahre alt bist. Eins, zwei, drei. Anna, was isst du denn da?

Brei

Ist der süß oder ...

süßlich

Wer nimmt denn mit dir noch an diesem Mahl teil?

Meine Schwester, meine Mutter, mein Vater. Aber er ist nicht mein richtiger Vater. Er ist der Freund meiner Mutter.

Hast du noch andere Geschwister?

Nein, nur eine Schwester.

Und den du Vater nennst, ist der Freund deiner Mutter.

Mein richtiger Vater ist schon gestorben.

Wen von allen, die jetzt mit dir essen, hast du denn am liebsten?

meine Schwester

Und was hältst du von deiner Mutter, wenn du sie so ansiehst?

Ich bin traurig.

Warum?

Weil sie diesen Mann hat.

Den magst du anscheinend nicht.

neh

Was setzt du an ihm aus?

Er macht komische Sachen mit mir und meiner Schwester.

Bei drei kommst du zu einem wichtigen Erlebnis mit diesem Mann. Eins, zwei, drei. Was erlebst du? Bist du mit ihm allein? Oder was? Wie alt bist du da?

Ich bin schon zwölf.

Und was macht er mit dir?

Er vergewaltigt mich auf dem Küchentisch von hinten.

Ist es das erste Mal?

Schon immer. Und die Mutter weiß es. Und er erregt mich auch.

Das heißt, wenn er das macht, gibst du dich freiwillig hin?

Was bleibt mir anderes übrig? Die Mutter arbeitet. Und er nimmt mich.

Und tut es dir irgendwie weh?

Am Anfang ja. Jetzt nicht.

Ja, weißt du, dass du dich schützen musst, um nicht schwanger zu werden?

Ich habe noch nicht meine Tage.

Bei drei kommst du zu einem weiteren wichtigen Erlebnis mit diesem Mann. Eins, zwei, drei. Wie alt bist du denn da, Anna?

... (keine Antwort)

Wenn bis drei gezählt worden ist, dann erlebst du dein letztes Erlebnis, wo er Sex mit dir hat. Eins, zwei, drei. Wie alt bist du da?

Immer noch zwölf. Meine Mutter kommt rein. Sie beschimpft mich.

Was sagt sie?

Meine Mutter gibt mir die Schuld. Ich soll sofort verschwinden.

Du bist ja erst zwölf Jahre alt.

Ich geh zu meinen Großeltern.

Ist deine Schwester auch von ihm belästigt worden? Musste sie auch schon gehen?

Hmmh

Wie fühlst du dich da, wo du jetzt zu den Großeltern kommst?

tief beschämt

Und deine Großeltern wissen die, warum du jetzt zu ihnen kommst?

Sie vermuten das schon.

Haben sie dir nicht Vorwürfe deswegen gemacht? Kannst du ihnen sagen, dass er das schon mit dir machte, als du noch klein warst? ... Wie alt warst du denn, als er zum ersten Mal mit dir Kontakt gehabt hat?

mit vier oder fünf

Und da hat die Mutter aber weggeschaut?

ja

Und es wird nun bis drei gezählt, und dann kommst du zu deinem nächsten sexuellen Erlebnis. Eins, zwei, drei. Wie alt bist du da?

dreiundzwanzig

Wo bist du denn jetzt?

auf einem Schiff

Wem begegnest du dort?

Es sind viele junge Männer dort.

Kommen sie auf dich zu?

Sie mögen mich.

Wie verhältst du dich da?

Ich halte mich raus.

Du willst dich mit niemandem einlassen?

mit niemandem

Hast du noch irgendeinen Wunsch, verheiratet zu sein und Kinder zu haben?

nein

Es wird bis drei gezählt, und dann bist du gerade gestorben. Und, Anna, du kannst deinen Körper unter dir liegen sehen. Eins, zwei, drei. Kannst du deinen Körper unter dir liegen sehen?

(Sie nickt.)

Wie alt bist du geworden?

dreiundsiebzig

Wie fühlst du dich?

Ich bin endlich froh, draußen zu sein.

Hattest du noch ein Kind zur Welt gebracht?

nein

Und an welcher Krankheit bist du denn gestorben?

an Darmkrebs

Und wenn du jetzt auf dein Leben zurückblickst. Was würdest du nie wieder erleben wollen?

Ich möchte nie wieder was mit Männern zu tun haben.

Es wird bis drei gezählt, dann bist du wieder vor dem Wolkentor bei deinem Höheren Selbst und kannst dich an alles erinnern. Eins, zwei, drei. Du bist wieder vor dem Wolkentor und kannst dich an alles erinnern. Und das Höhere Selbst reicht dir ein Schälchen mit einer Heilflüssigkeit und sagt: "Trinke davon, damit du dich wieder sehr wohlfühlst." Und du trinkst davon ... und reichst dann dieses Schälchen zurück. Und du fragst dein Höheres Selbst: Jener Freund deiner Mutter, lebt dieser in deinem heutigen Leben? Was sagt dir das Höhere Selbst?

mein Vater

Und frag mal dein Höheres Selbst: Hat mein Vater im heutigen Leben mich auch mal missbraucht? Oder ist das nur ein Gefühl von dir, dass er das getan hat?

Gefühl

Wie verhält sich denn dein Vater dir gegenüber? Ist er liebevoll zu dir?

mal so, mal so

Vielleicht hat er unbewusst Schuldgefühle dir gegenüber. Auf der einen Seite will er dir was Gutes tun, und auf der anderen Seite hält er sich zurück. Und du kannst dir nun denken, warum er sich so eigenartig dir gegenüber verhält, vielleicht ist er dir gegenüber irgendwie gehemmt? Und er weiß vielleicht nicht, wie er mit dir umgehen soll. Und nun frag mal dein Höheres Selbst: Gibt es noch ein anderes wichtiges Erlebnis zum Thema Angst vor Männern? Oder haben wir alles Wichtige jetzt aufgedeckt?

keines mehr

Dann frag mal dein Höheres Selbst: Ich möchte wissen, woher kommen meine chronischen Schmerzen in der rechten Schulter? Hat das was mit meiner nun aufgelösten Besetzung zu tun? Oder hat es noch eine andere Ursache?

(Sie nickt.)

Dann frag mal dein Höheres Selbst: Ich habe ja dreimal Operationen an meiner Brust durchführen lassen müssen. Führe mich bitte zu der Ursache, warum ich diesen Brustkrebs haben musste. ... Und das Höhere Selbst nimmt dich an die Hand, und ihr schwebt an der Wolkenwand entlang und bleibt vor einem anderen Tor stehen. Du kannst es berühren und herausfinden, wie es beschaffen ist. ... Und das Höhere Selbst reicht dir nochmals dieses Fläschchen und sagt: "Trinke noch mal daraus, denn, wie du weißt, bewirkt die Flüssigkeit darin, dass du gleich alles wahrnehmen, fühlen und wissen wirst." Und du nimmst dieses Fläschchen, trinkst davon ... und reichst es dann zurück. Und du weißt, wenn jetzt bis drei gezählt worden ist, dann ist dieses Tor geöffnet, und du befindest dich in einem früheren Leben, wo die Ursache für deinen Brustkrebs zu finden ist. Aber du bist zuerst einen Tag vor jenem wichtigen Ereignis. Eins, zwei, drei. Das Tor ist auf. Du bist da. Schau mal auf die Füße hinunter. Was hast du da an?

Männerschuhe

Und dann gleite mit deinen Händen nach oben. Was für Kleidungsstücke trägst du?

Schwarzen Mantel. Ich bin Kutscher.

Wo bist du gerade? Sitzt du auf dem Bock?

Ich halte auf einer Straße mit Kopfsteinpflaster. Ich muss Fahrgäste abholen. Sie kommen gleich.

Wie heißt denn du? ... Bei drei kommt auf einmal dein Name: Eins, zwei, drei.

Theo

In welchem Land bist du denn, Theo?

Ungarn

Und sicherlich weißt du das Jahrhundert oder sogar die Jahreszahl.

1903

Es wird nun bis drei gezählt, dann bist du bei einem wichtigen Erlebnis am nächsten Tag. Eins, zwei, drei. Schau mal, wo du nun bist und was du erlebst.

Ich bin mit der Kutsche im Wald. Die Menschen in der Kutsche sind alle umgebracht worden.

Was ist denn da passiert?

Straßenräuber haben uns überfallen und haben alle umgebracht.

Und was hast du gemacht? Konntest du weglaufen und dich verstecken?

Ja. Ich war kurz pinkeln. Und dann hab ich gesehen, was passierte. Und als die alle weg waren, ging ich zurück.

Mit welchen Waffen habe sie die Reisenden getötet?

mit Schwertern

Mit Schwertern?

(Hinweis: Ich zweifele, ob die Jahreszahl 1903 stimmt, denn es könnte sich eher um ein Jahr vor einigen Jahrhunderten gehandelt haben. Denn 1903 wird man kaum noch mit Schwertern getötet haben. Deshalb könnte man später vor dem Wolkentor nochmals die genaue Jahreszahl sich vom Höheren Selbst nennen lassen.)

Ja. Ich muss jetzt zurückfahren und sie mitnehmen.

Und wie geht es dann weiter? Schau mal.

Ich muss die Toten alle zu ihrem Anwesen zurückfahren.

Und weiter? Was passiert, als du dort ankommst?

Die Menschen sind dort hilflos.

Kommt dort Polizei?

Es kommen Soldaten. Sie klagen mich an, ich sei Schuld an dem Tod meiner Fahrgäste. Sie glauben, ich stecke mit den Straßenräubern unter einer Decke, da ich mich, als sie die Fahrgäste töteten, vorzeitig in Sicherheit gebracht hatte.

Kannst du ihnen nicht klarmachen, dass du gerade gepinkelt hattest, als sie die Kutsche überfielen?

Nein. Sie stecken mich in den Kerker.

Warum?

Sie wollen mich töten. Sie sagen, ich sei ein Verräter.

Wie geht es dann weiter, Theo?

Ich liege in Ketten da.

Was geschieht dir weiterhin?

Sie kommen immer wieder mit spitzen Stecken und stechen auf meine Seite. Das ist so was Spitzes. Sie stechen in die Schultern und die Brust.

Aber das tut dir sehr weh?

Unglaublich weh. Aber ich bin schon halb tot.

Warum machen sie das? Was sollst du gestehen?

Sie wollen mich dazu zwingen zu gestehen, dass ich mit den Mördern unter einer Decke stecke. Sie wollen mich köpfen.

Und es wird bis drei gezählt, dann bist du gerade gestorben, und du kannst deinen Körper unter dir liegen sehen. Eins, zwei, drei. Wo nimmst du deinen Körper wahr?

auf dem Schafott

Bist du gehängt worden oder ... ?

Mein Kopf wurde abgeschlagen.

Haben die Leute zugeschaut?

Viele Leute waren da. Und haben geklatscht.

Es wird bis drei gezählt, und dann befindest du dich wieder vor dem Wolkentor und kannst dich an alles erinnern. Eins, zwei, drei. Du bist nun wieder vor dem Wolkentor bei deinem Höheren Selbst und kannst dich an alles erinnern. Und das Höhere Selbst reicht dir nun ein Schälchen mit einer Heilflüssigkeit und sagt: "Trinke davon, damit du dich wieder sehr, sehr wohlfühlst." ... Und du reichst das Schälchen wieder zurück. Und du fühlst dich auf einmal sehr, sehr wohl. Und du fragst dein Höheres Selbst: Warum musste ich das erleben, dass mir, obwohl unschuldig, trotzdem mein Kopf abgeschlagen wurde? Warum? Und ich dann auch noch die Schmach erleben musste, dass die Leute vor Freude bei meiner Hinrichtung klatschten. Gibt es dafür eine Ursache in einem anderen früheren Leben? Hab ich so etwas Ähnliches schon mal selbst getan? Dann bitte, führe mich in ein Leben, um zu erfahren, warum ich als Theo unschuldig geköpft worden bin.

Und das Höhere Selbst nimmt dich an die Hand. Ihr schwebt an der langen Wolkenwand entlang und bleibt vor einem anderen Tor stehen. Du kannst es mit deinen Händen berühren und weißt, wie es beschaffen ist. Dein Höheres Selbst reicht dir jenes Fläschchen und sagt: "Trinke davon, denn die Flüssigkeit darin vermag, dass du gleich alles wahrnehmen, fühlen und wissen wirst." Und du nimmst es und trinkst ein, zwei Schluck davon ... und reichst es zurück. Und du merkst: Die Flüssigkeit beginnt jetzt zu wirken. Wenn gleich bis drei gezählt worden ist, dann ist dieses Tor geöffnet, und du befindest dich in einem Leben, in welchem die Ursache zu finden ist, warum du in deinem Leben als Theo unschuldigerweise geköpft werden solltest. Aber zuerst befindest du dich kurz vor jenem wichtigen Erleben. Eins, zwei, drei. Jetzt bist du da.

Wie alt bist du da?

achtundzwanzig

In welchem Jahr befindest du dich?

1248

Und mit welcher Waffe bist du ausgestattet?

Ich habe Schwert und Schild.

Und wo bist du jetzt? Sind andere bei dir, oder bist du alleine?

Wir sind auf einem Schlachtfeld.

Bist du zu Pferd oder zu Fuß?

zu Fuß

Wie heißt du denn?

Edward

Zu welcher Nation gehörst du eigentlich?

England

Bist du schon öfters in Kämpfen gewesen?

ja

Bist du auch schon mal verwundet worden?

Ja, sicher, aber nur leicht. Ich bin ein guter Kämpfer.

Bist du etwas Besonderes aufgrund deiner Taten?

Ich bin einfacher Soldat.

Und jetzt kommst du zu einem wichtigen Erlebnis. Was ereignet sich denn da?

Da liegt einer auf dem Boden. Und ich hab ihm den Kopf abgehauen.

Und nun komm mal zu einem weiteren Erlebnis.

Ich hab ein Schwert, und ich durchbohre jene, die da verwundet liegen.

Bist du bei deinen eigenen Leuten für deinen Mut und deine Stärke geschätzt?

ja

Wie gehst du damit um, dass du im Kampf so viele umzubringen hast?

Das ist halt mein Beruf.

Bist du verheiratet?

nein

Liebst du jemanden? ... Bei drei weißt du, ob du jemanden liebst. Eins, zwei, drei. Jetzt bist du da. Wie alt bist du denn da?

Einunddreißig. Ich liebe eine junge Frau, aber sie hat schon einen Freund gehabt, den sie sehr liebte. Ich habe ihn im Streit erstochen.

Um was ging es denn da?

um dieses Mädchen

Und bei welcher Gelegenheit konntest du ihn erstechen?

bei ihm zu Hause

Und wo hast du da reingestochen?

in Brust und Herz

Bist du dafür bestraft worden?

Ich wurde erhängt.

Haben andere zugeschaut, als du gehängt wurdest?

Ja, viele waren auf dem Platz.

Was würdest du nie wieder tun?

Ich will nie wieder mit einer Frau was zu tun haben.

Es wird bis drei gezählt, und dann befindest du dich wieder vor dem Wolkentor und kannst dich an alles erinnern. Eins, zwei, drei. Du bist nun wieder vor dem Wolkentor bei deinem Höheren Selbst und kannst dich an alles erinnern. Und das Höhere Selbst reicht dir nun ein Schälchen mit einer Heilflüssigkeit und sagt: "Trinke davon, damit du dich wieder sehr, sehr wohlfühlst als Edith." ... Und du reichst das Schälchen wieder zurück. Und du fühlst dich auf einmal sehr, sehr wohl. Und du fragst dein Höheres Selbst: Diese Freundin des von mir aus Eifersucht Getöteten, lebt sie in meinem heutigen Leben?

meine Nichte

Wie ist sie damals damit umgegangen, dass du ihren Geliebten getötet hattest?

Sie hat tiefen Hass gegen mich empfunden.

Und wie ist dein Verhältnis zu dieser Nichte im heutigen Leben?

Sie hasst mich.

Und kannst du dir nun vorstellen, warum sie dich hasst?

ja

Und frage nun mal dein Höheres Selbst: Haben meine Halsstarre und meine Brustbeschwerden außer jener Besetzung noch mit einem weiteren früheren Leben zu tun?

nein

Frag mal dein Höheres Selbst: Sollten wir wegen eines anderen Problems noch weitere frühere Leben aufsuchen, oder ist jetzt erst mal alles Wichtige aufgedeckt?

Es ist gut.

Und das Höhere Selbst führt dich auf einen Berg. Es ist der Berg der Erkenntnis. Vor dir siehst du all die aufgedeckten Leben ausgebreitet. Ganz rechts ist dein Leben in England als Soldat Edward. Und du hattest andere im Kampf getötet, aber auch den Geliebten der von dir Begehrten. Und daneben siehst du dein Leben als der Kutscher Theo, dessen Fahrgäste von Straßenräubern getötet werden, während man dich beschuldigte, das mit diesen Räubern so abgesprochen zu haben. Und unschuldig wirst du im Beisein von vielen Schaulustigen geköpft. Hast du im heutigen Leben noch Nackenbeschwerden?

manchmal

Kannst du erkennen, woher sie kommen?

ja

Und daneben ist dein Leben als Anna. Und der Partner deiner Mutter hat dich über Jahre hin sexuell missbraucht. Und als du zwölf warst, gibt die Mutter dir die Schuld dafür und schickt dich weg zu den Großeltern. Und du hast dann eine solche Abkehr gegen Sex gehabt, dass du dich mit keinem Mann mehr einlassen wolltest. Und dann ist daneben dein Leben als Francis, der Kapitän. Und er hat eine ganze Anzahl von Afrikanerinnen, die er auf seinem Schiff als Sklavinnen nach England bringt. Und er sucht sich für seine sexuellen Lüste die Schönsten aus. Doch eine verweigert sich ihm. Und er lässt sie vor seiner Mannschaft und den Sklavinnen aufhängen, um den Frauen zu vermitteln, dass ihnen ein Gleiches passieren wird, wenn sie sich ihm verweigern sollten. Und er stirbt mit sechsundfünfzig Jahren an Syphilis. Und dann erkennst du vor dir dein Leben als Veronique in Versailles. Du wolltest gerne in die höhere Gesellschaft kommen, aber drei Männer hatten dich vergewaltigt. Und du stürzt dich dann von den Klippen. Frag mal dein Höheres Selbst: Ist da noch was von jenem Absturz von den Klippen an körperlichen Schmerzen in meinem heutigen Leben geblieben?

Nackenschmerzen

Und in deinem heutigen Leben bist du die Edith. Und du hast Schwierigkeiten mit deiner Mutter. Du weißt, dass sie die afrikanische Frau war, die du auf dem Schiff aufhängen ließest. Kannst du dir vorstellen, dass sie noch eine innere Ablehnung gegen dich hat?

ja

Und woran bist du gestorben?

an Syphilis

Und kannst du sehen, dass dieser Tod durch eine Geschlechtskrankheit mit ein Grund dafür ist, keinen Geschlechtsverkehr mehr zuzulassen?

(Sie nickt.)

Hast du in deinem gegenwärtigen Leben mal Angst gehabt vor einer Geschlechtskrankheit?

immer

Und du siehst, woher das kommt. Und schau mal, was geschah denn in jenem Leben, wo deine Mutter einen Freund im Hause hatte? ... Er hatte dich als junges Mädchen missbraucht. Und du bist dein ganzes Leben ledig geblieben. ... Kannst du erkennen, woher deine heutige Ablehnung gegen Männer und Sex herkommt?

(Sie nickt.)

Und schau mal: Woher kommt deine Angst vor Menschen zu stehen und sie anzusprechen?

von damals

Du bist ja damals als Theo geköpft worden, obwohl du fälschlich angeklagt worden bist. Auch als Edward bist du vor vielen Zuschauern gehängt worden. Ist dir nun klar geworden, woher deine Angst vor Menschen zu stehen und sie anzusprechen kommt?

(Sie nickt.)

Hast du noch Ängste, dass sich im jetzigen Leben noch irgendetwas Unvorhergesehenes ereignen könnte, was dir Schmerz oder Schaden bringen könnte?

(Sie nickt.)

Wie stehst du eigentlich zu Ungarn? Denn du weißt ja, was mit dir als Kutscher dort geschehen ist.

Ich würde dort nie meinen Urlaub verbringen wollen.

Und du siehst, woher das kommt, dass man aus bestimmtem Grunde eine Ablehnung zu bestimmten Ländern hat. Und du weißt jetzt auch, woher deine Nackenschmerzen kommen.

(Sie nickt.)

Sag mal: Möchtest du dich von deinen Vorbehalten gegenüber Sex mit Männer befreien?

ja

Möchtest du dich von deinen Nackenbeschwerden befreien?

ja

Möchtest du dich von deinen Brustproblemen, die sich in diesem Leben als Krebs offenbarten befreien, damit du auch im nächsten Leben keine Beschwerden dort mehr hast?

ja

Möchtest du dich auch von aller Disharmonie mit deiner Mutter befreien?

ja

Auch mit deinem Vater, der Schwester und dem Bruder?

ja

Von was willst du dich noch befreien?

von dem Hass meiner Nichte

Und wie stehst du selbst zu deiner Nichte? Hasst du sie auch?

Ich mag sie überhaupt nicht.

Trefft ihr euch häufiger?

Sie wohnt gleich neben uns. Ich spür es, dass sie mich nicht mag.

Das Höhere Selbst gibt dir nun einen goldenen Kelch mit einer goldenen Flüssigkeit und sagt: "Nun, liebe Edith, in diesem Kelch befindet sich die Flüssigkeit der Liebe, der Vergebung, der Leid- und Schuldauflösung. Trink erst einmal einen kräftigen Schluck davon." ... Das tust du. Und nun gehe zuerst in das Leben als Edward, wo du viele getötet hattest. Dort hattest du einem, der verwundet war, noch den Kopf abgehauen. Reiche ihm mal den Kelch. Kannst du zu ihm sagen: Bitte vergib mir, dass ich aus Freude am Töten, obwohl du nur verletzt am Boden lagst, dich enthauptete. Und nun sprich ihn an: Lieber Mann ...

Lieber Mann, vergib mir, dass ich dich köpfte.

Schau mal in seine Augen.

Er lächelt.

Kannst du ihm auch sagen: Ich liebe dich?

Ich liebe dich.

Wem möchtest du in deinem Leben als Edward diesen Kelch noch bringen?

Allen Soldaten, die ich umgebracht habe.

Und der Kelch kann sich multiplizieren, dass jeder, der durch dich zu Tod oder Leid gekommen ist, diesen Kelch in der Hand haben kann. Und nun kannst du sie ansprechen und sagen: Liebe Soldaten, bitte vergebt mir, dass ich euch getötet oder verwundet habe. ... Sprich sie mal an. Liebe Soldaten ...

Soll ich das laut sagen?

Ja. Liebe Soldaten, trinkt aus diesem Kelch, damit euer Leid, das ich verursacht habe, nun aufgelöst ist. Ich liebe euch.

Liebe Soldaten, bitte vergebt mir, dass ich euch umgebracht oder Leid zugefügt habe.

Und lass sie daraus mal trinken und schau mal in ihre Gesichter. Vielleicht wissen sie, dass du ihnen das Karma aufgelöst hast, weshalb sie dich anlächeln.

Und nun geh mal mit diesem Kelch zu jenem, den du aus Eifersucht getötet hattest. Was willst du ihm mit deiner ganzen Liebe sagen?

Lieber Mann, bitte vergib mir, dass ich dich getötet habe.

Ich liebe dich ...

Ich liebe dich.

Und lass ihn jetzt daraus trinken.

Ja, er trinkt.

Und nun geh mal zu seiner Geliebten und reiche ihr den Kelch. Was willst du jetzt zu ihr sagen?

Bitte vergib mir, dass ich deinen Geliebten getötet habe.

Schau mal in ihr Gesicht, ob sich da was verändert. ... Und nun geh mal zu all denen, die dich angeklagt oder zugejubelt haben, dass du gehängt werden solltest. Reiche ihnen mal den Kelch, damit jeder von ihnen einen solchen in der Hand hält. Was möchtest du ihnen sagen?

Ich vergebe euch, dass ihr gejubelt habt.

Und lass sie alle daraus trinken. ... Vielleicht verändert sich ihr Aussehen dir gegenüber.

Und nun geh mal zu Edward und reiche ihm diesen Kelch. Was willst du ihm mit deiner ganzen Liebe sagen?

Edward ...

Trinke davon, damit deine ganze Schuld aufgelöst ist wie auch alles Leid, das du im Tode erleiden musstest.

Trinke daraus, damit alles aufgelöst ist.

Und nachdem er daraus getrunken hat, schau mal in sein Gesicht, ob sich da jetzt was verändert hat. Vielleicht könnt ihr euch umarmen und du kannst sagen: Ich liebe dich.

hhm

Und du kommst mit dem Kelch auf den Berg zurück. Und das Höhere Selbst gießt den Kelch noch mal voll und sagt: "Nun gehe in dein Leben als Theo, dem Kutscher in Ungarn. Wem möchtest du dort den Kelch der Liebe, der Vergebung, der Leid- und Schuldauflösung bringen?"

All denen, die mich verurteilt haben. Und all denen, die mich im Kerker mit Stichen in die linke Brust gestochen haben. Und auch all denen, die bei meiner Hinrichtung geklatscht haben.

Und du weißt, der Kelch kann sich multiplizieren, sodass jeder von diesen einen Kelch in der Hand hält. Was möchtest du ihnen sagen?

Ich vergebe euch allen.

Und dann gehe auch mal zu dem, der dich in die Brust gestochen hat. Reiche ihm den Kelch. Was willst du ihm jetzt sagen?

Auch dir gebe ich den Kelch und vergebe dir, dass du mich gefoltert hast.

Vielleicht musste das aus karmischen Gründen geschehen.

Und vielleicht haben auch noch andere Folterer außer dem, der dich in die Brust gestochen hatte, dich gequält. Kannst du ihnen auch sagen: Ich vergebe euch, und ihnen den Kelch reichen.

Ich vergebe euch.

Und du kommst nun auf den Berg zurück. Noch ist etwas Flüssigkeit darin. Und das Höhere Selbst füllt ihn nochmals ganz voll. Und nun begebe dich mit diesem Kelch in das Leben, wo du Anna gewesen bist. Wem möchtest du dort den Kelch geben?

Anna

Ja, gehe doch zuerst mal zu der Mutter, die alles mitbekommen hat und dir die Schuld gab, mit ihrem Partner freiwillig Sex zu haben. Reiche ihr mal den Kelch. Was willst du zu ihr sagen?

Schäm dich. Doch ich vergebe dir.

Schau mal ihr Gesicht an. Wie blickt sie dich jetzt an?

Es tut ihr so leid.

Und kannst du ihr jetzt sagen: Ich vergebe dir. Ich liebe dich.

Ich vergebe dir.

Vielleicht musste sie das ja zulassen. Denn du hattest ja in anderen Leben selbst oft Frauen vergewaltigt.

Und zu wem möchtest du noch gehen? ... Und dann geh mal zu ihrem Partner, der dich schon von klein auf bis zu deinem zwölften Lebensjahr missbraucht hatte. Reiche ihm mal den Kelch. Was willst du ihm sagen?

Ich vergebe ihm.

Vielleicht musste er das aus karmischen Gründen tun. Deshalb könntest du ihm jetzt sagen: Ich bin dankbar, dass du mir geholfen hattest, einen Teil meines Karmas aufzulösen. Und lass ihn daraus trinken. ... Und du könntest ihm nun sagen: Ich vergebe dir nun alles, was du mir angetan hast und spreche dich nun frei von deiner Schuld mir gegenüber.

Trinke davon. Ich spreche dich jetzt frei von aller Schuld mir gegenüber.

Und nun gehe mal zur Anna selbst. Was willst du ihr mit deiner ganzen Liebe sagen?

Ich umarme dich und gebe dir ganz viel Liebe.

... damit deine ganze Angst vor Männern nun aufgelöst ist.

Damit deine ganze Angst vor Männern nun aufgelöst ist.

Und schau mal in ihre Augen, ob sich da was verändert. Kannst du sie auch umarmen und sagen: Ich liebe dich?

ja

Und du kommst auf den Berg der Erkenntnis zurück. Das Höhere Selbst füllt nochmals den Kelch und sagt: "Nun gehe in dein Leben als Francis, diesem englischen Kapitän, der von den Afrikanerinnen sich immer die Schönsten für seine sexuellen Gelüste aussuchte. Wem möchtest du dort den Kelch der Liebe, der Vergebung und der Leid- und Schuldauflösung bringen?"

Allen Frauen, die ich rücksichtslos erniedrigte. Bitte vergebt mir. Ich liebe euch.

Und nun geh mal ganz besonders zu jener Frau, die du aufhängen ließest, weil sie sich dir gegenüber sexuell verweigert hatte. Reich ihr den Kelch. Was willst du ihr nun mit deiner ganzen Liebe sagen?

Bitte, vergib mir, was ich dir angetan habe. Ich liebe dich.

Schau mal in ihre Augen.

Sie lächelt.

Jetzt gehe mal zu dem Francis selbst. Was willst du ihm sagen? ... Kannst du ihm sagen: Trinke davon, dass deine ganze Schuld den Frauen gegenüber nun aufgelöst ist?

Trinke davon, damit all deine Schuld jenen Frauen gegenüber aufgelöst ist.

Und nachdem er daraus getrunken hat, schau mal in seine Augen. ... Und du kommst nun auf den Berg zurück. Und das Höhere Selbst füllt den Kelch nochmals voll und sagt: "Jetzt begebe dich mit diesem Kelch in dein Leben als Veronique in Versailles, wo du von drei Männern vergewaltigt worden warst. Wem möchtest du dort den Kelch bringen?"

Zu jenen drei, die mir Gewalt angetan haben.

Dann geh mal zu ihnen und reiche ihnen den Kelch. Und ein jeder hat nun diesen in der Hand. Was sagst du ihnen? Trinkt davon. Damit ...

Trinkt davon. Ich befreie euch von der Schuld mir gegenüber. Ich liebe euch.

Und vielleicht musstest du ja aus karmischen Gründen dieses Schicksal erfahren. Und du kannst ihnen auch sagen: Ich vergebe euch, dass ihr mir den karmischen Ausgleich erleben ließet.

Trinkt davon. Ich danke euch.

Und nachdem sie ihren Kelch geleert haben, schau mal in ihre Gesichter. Was erkennst du?

...

Und einer von diesen drei ist im heutigen Leben dein Vater.

Und nun geh mal zu Veronique und reiche ihr diesen Kelch. Was willst du ihr nun sagen? ... Trinke daraus, damit all dein schlimmes Erlebnis mit der Vergewaltigung und auch der Suizid beim Absturz von dem Felsen samt der tödlichen Nackenverletzung aufgehoben sind.

Trinke davon, damit diese schmerzlichen Erlebnisse nun aufgelöst sind.

Schau mal in ihre Augen, ob sich da was verändert. ... Kannst du ihr sagen: Ich liebe dich?

Ich liebe dich.

Hast du auch in deinem heutigen Leben manches Mal Todessehnsucht oder gar Suizidgedanken gehabt?

ja

Und die Veronique kannst du jetzt umarmen und ihr sagen: Du bist eine wunderschöne Frau.

Du bist eine wunderschöne Frau. Ich liebe dich.

Und du kommst mit diesem leeren Kelch auf den Berg zurück, und dein Höheres Selbst sagt: "Nun gehe mit diesem Kelch der Liebe, der Vergebung, der Leid- und Schuldauflösung in dein heutiges Leben. Wem möchtest du den Kelch zuerst reichen?" ... Vielleicht gehst du zuerst mal zu deinem Vater. Kannst du ihm sagen: Du hast mich im früheren Leben als junges Mädchen missbraucht? Es könnte gut sein, dass ich auch mal so etwas in einem früheren Leben gemacht habe. Wenn dem so ist, dann danke ich dir, dass du mir einen karmischen Ausgleich beschert hattest. Was sagst du ihm? ...

Es ist alles gut so, wie es ist. Ich will von ab nicht mehr negativ über dich denken.

Dein Vater - wie wir alle - ist das Produkt all seiner Erfahrungen aus den früheren und dem heutigen Leben. Hättest du alles so erlebt in früheren oder im heutigen Leben wie er, wärest du genauso. Und wenn du willst, kannst du ihm sagen: Lieber Vater, bitte vergib mir, wenn ich dir irgendwann seelisch oder körperlich wehgetan habe. Und ich vergebe dir, wo du mir wo und wann auch immer wehgetan hast. Ich liebe dich.

Bitte vergib mir, wo ich dir wehgetan habe. Und ich vergebe dir, wo du mir wo und wann auch immer wehgetan hast.

Und von nun an will ich dich so akzeptieren, wie du bist.

Und von nun an will ich dich so akzeptieren, wie du bist.

Du hast ihn ja selbst für dieses Leben ausgesucht, um endlich mit ihm eine Harmonie herzustellen. Vielleicht kannst du ihn nun umarmen und sagen: Ich liebe dich.

Ich liebe dich.

Und nun geh mal mit diesem Kelch zu deiner Mutter. Was willst du ihr sagen?

Liebe Mama – aber sie ja schon gegangen. Sie ist ja schon tot.

Das macht nichts.

Ich vergebe dir, dass du mich nicht mochtest.

Wo ich dir wehgetan habe, bitte vergib mir. Und wo du mir wehgetan hast, ich vergebe dir.

Wo du mir wehgetan hast, ich vergebe dir. Und wo ich dir wehgetan habe, bitte vergib mir.

Und sicherlich hat sie diese Vergebungen jetzt mit angehört. Und du kannst ihr sagen: Ich liebe dich. Ich freue mich, wenn wir uns in der höheren Welt wiedersehen und uns innig umarmen.

Mama, ich freue mich, wenn wir uns wieder umarmen. Ich liebe dich.

Und nun geh mal zu deiner Nichte. Was willst du ihr sagen?

Liebe Dagmar, ich vergebe dir, und bitte vergib du mir.

Und du kannst so sein, wie du bist. Ich will dir gegenüber keinen Hass oder keine Ablehnung mehr haben. Du kannst mir gegenüber so sein, wie du bist. Denn ich habe nun vieles verstanden, warum zwischen uns alles so sein solle, wie es ist.

Es gibt keinen Hass mehr zwischen uns. Du kannst mir gegenüber so sein, wie du bist.

Und wenn du meine Hilfe brauchst, ich helfe dir und steh dir immer zur Seite. Ich liebe dich.

Wenn du mich brauchst, so helfe ich dir.

Ich liebe dich. ... Wenn du es nicht fertig bringst zu sagen: Ich liebe dich, dann musst du wissen, dass jede Person den göttlichen Funken der Liebe in sich trägt. Und bei wem dieser Funke sich noch nicht sehr erhellt hat, kannst du diesen ansprechen und sagen: Ich liebe den göttlichen Funken der Liebe in dir.

Ich liebe den Funken der göttlichen Liebe in dir.

Und schau mal, vielleicht lässt sie sich von dir nun umarmen.

(Sie lächelt.)

Und geh auch mal zu deinem Bruder. Was willst du zu ihm sagen?

Lieber Rolf. Du hast deine Rolle in jenem früheren Leben auch gut gespielt.

Wenn ich ...

Wenn ich dir wehgetan habe, dann vergib mir bitte. Und wo du mir wehgetan hast, vergebe ich dir von Herzen.

Und nun geh mal zu deiner Schwester und reiche ihr den Kelch. Was sagst du ihr?

Ja, meine Schwester ist auch böse auf mich.

Wenn ich ...

Wenn ich dir wehgetan habe, dann vergib mir bitte. Und wo du mir wehgetan hast, vergebe ich dir von ganzem Herzen.

Und schau mal, nachdem sie aus dem Kelch getrunken hat, wie sie dich anschaut.

...

Und gibt es da noch jemanden im heutigen Leben, dem du den Kelch bringen möchtest?

Den Männern, die ich abgewiesen habe.

Dann reiche ihnen mal den Kelch, sodass jeder einen in der Hand hält. Was möchtest du ihnen sagen?

Bitte vergebt mir, dass ich euch abgewiesen habe, und ich danke für eure Geduld mit mir.

Und lass sie mal aus dem Kelch trinken.

kann ich

Und gibt es noch jemanden, dem du den Kelch reichen möchtest. ... Dann geh mal zu Edith, und steh mal vor ihr. Was möchtest du zu dir jetzt sagen?

Liebe Edith, nimm mal einen ganz großen Schluck aus diesem Kelch, damit viel Liebe in dich komme.

Und damit deine ganze Schuld ...

Damit alle Schuld und alles Leid aus allen Leben aufgelöst ist. Lass los.

Und was wünschst du dir für dein weiteres Leben?

Dass ich bis zu meinem Lebensende das Leben ohne Schuldgefühle genießen kann.

Und du kannst die Edith umarmen und sagen: Du bist eine tolle Frau.

Du bist eine tolle Frau.

Und du kommst nun auf den Berg der Erkenntnis zurück. Noch ist etwas Flüssigkeit in diesem Kelch. Und dein Höheres Selbst sagt: "Trinke den ganzen Rest auf", ... und du reichst dann den leeren Kelch zurück.

Und das Höhere Selbst gibt dir in die eine Hand einen großen geöffneten Kiefernzapfen. Du nimmst ihn in die eine Hand. Und mit der anderen hole alles aus dir heraus, was du loswerden möchtest. Und knete es wie einen schwarzen Ton in diesen Zapfen, indem du jeweils dreimal sagst, von was du dich befreist.

Ich befrei mich von allen Hals- und Nackenbeschwerden.

Ich befrei mich von allen Hals- und Nackenbeschwerden. Ich befrei mich von allen Hals- und Nackenbeschwerden. Ich befrei mich von allen Hals- und Nackenbeschwerden.

Ich befreie mich von dem Brustkrebs.

Ich befreie mich von meinem Brustkrebs. Ich befreie mich von meinem Brustkrebs. Ich befreie mich von meinem Brustkrebs – endgültig!

Ich befreie mich von meiner Angst vor Männern.

Ich befreie mich von meiner Angst vor Männern.

Und noch mal.

Ich befreie mich von meiner Angst vor Männern.

Und noch mal.

Ich befreie mich von meiner Angst vor Männern.

Ich befreie mich von meiner Angst vor sexueller Nähe.

Ich befreie mich von meiner Angst vor sexueller Nähe. Ich befreie mich von meiner Angst vor sexueller Nähe. Ich befreie mich von meiner Angst vor sexueller Nähe.

Ich befreie mich von der Angst vor Geschlechtskrankheiten.

Ich befreie mich von der Angst vor Geschlechtskrankheiten.
Ich befreie mich von der Angst vor Geschlechtskrankheiten.
Ich befreie mich von der Angst vor Geschlechtskrankheiten.

Und ich befreie mich von der Angst vor Menschenmengen.

Und ich befreie mich von der Angst vor Menschenmengen zu sprechen. Und ich befreie mich von der Angst vor Menschenmengen zu sprechen. Und ich befreie mich von der Angst vor Menschenmengen zu sprechen.

Ich befreie mich von aller Todessehnsucht.

Ich befreie mich von aller Todessehnsucht. Ich befreie mich von aller Todessehnsucht. Ich befreie mich von aller Todessehnsucht.

Ich befreie mich jetzt auch von aller Disharmonie mit Mutter, Vater, Bruder, Schwester und Nichte.

Ich befreie mich jetzt auch von aller Disharmonie mit Mutter, Vater, Bruder, Schwester und Nichte. Ich befreie mich jetzt auch von aller Disharmonie mit Mutter, Vater, Bruder, Schwester und Nichte. Ich befreie mich jetzt auch von aller Disharmonie mit Mutter, Vater, Bruder, Schwester und Nichte.

Ja, stopfe es hinein.

Und ich befreie mich nun von aller Schuld und Schuldgefühlen. Jawohl!

Und ich befreie mich nun von aller Schuld und Schuldgefühlen. Und ich befreie mich nun von aller Schuld und Schuldgefühlen. Und ich befreie mich nun von aller Schuld und Schuldgefühlen.

Und gibt es noch was, was du in den Zapfen stecken möchtest?

ja, mit dem Orgasmus

Und ich befreie mich von aller Orgasmushemmung.

Ich befreie mich von aller Orgasmushemmung. Ich befreie mich von aller Orgasmushemmung. Ich befreie mich von aller Orgasmushemmung.

Auch mit Männern.

Auch mit Männern.

Und nun ist der Zapfen so richtig voll geworden. Und das Höhere Selbst entzündet vor dir ein Lichtfeuer. Es sieht aus wie eine Flamme, ist aber reines Licht. Und sagt: "Alles, was dort hineingelegt wird, verwandelt sich zurück in die Urliebe hinein. Nun, liebe Edith, lege deinen schweren Zapfen dort hinein." ... Das tust du. Und du siehst, wie dieser Zapfen sich immer mehr auflöst. ...

Und jetzt ist er aufgelöst. Eine große Erleichterung ist nun in dir. Und jetzt kannst du je dreimal sagen, von was du befreit bist. Ich bin frei von meinem Brustkrebs.

Ich bin frei von jeglichem Brustkrebs. Ich bin frei von jeglichem Brustkrebs. Ich bin frei von jeglichem Brustkrebs.

Ich bin frei von allen Nacken- und Halsbeschwerden.

Ich bin frei von allen Nacken- und Halsbeschwerden. Ich bin frei von allen Nacken- und Halsbeschwerden. Ich bin frei von allen Nacken- und Halsbeschwerden.

Ich bin frei von der Angst vor Geschlechtskrankheiten.

Ich bin frei von der Angst vor Geschlechtskrankheiten. Ich bin frei von der Angst vor Geschlechtskrankheiten. Ich bin frei von der Angst vor Geschlechtskrankheiten.

Ich bin frei von der Angst vor Männern und kann auch Orgasmen mit ihnen bekommen.

Ich bin frei von der Angst vor Männern und kann auch Orgasmen bekommen. Ich bin frei von der Angst vor Männern und kann auch Orgasmen bekommen. Ich bin frei von der Angst vor Männern und kann auch Orgasmen bekommen.

Ich bin frei von allen Todesängsten und liebe das Leben.

Ich bin frei von allen Todesängsten und liebe das Leben. Ich bin frei von allen Todesängsten und liebe das Leben. Ich bin frei von allen Todesängsten und liebe das Leben.

Und ich bin nun frei von aller Disharmonie mit Mutter, Vater, Bruder, Schwester und Nichte.

Und ich bin nun frei von aller Disharmonie mit Mutter, Vater, Bruder, Schwester und Nichte. Und ich bin nun frei von aller Disharmonie mit Mutter, Vater, Bruder, Schwester und Nichte. Und ich bin nun frei von aller Disharmonie mit Mutter, Vater, Bruder, Schwester und Nichte.

Und ich bin jetzt endlich frei von aller Schuld und Schuldgefühlen.

Und ich bin jetzt endlich frei von aller Schuld und Schuldgefühlen. Und ich bin jetzt endlich frei von aller Schuld und Schuldgefühlen. Und ich bin jetzt endlich frei von aller Schuld und Schuldgefühlen.

Jawohl! Das bist du nun. Und wenn du mit Männern zusammenkommst, kannst du dich richtig hingeben und Sexualität als göttliches Geschenk genießen. Und du kannst Gott Dank sagen für dieses göttliche Geschenk.

Und sag mal: Was für eine Frau möchtest du von nun ab sein? Ich bin eine lebensfrohe, gesunde, schmerzfreie und liebende Frau. Oder was wünschst du dir, wie du von nun ab sein möchtest. Ich bin von nun an eine ... ?

Ich bin von nun an eine glückliche, lustvolle ...

gesunde und liebende Frau.

ja

Und sage es noch mal.

Ich bin von nun an eine glückliche, lustvolle, gesunde und liebende Frau. Ich bin eine glückliche, lustvolle, gesunde und liebende Frau.

Und das Höhere Selbst nimmt einen etwa einen Meter langen silbernen Stab hervor, aus welchem ein weißer Lichtnebel hervordringt und sagt: "In diesem Lichtnebel befindet sich eine ganz, ganz hohe Liebesschwingung, die alles heilt und in Harmonie bringt. Ich hülle dich nun ein in einen weißen Lichtkokon. Diese hohe Liebesschwingung dringt nun in dein ganzes Sein hinein, in den körperlichen, seelischen und geistigen Bereich. Und alles in dir wird nun angefüllt mit dieser hohen, hohen Liebesschwingung." Und du spürst in dir diese wunderbare Liebe, die in dir nun alles heilt und überall Harmonie herstellt. Und genieße

jetzt diese hohe Liebesschwingung. *(etwa eine halbe Minute Zeit lassen)* Und wenn du möchtest, kannst du dich jetzt bei deinem Höheren Selbst für die Begleitung und Beratung bedanken. *(Entweder wird dieser Dank gesprochen, geflüstert oder nur im Stillen gedacht.)*
(Edith spricht ihn nur in Gedanken.) ... ...
Und mit einem Male befindest du dich wieder im Wolkenbett. Da sind die zehn Engel der Befreiung. Und sie halten nochmals ihre Hände über deinen ganzen Körper. Und ein goldenes Licht kommt aus ihren Händen. Und es gibt dir Liebe, Heilkraft, Selbstsicherheit und Harmonie. Und du fragst die Engel: Wenn ich euch wieder brauche, darf ich um eure Hilfe bitten? Und aus ihren liebevollen Blicken erkennst du ihre Antwort.

Und mit einem Male befindest du dich wieder auf der Wiese bei der Heilquelle. Und du trinkst von diesem warmen Heilwasser mit der hohen Heilenergie. ... Und du entdeckst zwei Meter hinter dieser Quelle eine Badewanne, voll gefüllt mit diesem warmen Heilwasser. Und du zögerst nicht. Du ziehst dich nun ganz aus ... und gehst zu dieser Wanne hin. ... dort angekommen, steigst du in das warme Heilwasser hinein, setzt dich hinein, sodass nur noch der Kopf herausschaut. Du tunkst auch diesen einige Male in das Wasser. Denn die Heilenergie dringt durch alle Poren deines Körpers und gelangt zu jeder der Abermilliarden Zellen und bringt Heilung, Freude, Liebe, Harmonie. ... ... Und du spürst eine angenehme Wärme in deinem Hals, im Nacken und in der linken Brust. ... Alles wird jetzt geheilt. Und die Heilenergie wirkt auch weiterhin in dir.

Du steigst nun aus der Wanne wieder heraus und bist mit einem Male wieder ganz getrocknet. Du gehst zu deinen Kleidungsstücken zurück ... , aber dort angekommen entdeckst du: Da liegen ja neue Kleidungsstücke. Du nimmst sie in die Hand, sie duften so gut. ... Du legst sie an.... Sie passen wie maßgeschneidert. Und du gehst jetzt über die Wiese zurück. Du fühlst dich wie eine neue Frau. Und nun sage jeweils dreimal, von was du dich befreit hast. Ich bin frei von ...?

(Der Therapeut achtet nun darauf, dass alles dreimal gesprochen wird.) Und was für eine Frau wirst du von heute an sein? Ich bin eine ...

Ich bin von nun an eine glückliche, lustvolle, gesunde und liebende Frau. Ich bin eine glückliche, lustvolle, gesunde und liebende Frau. Ich bin eine glückliche, lustvolle, gesunde und liebende Frau.

Und du gelangst nun zu einem kniehohen Stein und setzt dich darauf. ... Du schließt deine Augen. Du kannst dich an alles erinnern, an was du dich erinnern möchtest. Und du hörst jetzt die Stimme von Tom, der sagt: Liebe Edith, es wird nun von einundzwanzig bis fünfundzwanzig gezählt, und bei fünfundzwanzig öffnest du deine Augen und bist dann zurückgekehrt zum (Tag, Monat, Jahr, Ort) in der Wohnung von Tom und kannst dich an alles, an was du dich erinnern möchtest, auch erinnern. Einundzwanzig: Du bewegst deine Zehen. Zweiundzwanzig: Du bewegst deine Finger. Dreiundzwanzig: Du bewegst deine Knie. Vierundzwanzig: Du bewegst deine Ellenbogen. Fünfundzwanzig: Du öffnest deine Augen und fühlst dich sehr, sehr wohl.

Schon zwei Tage nach dieser Rückführung schickte sie mir diese E-Mail:

> Ich fühle mich, als hätte ich eine große Last losgelassen. Dies fühlt sich wunderbar an. Ich werde

dir in zwei Wochen mehr darüber berichten. Auch am Flughafen haben mich die Männer wieder richtig wahrgenommen. Das habe ich natürlich genossen. Hihi!

Und zwei Wochen später – wie angekündigt – schickte sie mir diese Erfolgsmeldung:

> Hallo Tom,
> ich freue mich sehr, von dir zu hören. Ich bin in einem Prozess drin und meditiere viel. Meine Schulterschmerzen sind stärker als zuvor. Das Verhältnis zu meinem Vater ist noch sehr angespannt. Ich arbeite jetzt mit einer CD von Robert Betz, um diese Disharmonie aufzulösen. Doch ich bin viel selbstbewusster geworden, und das Sprechen vor vielen Leuten fällt mir leicht. Ich spüre immer noch Angst vor Männern, doch ich gehe jetzt durch die Angst. Ein wunderbarer Anfang. ... Die Disharmonie zu meinen Geschwistern wie auch zur Nichte ist aufgelöst, wie auch meine Nackenschmerzen. Was meine Orgasmen mit Männern angeht, da müssen wir noch ein bisschen warten. ... smile.
> Ich wünsch dir eine wunderschöne Zeit auf den Philippinen.
> Von Herzen liebe Grüße, Edith

Edith hatte keine abwehrenden Gefühle mehr, von Männern angesehen zu werden. Ja, sie hat es wohl zum ersten Mal genossen. Auf die Schulterschmerzen sind wir nicht intensiv eingegangen, denn diese mögen noch mit anderen Leben zusammenhängen, obwohl der Sturz von der Klippe ihr Genick gebrochen hatte *(Nackenschmerzen im heutigen Leben)* und sicherlich auch die Schultern in Mitleidenschaft gezogen haben. Dass sie nun stärker geworden sind, hängt damit zusammen, dass sie auf sich aufmerksam machen wollen, diese auch bald auflösen zu wollen. Wie wir schon erwähnten: Alle Schmerzen körperlicher, seelischer oder geistiger Art wollen uns darauf aufmerksam machen, dass wir diese noch aufzulösen haben, und zwar wie es immer deutlich hier gezeigt worden ist – durch den Akt der Vergebung. Und dies hat in der Rückführung nun Wunder bewirkt. Denn die Disharmonien zwischen den Geschwistern und der Nichte waren auf einmal nicht mehr da. Das lag sicherlich auch an dem veränderten Verhalten von Edith ihnen gegenüber. Aber es hat auch damit zu tun, dass bei dem Vergebungsakt mit dem Kelch jene Personen durch Seelenverschränkung miteinander verbunden sind, und somit bei ihnen auf einmal positive Veränderungen gegenüber der sonst abgelehnten Person bewirkt werden.

Aber ein anderes Wunder ist, dass auf einmal die Nackenschmerzen wie weggezaubert sind. Ich habe oft ein Gleiches bei meinen Klienten erleben dürfen. Manchmal geschieht es noch während der Rückführung. Und sicherlich wird sie auch noch bei passender Gelegenheit ihren Orgasmus mit einem Mann erleben.

Angst vor Sexualität

Ricarda ist eine zweiundzwanzigjährige Jurastudentin, die zu mir für eine Rückführungstherapie kam. Sie hat schon als Schülerin Angst zu versagen, und zwar allgemein vor Lehrern und besonders alles, was die Mathematik angeht. Zu ihrem doktrinären Vater hat sie ein schwieriges Verhältnis. Er ist Mathematiklehrer an einer anderen Schule. Sie hat Angst vor vielen Leuten zu sprechen und beginnt zu zittern. Außerdem hat sie Angst, Wichtiges zu vergessen. Ihr mangelndes Selbstwertgefühl machte sie zu einer Außenseiterin. Mit sechzehn verliebte sie sich in ihren Sporttrainer, zog nach dem Abitur mit ihm zusammen, bis dieser sich in einer anderen Stadt niederließ. Danach hatte sie sich nicht mehr mit einem Mann eingelassen.

Wir deckten sieben ihrer früheren Leben auf, und in den Kiefernzapfen steckte sie ihre Angst zu versagen, Angst vor Leuten zu sprechen, Angst Wichtiges zu vergessen, ihre Rücken-, Haut- und Halsbeschwerden wie auch ihre Minderwertigkeitskomplexe.

Und drei Monate später schrieb ich ihr eine E-Mail, um nachzufragen, was sich an Positivem bei ihr verändert hat. Hier nun ihre Antwort:

> Ich will dir nun berichten, wie positiv sich die Rückführung auf mein Leben ausgewirkt hat. Ich habe keine Angst mehr zu versagen, was mein Lebensgefühl

> enorm gesteigert hat. Ich habe ein besseres Selbstwertgefühl (auch in Bezug auf meine Kopfhaare) und fast gar keine Rückenschmerzen mehr. Auch meine Haut hat sich verbessert. Ob ich noch Sprechangst habe, weiß ich nicht, weil ich bis jetzt keinen Vortrag halten musste. Doch bin ich überzeugt, dass ich keine Angst mehr habe, allgemein vor Leuten zu sprechen.

Doch zwei Monate später mailte sie mir, dass ihre Angst im Seminar vor anderen und zum Professor sprechen zu müssen, samt der Angst eine falsche Antwort zu geben, wieder vorhanden ist. Und sie zweifelt nun auch daran, dass sie einfach zu dumm ist mit der Einstellung, dass sie es nicht schafft.

Und wir vereinbarten nun einen neuen Termin, um nochmals tiefer in ihre früheren Leben einzutauchen, und auch gleichzeitig ihre Angst vor Sexualität zu ergründen.

Und hier nun ist die **Wiedergabe ihrer zweiten Rückführungstherapie** bei mir.

(Nach der Versenkung in den Alphazustand und dem Einfinden in das Wolkenbett, führt ihr Höheres Selbst sie nun vor ein Wolkentor, hinter welchem eine Ursache für ihre Ängste zu finden ist.)

Wenn gleich bis drei gezählt worden ist, dann ist dieses Tor geöffnet, und du befindest dich dahinter in einem früheren Leben, wo eine Ursache dafür zu finden ist, warum du im heutigen Leben Angst hast, wie auch im Besonderen an der Universität im Seminar dich die Angst packt, dich zu melden und bei Aufforderung des Professors eine falsche Antwort zu geben und dich zu blamieren.

Eins, zwei, drei. Das Tor ist auf. Du bist da. Schau mal zuerst auf deine Füße hinunter. Was hast du an?

einfache Schuhe

Befühl mal deine Kleidungsstücke. Was hast du an?

Ich trage einen Hut.

Und welche Farbe hat er?

hellbraun

Und was sind deine übrigen Kleidungsstücke?

Ich trage einen braunen Umhang.

Geh mal mit deinen Händen über deinen Brustkorb und dein Haar. Wie ist dein Haar beschaffen? Lang oder kurz, dunkel oder hell?

Kurzes blondes Haar. Ich bin ein Mann.

Wie alt bist du?

dreiundzwanzig

Wo bist du gerade? Drinnen oder draußen?

draußen

Wie sieht es da aus?

Da ist eine Burg und viel Wald.

Was machst du so in deinem Leben? Was ist deine Hauptbeschäftigung?

Ich bin ein Bote. Ich muss Nachrichten überbringen.

Musst du das öfter tun?

ja

Bist du schon auf der Burg oder kommst du erst dahin?

Ich bin noch ein bisschen weg von der Burg und schau sie mir an.

Musst du was Schriftliches überreichen oder etwas mündlich überbringen?

Nein, es ist eine schriftliche Mitteilung.

Sag mal: In welchem Land befindest du dich eigentlich? ...
(Da keine Antwort kommt, fordere ich sie heraus, um zu provozieren.) Bist du in China oder in Afrika?

Nein, in Europa.

Bei drei kommt dein Name. Eins, zwei, drei. Da ist er.

Hans

Hans, du bist dreiundzwanzig. Bist du schon verheiratet?

nein

In welchem Jahr befindest du dich?

Ich glaube, es ist 1710.

Und jetzt weißt du auch, in welchem Land du bist.

Deutschland

Ist das im Norden, Süden, Osten, Westen?

Im heutigen Baden/Württemberg

(Sie ist noch nicht tief genug im Geschehen und besieht sich alles noch halb im jetzigen Bewusstsein. Deshalb bleibt auch manches noch ungeklärt.)

Wie lange bist du schon Bote?

seit meinem siebzehnten Lebensjahr

Machst du das zu Fuß oder mit Pferd?

mit einem Pferd

Bist du auch jetzt zu Pferd?

Ich hab das irgendwo jetzt abgestellt.

Weißt du eigentlich, was in der Schriftrolle steht?

Ich denke schon.

Weißt du, um was es geht?

Ich glaube, es ist eine negative Nachricht. Ich dürfte nicht wissen, was da drin steht.

Und es wird bis drei gezählt, dann bist du einen Tag weiter, und du weißt, was da passiert. Eins, zwei, drei.

Ich bin auf dem Vorhof einer Burg. Und da ist Markt.

Hast du dich deines Auftrages schon entledigt, oder steht das noch bevor?

Das mach ich noch.

Was machst du auf dem Markt?

Ich schau mir die Leute an. Ich mag sie.

Und nun geh mal weiter in den Tag. Was geschieht jetzt?

Ich glaub, da sind Besucher gekommen. Sie sind nicht gut. Sie sind vielleicht böse.

Sind die auf dem Markt?

Ja, weiter hinten.

Kennen die dich?

nein

Woher erkennst du, dass sie böse sind?

Sie treten einfach so auf.

Dann geh mal weiter in den Tag hinein. Und du weißt, was da noch passiert.

Ich will Bescheid geben, dass da böse Menschen sind. Ich schreibe diesen Hinweis auf jene Rolle, die ich zu überbringen habe, obwohl ich nicht weiß, ob ich das darf.

Und was geschieht weiter?

Es ist nicht so einfach dorthin zu gelangen. Ich muss erst herausfinden, wie ich dort hinkommen kann. Es ist so eine Behörde.

Und jetzt weißt du, was weiterhin geschieht.

Ich finde den Weg dorthin. Und die lassen mich da auch rein.

Wem musst du eigentlich diese Nachricht überbringen?

dem Burgherren

Und wie geht es weiter? Triffst du ihn?

Ja, ich glaube, dieser Burgherr hatte diese Menschen extra angeheuert. Ich hab da irgendwas durchschaut.

Übergibst du dem Burgherren die Schriftrolle?

Ja, aber er schaut sich das nur uninteressiert an.

Wie verhält er sich dir gegenüber? Bedankt er sich bei dir?

Er ist total uninteressiert.

Was geschieht weiterhin?

Er bespricht was mit seinen Leuten. Und ich glaub, ich soll dann wieder gehen.

Und gehst du dann?

Ich mach mich wieder auf den Heimweg.

Und geschieht da noch was?

Ich bin dann wieder auf dem Waldstück. Dort ist mein Pferd. Und dann reite ich zurück dahin, wo ich hergekommen bin.

Und nun, Hans, kommst du zu deinem nächsten Erlebnis, das vielleicht nicht so angenehm ist. Eins, zwei, drei. Jetzt bist du da. Wie alt bist du?

vierundzwanzig

Wo bist du denn da?

Ich glaub, ich bin in einem Kerker.

Wie bist du dahin gekommen?

Man hat mich wegen irgendwas verurteilt.

Was sollst du gemacht haben? Oder was hast du gemacht?

Die haben mir das Wort im Mund umgedreht.

Und jetzt bist du da. Eins, zwei, drei. Wo bist du jetzt?

Ich bin in einer Art Gerichtssaal. Und diese Menschengruppe am Schloss hat irgendetwas Schlimmes getan. Und sie werfen mir vor, ich hätte die Botschaft dort nicht weitergegeben. Aber das stimmt doch gar nicht. Ich hab sie doch weitergegeben.

Und kannst du ihnen sagen, dass du es doch übergeben hast?

Sie sagen, ich hätte das gefälscht. Sie haben es dabei und lesen es vor. Ja, es ist gefälscht. Ich weiß ja, was ich zusätzlich auf die Rolle geschrieben habe. Aber da ist noch was anderes hinzugefügt worden.

Und kannst du dich nicht rausreden? ... Kannst du nicht sagen: Es ist nicht gefälscht. Ich hab das nicht geschrieben?

Jener sagt: Es ist gefälscht. Denn jenes Wappen, das ich darauf gezeichnet habe, identifiziert mich.

Das heißt, du kannst dich nicht herausreden?

Nein, sie werfen mir ja die Schuld vor. Wenn ich nicht dieses geschrieben hätte, dann wäre dieses Ereignis nicht geschehen.

Was für ein schlimmes Ereignis hat sich denn da ereignet?

Die Menschen dort auf dem Markt. Die wurden angegriffen. Die haben denen alles weggenommen und auch junge Töchter mitgenommen. Und jene Schlimmen lachten auch dabei. Ich hätte vorher Bescheid geben sollen. Und ich hab die Botschaft ja überbracht. Aber die denken, ich hätte nicht Bescheid gesagt. Man wirft mir vor, dass ich eine falsche Mitteilung übergeben habe. Und man wirft mir vor, dass ich auf keine Antwort gewartet habe.

Und hast du nicht gesagt: Ich habe es dem Burgherren übergeben, aber er hat sich nicht dafür interessiert gezeigt?

Ja, er steckt mit diesen bösen Menschen irgendwie unter einer Decke. Und die Absicht des Burgherren war, die Leute auf dem Markt einzuschüchtern oder zu berauben. Die sind auch in die Häuser eingedrungen.

Und dann hat man dich zum Kerker verurteilt. Wie lange sollst du dort bleiben?

acht Jahre

Wie nimmst du das auf?

Das macht mich ganz schön unglücklich. Und ich darf da nie rausgehen. Und dort wurde es mir auch ganz kalt.

Ist das eine Einzelzelle oder eine andere?

Es ist eine große Zelle, und ich habe über den Handgelenken so kalte Fesseln.

Sind da auch noch andere an den Handgelenken Gefesselte?

Ja. Hinten in der Ecke, da ist auch noch so ein Mann. Der hat auch noch so ein Ding um den Hals.

Kannst du dich mit dem unterhalten?

Nein. Er ist schon verrückt geworden.

Es wird bis drei gezählt, und dann weißt du, was geschieht, entweder im Kerker oder nachdem du herauskommst. Eins, zwei, drei. Was geschieht denn da?

Ja, ich bin wieder draußen.

Warst du acht Jahre da drin?

Nein, sieben.

Hat sich da politisch was verändert? Sind es jetzt andere, die regieren, die dich früher herausgelassen haben?

Ja, andere sind da.

Und was machst du weiterhin, Hans? ... Hast du ein Zuhause? Oder bist du bei Verwandten, Bekannten untergekommen?

Ich gehe nochmals zu der Burg und suche den auf, der diese Mitteilung zusätzlich gefälscht hatte und noch anderes auf die Rolle geschrieben hat. Er sieht nun anders aus, hat einen Bart. Ich will Beweise für meine Unschuld finden.

Und gehst du zu dem Burgherren? Oder was machst du da?

Ich finde auch mein ehemaliges Schriftstück. Ich hab das irgendwie geschafft.

Was kannst du nun damit unternehmen?

Ja, ich rede mit denen und mache mich wieder auf den Rückweg. Und dann will ich dieses Schriftstück vorzeigen.

Wem kannst du dieses nun vorzeigen?

Dem Richter. Aber ich kann ihn ja nicht direkt erreichen.

Und gehe nun mal zu deinem nächsten wichtigen Erlebnis.

Ich mache mir zuerst eine Kopie davon. Ein Mann macht diese mit einer Art Papier, so wie ein Pergament. Das ist wichtig, falls das Original mal verblasst.

Und wie geht es weiter in deinem Leben? Komme bei drei zu deinem nächsten wichtigen Erlebnis. Eins, zwei, drei. Jetzt bist du da.

... Ja, ich glaub, ich hab die falsche Antwort abgegeben, weil ich eine psychische Krankheit habe. Ich weiß nicht, wie es dazu kommen konnte. Ich habe mir dies die ganze Zeit falsch eingebildet. Ja, ich habe damals gedacht, dass jene böse Menschen da sind, und das dann aufgeschrieben. Aber ich glaub, das hab ich gar nicht gemacht. Ich glaube, ich habe nur geschrieben, dass alles in Ordnung ist, aber ich konnte es damals nicht realisieren. Aber ich habe tatsächlich eine falsche Antwort gegeben. Das hatte ich gar nicht so wahrgenommen. Und in dem Schriftstück stand damals auch, dass alles in Ordnung sei.

Siehst du jetzt ein, dass du zu Recht verurteilt worden bist?

ja *(Hans scheint geistig durcheinander zu sein, gab es auch schon zu.)*

Was machst du weiterhin in deinem Leben? Geh mal zu deinem nächsten wichtigen Erlebnis, Hans. Wie alt bist du da?

Dreiundvierzig. Wir sind zu zweit. Da ist ein Mann. Wir leben an einem einsamen Ort. Er sitzt vorn übergelehnt und hat seinen Kopf mit den Händen gestützt. Er ist niedergeschlagen.

Kennst du den?

Nein. Ich versuche ihm irgendwie zu helfen.

Ist er ein Bettler?

Nehh. Er ist ein normaler Mann. Aber man hat ihm seine Frau ungerechterweise weggenommen.

Kannst du ihn ansprechen?

Er sagt, dass ihm seine Frau weggenommen wurde, dass er sie geschlagen haben sollte. Aber das stimmt nicht. Wie er sagt, habe er sie nie geschlagen. Ich habe die Idee, diesem Amt zu übermitteln, dass es nicht stimmt, dass er seine Frau geschlagen hat. Und ich verfasse ein Schriftstück und schreibe das so nieder. Und dann bringe ich das zu der entsprechenden Stelle. Es war ja damals immer so. Es gab ja keine richtigen Behörden.

Das heißt, in dem Schriftstück steht nun, dass seine Frau ihm zu Unrecht fortgenommen war?

Ja, genau, genau. Und ich schreibe, dass er sie gut behandelt hatte.

Wie geht es weiter?

Sie fragen dann die Frau selbst. Und sie sagt dann tatsächlich, dass er sie geschlagen hat. Und dass sie froh ist, nicht mehr bei ihm zu sein. Und ich habe wieder eine falsche Nachricht übermittelt. Das ist mir sehr peinlich. Ich hab das einfach so geglaubt, was er mir sagte. Ich hätte ihm nicht glauben dürfen.

Und wird dir wegen einer falschen Erklärung etwas zugeschoben?

Man glaubt, da ich ja früher schon wegen falscher Aussage verurteilt worden war, dass ich jetzt wieder bewusst falsches Zeugnis ablegen wollte, dass ich mit dem unter einer Decke stecke. Ich glaube, ich muss jetzt wieder in einen kalten Kerker. Und ich habe wieder so was an den Händen und knie da auf einem kalten Stein. Auch um meinen Hals ist eine Kette. Ich bekomme schon Halsschmerzen.

Es wird bis drei gezählt, und dann bist du gerade gestorben und kannst deinen Körper unter dir liegen sehen. Eins, zwei, drei.

Ich hab das da nicht überlebt.

Wie alt bist du denn geworden?

Dreiundfünfzig vielleicht.

Es war kalt dort drin?

Ja, keine Sonne.

Und nun wird bis drei gezählt, und dann bist du wieder vor dem Wolkentor bei deinem Höheren Selbst und kannst dich an alles erinnern. Eins, zwei, drei. Du bist wieder vor dem Wolkentor bei deinem Höheren Selbst und kannst dich an alles erinnern. Und das Höhere Selbst reicht dir dieses Schälchen mit der Heilflüssigkeit und sagt: "Nun, Ricarda, trinke davon, damit du dich wieder sehr wohlfühlst." Und du trinkst davon. ... Und reichst das Schälchen wieder zurück. Und du fragst dein Höheres Selbst: Meine Kältegefühle, die ich oft noch habe, haben sie was mit der feuchten Kälte zu tun?

hhm

Und nun frag mal dein Höheres Selbst: Welche Personen aus jenem Leben, leben auch in deinem heutigen Leben?

Der Mann, der mir gesagt hatte, dass er seine Frau nicht geschlagen hatte, war mal mein Tennistrainer, in den ich mich verliebt hatte.

Und frag mal dein Höheres Selbst: Warum habe ich solch eine Angst, dass ich was Falsches sage, wie auch die Angst vor den Professoren, wenn ich aufgefordert werde, was zu sagen? Was hat dein Leben als Hans damit zu tun?

Einfach die Tatsache, dass wenn man eine falsche Antwort gibt, dass das schlimme Folgen haben kann.

Und du weißt, dass dies noch unbewusst in dir nachwirkt. Und welche anderen Konsequenzen hat jenes Leben noch für dich?

Dass, wenn mir jemand was sagt, dass ich das einfach so hinnehme, ohne das zu hinterfragen.

Du warst ja lange in dem Kerker. Hast du manchmal noch das Gefühl, eingeengt zu sein?

Nein, das geht. Aber ich habe deswegen noch kalte Füße und Hände. Und ich habe auch Halsschmerzen wegen dieser Eisenkette.

Und kannst du nun erkennen, woher all dieses kommt.

ja

Und nun frag einmal dein Höheres Selbst: Gibt es noch ein weiteres früheres Leben, wo ebenfalls eine Ursache zu finden ist, wo du Angst hattest, eine falsche Antwort zu geben oder was zu sagen, dass Konsequenzen für dich hatte. Gibt es dazu noch ein anderes Leben, oder ist das da eigentliche Leben?

Da ist noch ein Leben. *(weinerlich)*

Und das Höhere Selbst nimmt dich an die Hand. Ihr schwebt an der Wolkenwand entlang und bleibt vor einem anderen Tor stehen. Du kannst es berühren und weißt, wie es beschaffen ist. Und das Höhere Selbst sagt: Gleich wird bis drei gezählt, und dann befindest du dich in jenem Leben dahinter und bist einen Tag vor einem wichtigen Ereignis, das mit deiner Angst, was Falsches zu sagen, verbunden ist. Doch bevor bis drei gezählt wird, hier nimm dieses Fläschchen, denn die Flüssigkeit darin vermag, dass du gleich alles wahrnehmen, fühlen und wissen kannst. Und du trinkst aus diesem Fläschchen ... Und du reichst es zurück. Und du weißt, wenn jetzt bis drei gezählt worden ist, dann ist dieses Tor geöffnet, und du befindest dich einen Tag vor einem wichtigen Ereignis, das mit deiner Angst, eine falsche Antwort in der Öffentlichkeit zu geben, oder mit der Angst vor Autoritäten zusammenhängt. Eins, zwei, drei. Jetzt bist du da. Schau mal auf deine Füße hinunter. Was hast du denn da an?

Sandalen, einfache Sandalen.

Was hast du sonst noch am Körper an?

So ein sommerliches Kleid bis zu den Knien.

Geh mal mit deinen Händen über den Brustkorb, das Haar und dein Gesicht. ... Wie ist dein Haar beschaffen?

Ich habe dunkle braune lange Locken. Aber ich habe Probleme mit der Kopfhaut, die ist ein bisschen trocken.

Bist du Frau oder Mädchen?

Mädchen

Wie alt bist du denn?

zwölf oder dreizehn

Und schau dich mal um. Wo bist du denn jetzt?

auf einem Feld

Bist du dort allein, oder sind auch andere dort?

Ich bin alleine.

Was machst du dort?

Ich bin gerade vergewaltigt worden. Es blutet.

Von wem denn?

Es war ein Junge, den mochte ich. Er war siebzehn.

Und den mochtest du. Mit dem bist du auf diese Wiese gegangen?

ja

Und war das dein erstes Mal, wo er in dich eingedrungen ist und das Häutchen durchstoßen hat?

ja

War es eine Vergewaltigung?

Ich mochte ihn ja. Aber das mochte ich nicht. Und ich weiß nicht, wie ich damit umgehen soll.

Ist er weggegangen und hat dich allein gelassen?

Nein, ich bin weggegangen. Aber wir werden uns wiedersehen.

Es wird bis drei gezählt, dann bist du bei einem wichtigen Erlebnis am folgenden Tag. Eins, zwei, drei.

Wir essen gerade zu Hause Abendbrot.

Wie heißt du eigentlich?

Irgendwas mit C.

Bei drei kommt dein ganzer Name. Eins, zwei, drei.

Cecilia Cassandra

In welchem Land lebst du denn?

Ich weiß nicht. Vielleicht Griechenland, nein Sizilien.

Und du bist nun mit den Eltern beim Abendbrot.

ja

Hast du Geschwister?

Ich habe eine Schwester.

Was esst ihr denn?

Brot und Oliven. Aber ich räume jetzt den Tisch ab und mach alles sauber. Ich höre Geräusche sexueller Art.

Im Nebenraum oder wo?

Irgendwo im Haus.

Sind das die Eltern oder wer?

Nein, es ist der Vater mit meiner Schwester.

Ist sie älter als du?

vierzehn

Wie geht sie wohl damit nun um, dass euer Vater sie beschläft? Schreit sie? Lässt sie sich das gefallen?

Es ist seltsam. Früher hat sie sich gewehrt, da hat sie das nicht gewollt. Aber dann – ich wusste nie, ob sie es wollte. Sie hat auch in Träumen geschrien. Und wenn sie schrie, dachte ich, sie hat wieder einen Albtraum. Ich glaube, sie wurde auch damals schon vergewaltigt. Vielleicht gefällt es ihr ein bisschen. Sie hat sich wohl irgendwann dran gewöhnt. Mich schockiert das. Es ist so eklig.

Es wird bis drei gezählt, und dann weißt du, ob mit dir selbst was passiert. Eins, zwei, drei.

Meine Schwester war schwanger. Beim Gericht wird nachgefragt, wer der Vater des Kindes ist. Ich glaube, der Vater ihres Kindes ist mein heutiger Vater. *(Es kommt selten, aber gelegentlich vor, dass während man sich im früheren Leben befindet, schon eine Personenzuordnung zur heutigen Person stattfindet. Es kann aber auch ein äußerlicher oder seelischer Erkennungseffekt vorliegen. Vor dem Wolkentor kann man sich dann vom Höheren Selbst Klarheit beschaffen.)*

Und was habt ihr gesagt?

Wir wollten unseren Vater schützen. Und meine Schwester hatte ausgesagt, dass das jener Junge war, der mich entjungfert hatte. Und dann fragten sie mich. Und ich gestehe, dass es unser Vater war.

Bist du auch von ihm geschwängert worden?

Er ist ein paarmal in mich eingedrungen. Aber ich glaube nicht, dass ich schwanger bin.

Und wo bist du jetzt?

(Auf einmal hat Cecilia eine Rückerinnerung und schreit plötzlich laut auf.) Sie reißen meiner Schwester das Kind aus dem Leib. ... Ich weiß nicht, ob sie das überlebt. Warum habe ich schon vor der Geburt gesagt, dass es mein Vater war? Wenn ich gesagt hätte, dass es mein erster Liebhaber gewesen ist, dann hätte man das Kind geboren werden lassen.

Wenn du jetzt nach Hause kommst und siehst deinen Vater, der ja sicherlich schon erfahren hatte, dass du ihn als Vater der nun herausgeschnittenen Leibesfrucht denunziertest, wie wird er sich wohl dir gegenüber verhalten?

Ich hab als Schutz ein Messer in der Hand.

Und was hast du mit dem Messer gemacht?

Ich habe es nur als Sicherheit, falls er mir was antun will.

Und, wie geht es weiter?

Ich hasse meinen Vater. Ich habe zu ihm keine väterlichen Gefühle. Er ist für mich ein fremder Mann.

Er weiß ja, dass du ihn bloßgestellt hast.

Ja, es muss alles vertuscht werden. Aber wir beschließen nun alle, schlafen zu gehen. Meine Schwester ist ja nicht da. Sie haben ihr ja das Kind herausgenommen. Ich habe Angst, dass ich auch schwanger sein könnte. Ich entschließe mich, morgen meine Sachen zu packen, um unser Zuhause zu verlassen. Ich gehe dann zu Huren hin. Ich will sie fragen, was ich machen kann, damit ich nicht schwanger werde. Das sind ja keine schlechten Frauen. Sie müssen eben ihr Geld verdienen und ihre Kinder ernähren. Die helfen mir auch. Sie nehmen bestimmte Blätter und führen sie unten ein. Das soll irgendwie helfen.

Gehst du dann zurück ins Elternhaus?

Nein. Ich will zu meiner Schwester.

Wo ist sie denn?

Bei den Leuten vom Gericht, die uns ausgefragt hatten.

Und du triffst deine Schwester?

Ich fühl mich entkräftet. Sie blutet noch immer. *(wieder heftig weinend)* Und das ist alles meine Schuld.

Hast du ihr gesagt, dass der Vater auch Sex mit dir hatte?

Ich kann ihr das nicht sagen. Sie ist ganz bleich. Sie liegt im Sterben. Sie hatte ja auch keine ausreichende Betäubung. *(immer noch schluchzend)*

Sie liegt dort. Kannst du ihr irgendwie helfen?

Ich habe noch Pulver gegen Schmerzen mitgenommen.

Sag mal: Wie endet das mit ihr? Stirbt sie?

Ja, sie stirbt in meinen Armen.

Cecilia: Es wird bis drei gezählt, dann kommst du zu deinem nächsten wichtigen Erlebnis. Eins, zwei, drei.

Ja, ich bin doch schwanger geworden, und mein Bauch wird immer dicker. Und ich werde gefragt, von wem dieses Kind ist.

Wer fragt dich denn? Ist das jemand vom Magistrat?

Ich verlasse den Ort. Denn man könnte mir ebenfalls das Kind herausnehmen wollen.

Und komm mal dort an, wo du dann hingekommen bist.

Da ist ein netter Mann. Vielleicht wird das mein nächster Freund. Ja, das wird er. Er hat ein schönes Zuhause. Ich wohne bei ihm. Er weiß, dass ich schwanger bin. Er ist trotzdem ganz lieb zu mir. Er verurteilt mich nicht. Auf dem Weg bin ich bei Frauengruppen vorbeigekommen. Die sehen meinen dicken Bauch und denken schlecht über mich.

Und kannst du weiterhin bei jenem jungen Mann wohnen?

ja

Wohnt er allein?

Nein, er wohnt bei der Familie, aber nicht direkt. Es ist am Meer.

Wenn du das Kind zur Welt bringst, dann erlebst du den Moment, als es gerade herausgekommen ist. Eins, zwei, drei. Bekommst du das Kind?

ja

Hat dir jemand bei der Entbindung geholfen?

jaja

Und ist das Kind gesund?

Ja, komischerweise.

Wie fühlst du dich da, wo du jetzt das Kind zur Welt gebracht hast?

Ich mag es. Aber es passt nicht zu der Familie dieses jungen Mannes. Es ist ein Inzuchtkind.

Aber hast du gesagt, wer der Vater ist?

noch nicht

Und komme mal bei drei zu deinem nächsten wichtigen Erlebnis. Eins, zwei, drei. Wie alt bist du jetzt?

Achtzehn. Sie wollen wissen, wer der Vater meines Kindes ist. Ich weiß nicht, was ich sagen soll. Ich will schon aufrichtig sein. Aber ich hab Angst, dass wieder etwas passiert, wenn ich die Wahrheit sage. Ich wäge nun ab. Wenn ich sagen würde, es wäre dieser Junge gewesen, jener damals Siebzehnjährige, oder wenn ich sage, es war mein Vater.

Und zu was entscheidest du dich?

Ich gestehe, dass es mein Vater gewesen war. Sie sind sehr schockiert, denn so etwas kennen sie in der Familie nicht.

Und sie hatten dich liebevoll aufgenommen?

Damals ja.

Nun, wie verhält sich dieser junge Mann, bei dem du wohnst? Liebt er dich eigentlich?

Ich liebe ihn. Aber das alles macht ihn sehr nachdenklich.

Und wie verhält sich seine Familie dir gegenüber?

Sie sind nun mir gegenüber abgeneigt. Aber er, er denkt, dass ich bei ihm bleiben soll. Er findet alles zwar auch schlimm, aber er weiß, dass diese Schwangerschaft nicht freiwillig geschehen ist. Und ich erzähl ihm auch, dass mein Vater auch meine Schwester geschwängert hatte, und ich das auch beim Verhör angegeben hatte, und dass mein Vater deswegen sauer auf mich war. Er versteht mich.

Ist er älter als du?

Acht Jahre älter.

Und wenn bis drei gezählt worden ist, dann kommst du zu deinem nächsten wichtigen Erlebnis. Eins, zwei, drei.

Mein kleiner Sohn kann sprechen. Er will wissen, wer sein Vater ist.

Wie alt ist er jetzt?

Er ist sechs Jahre alt.

Und was sagst du deinem Sohn?

Ich weiß nicht, was ich ihm sagen soll.

Kannst du ihm vielleicht sagen, dass es ein Unbekannter war, oder was fällt dir ein, was du ihm sagen willst?

Ich glaube, ich sage: Der Vater sei gestorben. Doch mein Sohn erfährt von anderen, dass es doch einen Vater gegeben hat. Irgendwann hat er in der Familie etwas mitgehört. Und er wirft mir nun vor, dass ich seine Frage nach dem Vater falsch beantwortet habe. Und er sagt, dass er anderen immer gesagt habe, dass er keinen Vater hätte. Doch jetzt weiß er, dass das nicht

stimmt. Ich weiß nicht, *(weint)*, wie ich ihm erklären sollte, dass wir den gleichen Vater haben. Und da er nun erfahren hat, wer sein Vater ist, dringt er darauf, ihn aufzusuchen.

Und nun geh mal weiter zu deinem nächsten wichtigen Erlebnis. Bei drei bist du da. Eins, zwei, drei.

Ich geh mit ihm gemeinsam dahin. Besser, als wenn er alleine geht.

Wie alt bist du denn?

fünfundzwanzig

Und, was geschieht?

Wir gehen zu meinem Elternhaus.

Wie begegnest du ihm? Ist die Mutter auch noch da?

Er ist da. Aber er ist schwach und krank. Das ist auch gut so. Ich mache ihm viele Vorwürfe. Ich sage ihm, dass es seine Schuld war, dass seine Tochter gestorben ist.

Dein Sohn ist dabei?

Ja, er erfährt alles.

Wie verteidigt sich denn dein Vater?

...

Hat er Reue-, Schuldgefühle, oder was?

ja

Und da er nun weiß, dass dein Sohn auch der seine ist, wie verhält er sich ihm gegenüber?

Er hat Angst.

Der Sohn oder der Vater?

Sein Vater. Weil ihm nun klar wird, was solch eine Vergewaltigung für Folgen haben kann, wenn man sich an den eigenen Töchtern vergeht.

Bleibt ihr nun in dem Haus? Oder geht ihr wieder weg?

Wir gehen wieder. Er ist zwar sehr krank. Aber das ist mir egal.

Es wird bis drei gezählt, dann bist du selbst gerade gestorben, und du weißt, wie alt du geworden bist. Eins, zwei, drei. Du bist gerade gestorben.

neunundsechzig

Und hast du späterhin noch ein Kind bekommen? Warst du liiert?

Ja, ich hatte noch ein Kind bekommen.

Mit dem Mann, der dich aufgenommen hatte?

ja

Und wenn du nun auf dein Leben zurückschaust und würdest sagen, was du nie wieder erleben möchtest?

Ich würde nie wieder eine Geburt abbrechen wollen, weil sie anderen schaden kann. *(Sie weint weiterhin.)*

(Ich erlaube mir eine Zwischenfrage an dich, liebe Leserin, lieber Leser: Könntet ihr euch für einen Schriftsteller eine spannendere Vorlage für einen Roman vorstellen? Vielleicht könnte man Schriftstellern, die nach einem packenden Stoff für einen Roman suchen, empfehlen, die Rückführungstherapie zu erlernen, dann könnte man – basierend auf wahren Vorkommnissen aus früheren Leben – aus dem Vollen schöpfen, um ihre Leser zu faszinieren. Und der Inhalt ist nicht erfunden, sondern greift auf wirklich erlebte Begebenheiten zurück.)

Es wird bis drei gezählt, dann bist du wieder vor dem Wolkentor und kannst dich an alles erinnern. Eins, zwei, drei. Du befindest dich wieder vor dem Wolkentor und kannst dich an alles erinnern. Und das Höhere Selbst reicht dir ein silbernes Schälchen mit einem Heiltrank und sagt: "Liebe Ricarda, trinke davon, damit du dich wieder sehr, sehr wohlfühlst." Und du trinkst davon. ...

Und reichst dieses Schälchen zurück. Und du fühlst dich wieder sehr, sehr wohl. Und du fragst dein Höheres Selbst: Lebt der damalige Vater auch in meinem heutigen Leben?

Es ist mein heutiger Vater.

Und dein damaliger Sohn, lebt er im heutigen Leben?

... Vielleicht habe ich ihn noch nicht getroffen.

Und auch dein Ehemann, der dich damals aufnahm und den du später geheiratet hattest, lebt er in deinem heutigen Leben? ... Oder wirst du ihn noch treffen?

Ich bin mir nicht sicher.

Aber bekommst du einen Namen oder siehst du ein Gesicht?

Ich sehe zwei Gesichter.

Und wer ist der eine?

Es ist ein Freund von mir. Er ist auch sehr intelligent. Und der andere ist ein Junge, den ich vor Kurzem auf der Straße getroffen hatte, und der mich eigenartig anschaute, und ich ein eigenartiges Gefühl bekam, als ich an ihm vorbeigekommen bin.

Und nun frag mal dein Höheres Selbst: Warum habe ich Angst, was Falsches zu sagen? Was hat dieses soeben Erlebte damit zu tun?

Es sagt: Angst vor einer Antwort, die Folgen mit sich bringen könnte.

Und du weißt, wie alles zusammenhängt. Und dass du in zwei Leben schon in Schwierigkeiten kamst, weil du was sagtest, was nicht hätte sein dürfen, weil es Schaden brachte, oder im anderen Leben, wo du etwas gefälscht oder nicht richtig wiedergegeben hattest. Und nun frag mal dein Höheres Selbst: Meine Hemmungen, mich einem Mann hinzugeben und mich nackt zu zeigen, hat es damit zu tun, wo ich von meinem Vater vergewaltigt worden bin?

Ja, schon.

Frag mal weiter: Gibt es noch eine andere Ursache, warum ich mich nicht einem Mann ohne Bedenken hingeben kann? Gibt es dafür noch ein anderes Leben, was aufzudecken wichtig wäre? Was sagt dein Höheres Selbst?

Ja, noch ein Leben.

Das Höhere Selbst nimmt dich an die Hand. Ihr schwebt an dieser Wolkenwand entlang und bleibt vor einem anderen Tor stehen. Du kannst es mit deinen Händen befühlen. Du weißt, wie es sich anfühlt. Und das Höhere Selbst reicht dir nochmals diese Fläschchen, damit du gleich alles wahrnehmen, fühlen und wissen kannst. Und du trinkst davon. ... Und reichst es dann zurück. Und du weißt, wenn jetzt bis drei gezählt worden ist, dann ist dieses Tor geöffnet, und du befindest dich einen Tag vor einem Erlebnis, das damit zusammenhängt, warum du in deinem heutigen Leben Hemmungen vor Sexualität und Nacktheit hast. Eins, zwei, drei. Das Tor ist auf. Du bist da. Schau mal auf deine Füße hinunter. Was hast du denn da an?

Ich bin zwar barfuß. Ich glaub, ich bin in Israel.

Und was hast du so am Körper an?

So was wie bunte Schleier.

Und geh mal mit deinen Händen über Brustkorb, dein Haar und dein Gesicht. Wie ist denn dein Haar beschaffen?

gut geordnet

Lang, kurz?

lang

Hell, dunkel?

dunkel

Wie alt bist du denn?

siebzehn

Schau mal, wo du gerade bist. Drinnen oder draußen?

Wir stehen alle nebeneinander. Wir sind alles Mädchen.

Wieso steht ihr da?

Weil der Herrscher gleich kommt und sich Frauen für sich aussucht.

Wer ist denn das, der sich die Frauen aussucht?

Ja, der Herrscher, dem das ganze Gebiet gehört. Er sucht sich jetzt junge Frauen aus.

Hast du dich dazu freiwillig gemeldet?

Nein, wir sind gezwungen worden.

Wer kann euch dazu zwingen?

Das ist das Gesetz da.

Das heißt, dass der Gebieter nach freier Wahl sich jede, die ihm gefällt, aussuchen kann?

ja

Und du gehörst zu jenen Mädchen, die da ausgesucht waren?

ja

Wie viele Mädchen seid ihr denn da ungefähr?

zwanzig

Sucht er Frauen nur aus für seinen Harem, oder sucht er auch Frauen aus, die er dann an andere verschenkt?

Die sind nur für ihn bestimmt.

Und was ist mit dir?

Ich fühle mich geehrt, dass er mich auserwählt hat.

Wie heiß du eigentlich?

Irgendwas mit S.

Und bei drei kommt dein voller Name. Eins, zwei, drei.

Sarah

Musst du vortreten?

Ja, mit sechs anderen Mädchen.

Es wird bis drei gezählt, und dann befindest du dich am nächsten Tag und weißt, was da geschieht. Eins, zwei, drei.

Und als ich mich entkleiden musste, hat er gesehen, dass ich eine Hautkrankheit habe, wie Hautunreinheiten, Hautirritationen. Das hat er vorher gar nicht gesehen, als er mich ausgewählt hatte. Ich muss mich fast nackig, also wenig bekleidet, vor ihn hinstellen, und dann sieht er das. Ich fühl mich dann ganz hässlich.

Macht er irgendwelche Bemerkungen?

Er sagt zwar nichts. Aber man sieht es ihm an.

Wie fühlst du dich da?

Mein Selbstwertgefühl sinkt ganz weit nach unten.

Und was geschieht weiterhin mit dir? Behält er dich? Oder schickt er dich nach Hause?

Er schiebt mich ab und lässt mich dann von seinen anderen Leuten vergewaltigen.

Es wird bis drei gezählt, und dann hast du die Vergewaltigungen hinter dir, und du weißt dann, wo du bist und wie du dich fühlst. Eins, zwei, drei.

Die haben mich irgendwie weggeworfen. Ich liege da. Und überall das Sperma. Es brennt auch zwischen den Beinen.

Wie viele Männer haben dich denn da genommen?

fünf

Wie fühlst du denn dich nach diesem Geschehen?

Ganz furchtbar. Mir tut der Bauch weh. Und der Unterleib. Das war auch in dem Leben als Ricarda so.

(Sie hat also immer noch bewusst ihr heutiges Leben im Gedächtnis. Trotzdem ist sie ganz tief in dem früheren Leben eingetaucht. Es gibt aber auch Fälle, wo die zurückgeführte Person in Tieftrance keine Verbindung zu ihrem heutigen Leben hat. Und wenn man sie fragen würde, ob sie weiß, was ein Helikopter ist, würde sie nein sagen.)

Was hast du jetzt vor? Geh mal zum nächsten wichtigen Erlebnis. Eins, zwei, drei. Wo bist du da?

Ich bin verhungert. Ich hab mich da nicht mehr zurechtgefunden. Es war ja so sandig. Ich bin verdurstet und verhungert.

Und es wird bis drei gezählt, dann bist du gerade gestorben und kannst deinen Körper unter dir liegen sehen. Eins, zwei, drei. Kannst du deinen Körper unter dir sehen?

Hmmh

Wo liegst du da? Bist du da ganz alleine, oder ist jemand in deiner Nähe?

Ich bin alleine. Und ein Bettler kommt und sieht meine Leiche.

Und wenn du jetzt auf dein Leben zurückblickst und würdest sagen, was du nie wieder erleben möchtest, was wäre das?

Ich will nie wieder von einem Mann ausgesucht werden. Und ich will nie wieder von einem Mann als unschön betrachtet oder gar verachtet werden.

Es wird bis drei gezählt, und dann bist du wieder vor dem Wolkentor bei deinem Höheren Selbst und kannst dich an alles erinnern. Eins, zwei, drei. Du bist wieder vor dem Wolkentor bei deinem Höheren Selbst und kannst dich an alles erinnern. Und das Höhere Selbst reicht dir ein Schälchen mit einer Heilflüssigkeit, und sagt: "Ricarda, trinke davon, damit du dich gleich wieder wohlfühlst." Und du trinkst davon ... und reichst das Schälchen wieder zurück. Und du fühlst dich auf einmal wieder sehr wohl. Und nun frag mal:

Dieser Herrscher, der dich abgewiesen hat, taucht dessen Seele in einem heutigen Körper wieder auf? ... Oder nicht?

Das könnte jener Junge sein, der mich auf einmal ganz intensiv anstarrte und mich attraktiv fand.

Und frag dein Höheres Selbst: Was bedeutet dieses Leben als Sarah für deine heutige Sexualität oder für deinen Komplex nicht schön zu sein? Was hat das alles mit deinem heutigen Leben zu tun?

Ich hab keinen Anspruch darauf, schön zu sein. Denn das könnte ja einen Mann auf mich aufmerksam machen. Und wenn ich mich auf ihn einlasse, kann das ja wieder zu etwas Schlimmen führen. Und ich glaube, ich hasse auch Sex. Denn das ist alles mit Schmerzen verbunden.

- Du weißt ja, dass du da von diesen fünf Männern vergewaltigt worden bist. Und das tat sehr weh. Diese Männer haben ja keine Rücksicht genommen, ob es dir wehtut oder nicht. Die hatten dich mit deiner schlimmen Haut wie Dreck behandelt. Und kannst du dir denken, warum du vor Sex Angst hast, denn es könnte wieder schmerzhaft sein, sowohl im körperlichen als auch im seelischen Bereich? ... Und was hat das mit deiner heutigen Haut zu tun? Hast du da noch Schuppen oder ...?

Ich habe Hautunreinheit im Gesicht, auf dem Kopf, am Dekolleté und im Brustbereich wie auch im Rücken. Da schäme ich mich auch davor.

Und wenn du angezogen bist, sieht man ja nichts, nur wenn du entkleidet bist. Kannst du dir vorstellen, warum du Angst hast, dich nackend zu zeigen?

Ich will nicht, dass mein Partner es sieht.

Frag mal dein Höheres Selbst: Warum musste ich als Sarah vergewaltigt werden? Bitte führe mich in ein Leben, damit ich erfahre, warum ich als Sarah vergewaltigt werden musste.

Und das Höhere Selbst nimmt dich an die Hand. Ihr schwebt an der Wolkenwand entlang und bleibt vor einem anderen Tor stehen. Du kannst es mit den Händen berühren, du weißt, wie es sich anfühlt. ... Und das Höhere Selbst reicht dir dieses Fläschchen, damit du gleich alles wahrnehmen, fühlen und wissen kannst. Und du trinkst davon ... und reichst es dann zurück. Denn hinter diesem Tor ist die Ursache zu finden, warum du als Sarah vergewaltigt werden musstest. Aber wenn bis drei gezählt worden ist, bist du zuerst fünf Minuten vor einer Tat. Eins, zwei, drei. Das Tor ist auf, du bist da. Schau mal auf deine Füße hinunter. Was hast du denn an?

gepflegte gute Schuhe

Was für Kleidungsstücke hast du an?

dunkle Kleidung

Und gehe mal mit deinen Händen über den Brustkorb, dein Haar und dein Gesicht.

Ja, ich habe am Brustkorb, im Gesicht und auf dem Rücken Hautprobleme. Ich bin ein Mann.

Wie alt bist du denn?

siebenundzwanzig

Schau dich mal um. Wo bist du denn? Drinnen oder draußen?

draußen

Und was machst du denn da? Sind andere da, oder bist du alleine?

Es sind noch andere von mir da. Es sind meine Freunde. Wir machen alles schlimme Sachen.

Was denn?

Wir klauen und schleppen Mädchen weg.

Vergewaltigt ihr sie?

Ja, wir nehmen sie mit.

Was seid ihr? So eine Art Räuberbande? Oder wie würdest du euch nennen?

Wir sind schlimme sexuelle Täter. Es ist schlimm. Es ist sehr schlimm. Wir vergewaltigen Kinder und die jungen Mädchen. Ich sehe auch gut aus.

Bist du reich geworden durch das Klauen?

nein

Wie viele Leute seid ihr denn?

sieben

Und ihr habt euch zusammengetan, und macht schlimme Sachen: stehlen und vergewaltigen. Brüstet ihr euch auch vor anderen euresgleichen?

ja

Nehmt ihr die Mädchen mit, oder lasst ihr sie zurück?

Wir lassen sie dann im Wald.

Müsst ihr euch nicht fürchten vor Soldaten, die hinter euch her sind, um euch zu bestrafen?

Nein. Wir sind oft an verschiedenen Orten und können uns gut verstecken.

Wie heißt du eigentlich?

Robin

(Manche Namen haben eine Ähnlichkeit mit einer anderen Sprache und können vielleicht nicht richtig ausgesprochen werden.)

In welchem Land befindest du dich?

Irgendwo in Russland.

Und in welchem Jahrhundert oder in welchem Jahr befindest du dich?

1818

Müsst ihr befürchten, dass ihr doch irgendwann entdeckt werdet?

Mir ist das alles so egal.

Warum?

Ich wurde selber mal als Kind von einem Mann vergewaltigt. Das war wohl auch ein Grund, dass ich so geworden bin, wie ich jetzt bin. Mir ist alles egal, ob man mich erwischt oder nicht. Das Leben ist mir nichts wert.

Es wird bis drei gezählt, dann sind die fünf Minuten vorbei. Und du weißt, was du da gerade tust. Eins, zwei, drei. Was machst du denn da gerade?

Ich glaub, dass ich da gerade einen Jungen vergewaltigen will. Aber ich lass es dann doch. Ich merke, dass ich mich innerlich so leer fühle. Und ich weiß: Es bringt gar nichts, wenn ich weitermache. Ich bringe diesen Jungen zurück.

Sag mal, wie viele Jungen oder Mädchen hast du gegen ihren Willen schon genommen?

etwa siebzig

Hast du es auch auf Frauen abgesehen, oder waren das nur immer junge Frauen und Jungen?

Nein keine, die über achtzehn war.

Und deine Gesellen, sind sie bei ihrer Auswahl nicht so eng wie du?

Die Minderjährigen sind ja immer die Gleichen.

Ach, ihr entführt sie dann?

ja

Und wenn ihr sie nicht mehr haben wollt, dann lasst ihr sie wieder laufen.

In den meisten Fällen ja.

Und nun wird bis drei gezählt, und dann kommst du zu einem ganz wichtigen Erlebnis. Eins, zwei, drei.

Ich glaub, ich hab mich verändert.

Wie alt bist du denn da?

fünfunddreißig

Was hat sich verändert?

Das mit dem Vergewaltigen habe ich sein gelassen.

Bist du noch mit deinen Kumpels zusammen?

Nein, ich wollte mit ihnen nichts mehr zu tun haben.

Was machst du denn weiterhin in deinem Leben?

Ich ziehe herum. Manches Mal schenken mir die Leute was zu essen.

Kannst du keine Gelegenheitsarbeiten finden?

Nein, aber ich bin trotzdem noch irgendwie gut gekleidet. Ich hab von irgendwo Geldzufluss.

Und nun komme zu einem wichtigen Ereignis.

Am Wald sehe ich ein großes Landgut. Und da sehe ich einige Frauen, deren Hände an Handgelenken mit Seilen nach oben gebunden sind. Sie sind ganz nackt. Und sie befinden sich in einem Gestell, als ob man ihnen den Kopf abhauen wollte. Ich möchte ihnen helfen.

Wie viele Frauen sind da wohl?

neun

Erfährst du, warum diese dort festgebunden sind?

Weil dieser Gutsbesitzer ganz böse ist.

Woher weißt du das?

Ich hab von irgendwo von dieser Geschichte gehört. Diese jungen Frauen haben erst für ihn gearbeitet. Sie sind so Mitte zwanzig. Ich glaube, er will sie vergewaltigen und dann töten. Ich glaub, er will ihr Fleisch dann verkaufen.

Und du hattest von diesem bösen Gutsherren gehört und wolltest dich nun selbst von dessen grausamen Vorgehen überzeugen. Und nun bist du dort angekommen. Und der Gutsherr, hat er irgendwelche Gehilfen?

Er ist so stark. Sein Anwesen ist schon groß. Und den Frauen gibt er nicht viel zu essen. Die sind ganz schwach.

Sind diese da nackt?

Sie stehen ganz nackt. Ich mag schon gar nicht mehr nackte Menschen sehen.

Und was kannst du machen, um ihnen zu helfen?

Ich habe vor, mit meinem Messer die Seile zu durchschneiden.

Schaffst du es?

Ich schaffe es nicht bei allen. Nur bei fünf. Und wenn sie ihre Hände frei haben, können sie auch die Halterung um ihren Hals lösen. Und sie rennen weg. Aber ich versuch es auch noch bei den andern vier. Doch irgendjemand kommt auf mich zu. Er bringt mich um.

Und wie?

Er sticht mir mit dem Messer in den Hals.

Es wir bis drei gezählt, dann siehst du deinen Körper unter dir. Eins, zwei, drei. Kannst du deinen Körper unter dir liegen sehen?

ja

Und schau mal. Wer ist denn da, der dich in den Hals gestochen hat?

Der gehörte zu diesem Gut. Ich wusste nicht, dass er da ist.

Und wenn du jetzt sagen solltest: "Ich will nie wieder." Was würdest du sagen?

Ich will nie wieder mit einem Menschen schlafen.

Es wird bis drei gezählt, und dann bist du wieder vor dem Wolkentor bei deinem Höheren Selbst und kannst dich an alles erinnern. Eins, zwei, drei. Du bist wieder vor dem Wolkentor und kannst dich an alles erinnern. Und das Höhere Selbst reicht dir ein Schälchen mit einer Heilflüssigkeit und sagt: "In diesem Schälchen ist eine Heilflüssigkeit, die es vermag, alles zu heilen. Trinke davon, damit du dich wieder sehr wohlfühlst." Und du trinkst davon ... und reichst es dann zurück. Und du fühlst dich sehr, sehr wohl. Und nun frag einmal: Gibt es irgendjemanden von den damaligen Jugendlichen und Frauen in deinem heutigen Leben, denen du in dem Leben als Robin wehgetan hast?

Ja, einige mit denen ich Probleme hatte.

Ist da eine Besondere, die da heraussticht?

... nein

Und von den Frauen, die du befreit hast, ist da jemand, dem oder der du im heutigen Leben wieder begegnest?

Ja, meine Schwester.

Und nun frag mal dein Höheres Selbst: Was hat jenes Leben mit deiner heutigen Einstellung zur Sexualität zu tun?

Ich will einfach nichts mit Sexualität zu tun haben. Ich hab Angst vor Schmerzen. Ich hab auch Angst vor Schuldgefühlen. Ich bin auch in meinem eigenen Körper nicht wirklich zu Hause.

Magst du deinen Körper nicht?

Früher lehnte ich meinen Körper ab, aber mittlerweile schon.

Und das Höhere Selbst führt dich nun auf einen Berg. Es ist der Berg der Erkenntnis. Und von hier siehst du all deine aufgedeckten Leben unter dir ausgebreitet. Ganz links ist dein heutiges Leben als Ricarda. Und sie hat Angst, eine falsche Antwort zu geben, und außerdem hat sie auch Halsbeschwerden und anderes. Und ganz links ist dein Leben als Robin, der in Russland lebt und andere Menschen tötet und junge Mädchen mit in den Wald nimmt und sie vergewaltigt. Und es wird gestohlen. Aber mit fünfunddreißig verändert sich sein Verhalten. Er zieht nun mit seinen Ersparnissen gut gekleidet herum und will keine Frau mehr vergewaltigen, im Gegenteil, er befreit angebundene Frauen, die dann fliehen können.

Die Frauen standen dort nackt. Und du hast von den neun Frauen fünf befreien können, denn wie du erfahren konntest, werden sie getötet und deren Fleisch verkauft. Und bei dieser Befreiungsaktion sticht dich einer von diesem Gutshof von hinten in den Hals und du fällst tot zu Boden. In welchem Alter geschah das?

mit sechsunddreißig

Und da ist dein Leben als Cecilia in Sizilien. Und dein Vater vergewaltigt deine ältere Schwester, die dann von ihm schwanger wird. Und es wird nachgeforscht, wer der Vater ist. Und du gestehst im Verhör, dass es euer Vater war. Und aus Rache vergewaltigt er dich. Und du wirst auch schwanger. Doch du kannst dein Kind großziehen und stirbst verheiratet mit neunundsechzig Jahren.

Aber daneben siehst du dein Leben als Sarah in Israel. Und du stehst vor einem Herrscher neben anderen Mädchen. Und er sucht unter ihnen die Schönsten für sich aus. Und du bist dabei. Und als du mit ihm alleine bist, musst du dich ausziehen, und er sieht, dass du Hautprobleme hast. Er schickt dich nun zu seinen Männern, und fünf von ihnen vergewaltigen dich. Und danach setzt man dich irgendwo aus, und du bist dann verdurstet und verhungert.

Und dann ist dein Leben als Hans, der Bote, der eine Botschaft zu überbringen hat. Aber irgendwie vermasselst du das und kommst ins Gefängnis. Nach sieben Jahren wirst du entlassen. Und bei einer erneuten Vernehmung in einem anderen Fall wirst du wegen einer falschen schriftlichen Erklärung wieder ins Gefängnis gebracht. Dort leidest du unter der Kälte bis zu deinem dort erfolgten Tod mit dreiundfünfzig. Und du weißt, Ricarda, woher deine heutigen Kältegefühle herkommen. Und nun schau mal: Woher kommen deine Vorbehalte hinsichtlich deiner Sexualität? Warum hast du Angst vor Nacktheit und Sexualität?

Ich habe Angst vor körperlichen Schmerzen. Und ich hab Angst vor Schuldgefühlen.

Du siehst, wie alles zusammenhängt. Und was ist denn als Cecilia schon hinsichtlich deiner Sexualität geschehen?

Ich konnte nicht darüber bestimmen, was beim Sex passiert. Ich habe Angst, dass ich wieder in einer Situation bin, wo man mich mehr oder weniger dazu zwingt, eine mich belastende folgenreiche Aussage zu machen.

Und du weißt nun, warum du Vorbehalte hast, dich einem Mann hinzugeben, da daraus wieder unliebsame Konsequenzen entstehen könnten. Und sag mal, was hattest du da erlebt, als du in Israel die Sarah warst und von dem Herrscher mit anderen ausgesucht wurdest?

Ich hatte mich zuerst besser gefühlt, dass er mich ausgesucht hat. Aber dann hab ich mich geschämt vor meinem Körper wegen der Haut.

Und du weißt ja, was es mit deiner Haut im heutigen Leben auf sich hat.

ja

Und vielleicht hast du wieder das Gefühl, das könnte einen Mann wieder abschrecken und lieber dich nicht zeigen. Und vielleicht willst du diese Hautstellen mehr verdecken.

ja

Kannst du dir vorstellen, dass diese Körperstellen dazu da sind, um dich daran zu erinnern: Da muss noch was aufgelöst werden?

Ja, da muss sicherlich noch was aufgelöst werden.

Sag mal: Hat der Robin auch was an der Haut gehabt?

ja

Und du solltest nochmals in all diese Leben zurückgehen, da diese noch mit Schuldgefühlen belastet sind?

jaa

Und was hatte denn der Robin mit den Frauen gemacht?

Ja, er war ganz schlimm.

Und dann schließlich hat er gesagt: Ich will nie wieder jemanden vergewaltigen oder Sex haben? Und kannst du auch erkennen, woher deine Vorbehalte gegen Sex kommen, was du damals als Robin gemacht hattest?

ja

Und du hattest das wiedergutmachen wollen, indem du Frauen befreitest, die da gefangen genommen waren?

ja

Da hattest du schon ein Stück von deinem Karma ausgeglichen. Kannst du sehen, dass das, was du als Robin gemacht hattest, in deinen anderen Leben auf dich zurückkam? Was ist denn mit Sarah geschehen?

Sandra wurde auch vergewaltigt und hatte danach auch ganz schlimme Schmerzen, und hat sich ganz zurückgezogen, bis sie verdurstete und verhungerte.

Und kannst du dir vorstellen, dass in dir unbewusst die Vorstellung programmiert ist: Wenn ich mich hingebe, dann kann ich ja auch weggeworfen werden.

Ja, davor habe ich Angst.

Und schau noch mal auf dein Leben als Cecilia. Dein Vater hat dich vergewaltigt. Und du siehst, wie hart das Karma zugeschlagen hat, nachdem du dieser Robin warst.

jaaa

Und schau mal: Woher kommt denn deine Angst vor Partnerschaft? Hat das auch damit zu tun?

ja

Denn er will ja deinen ganzen Körper umschlingen. Und deine Angst, wenn du dich enthältst, dass er sich einer anderen Frau zuwenden könnte?

das nicht

Sondern?

Ich habe Angst, dass mein Körper benutzt wird für die sexuelle Befriedigung eines anderen, und irgendwie verbinde ich damit Ekelgefühle, ganz viele.

Kannst du dir vorstellen, dass du auch eine Abwehr gegen Sperma hast, dass dich das anekelt?

Das nicht. Aber dass das Eindringen so brennen kann.

Du siehst, wie das alles zusammenhängt. Und nun schau mal, woher kommt deine Angst eine falsche Antwort zu geben? Denke mal an den Hans, was ihm passiert ist.

Ich habe Angst, dass mir Ungerechtigkeit widerfahren kann. Ich habe Angst, dass sich dann im Nachhinein herausstellt, dass ich irgendwie schwachsinnig war. Ich hab da so eine psychische Krankheit gehabt oder so. Ich hab das damals alles falsch wahrgenommen.

Was hast du denn gemacht?

Ich habe Angst, wenn ich eine falsche Antwort gebe, wieder in einen dunklen Kerker muss ...

... und dann auch wieder die Kältegefühle zu spüren hast. Kannst du dir denken, woher die Kältegefühle kamen?

Ja, die kamen daher.

Nun, willst du dich von deiner Angst vor Sexualität befreien? Vor Sexualität und Nacktheit?

ja

Willst du dich von deinen Hautproblemen befreien?

Ja, von all diesen im Gesicht, auf dem Kopf, am Dekolleté und im Rückenbereich. Dafür gibt es zwei Leben.

Wie nennst du diese Hauterscheinungen?

Hautunreinheiten. Ich weiß auch jetzt woher.

Du weißt, woher das kommt?

... *(noch keine Antwort)*

Diese Hautprobleme wollen dich darauf aufmerksam machen, dass da noch etwas karmisch aufzulösen ist. Auch deine Angst, nicht schön als Frau zu sein. Ist das auch etwas, was du loswerden willst?

Ja, aber das kann ich auch so überwinden.

Willst du auch deine Angst vor körperlichen Schmerzen im Unterleib loswerden?

ja

Denn du hast es ja alles zu spüren bekommen, wo das alles war.

jawohl

Wo war das denn alles?

An den Händen, am Hals.

Und kannst du dir denken, woher deine Halsbeschwerden kommen?

Von dieser Fesselung, und daher, dass man dem Robin in den Hals gestochen hat.

Hast du was mit Schluckbeschwerden oder der Schilddrüse zu tun?

nein

Und schau mal, du hast auch noch jene Erschöpfungszustände, besonders am Morgen.

Dafür gibt es noch ein anderes Leben.

Sollten wir das jetzt noch aufdecken?

Hmmh

(Hier könnte das Höhere Selbst befragt werden: Frag mal dein Höheres Selbst, ob es wichtig ist, im Zusammenhang mit dem bisher aufgedeckten Leben noch dieses weitere Leben anzuschauen, oder sollten wir es uns ein andermal vornehmen? Wenn jedoch das Höhere Selbst sagt, dass es wichtig ist, dann wird erneut ein anderes Leben noch aufgedeckt. Je mehr Leben aufgedeckt werden, umso länger dauert die Rückführungstherapie.)

Und das Höhere Selbst nimmt dich an die Hand. Ihr schwebt an der Wolkenwand entlang und bleibt vor einem anderen Tor stehen. Und das Höhere Selbst reicht dir nochmals dieses Fläschchen, damit du gleich alles wahrnehmen, fühlen und wissen kannst. Und du trinkst davon. ... Und reichst dann dieses Fläschchen zurück. Es wird nun bis drei gezählt, dann ist dieses Tor geöffnet, und du befindest dich dahinter einen Tag vor einem wichtigen Erlebnis, wo eine Ursache zu finden ist für deine Erschöpfungszustände. Eins, zwei, drei. Das Tor ist auf, du bist da. Schau mal auf deine Füße hinunter. Was hast du an?

Lederschuhe

Und was hast du sonst noch am Körper an?

Nicht viel, nur etwas, um meinen Unterleib zu bedecken.

Aus welchem Material?

aus Tierhaut

Dann geh mal mit deinen Händen über deinen Brustkorb, dein Haar und dein Gesicht. Wie ist dein Haar beschaffen? Lang, kurz, dunkel, hell?

kurz und dunkel

Bist du Mann oder Frau?

Mann

Wie alt bist du denn ungefähr? ... Was denkst du? Achtzig oder was?

(Hier wird ein beliebiges hohes oder niedriges Alter gefragt, um ihn mit einem Nein herauszufordern und sogleich das richtige Alter zu nennen.)

neunundzwanzig

Wo bist du denn da im Augenblick?

draußen

Wie sieht es dort aus? ... Und sind da auch andere?

Wir wollen was bauen.

Sind sie alle so gekleidet wie du?

ja

Was wollt ihr denn bauen?

Wir wollen aus Steinen eine Art Haus in einer Höhle bauen.

Und wozu die Höhle?

Wir wollen dort schlafen.

Sind da auch Frauen? Oder sind das alles Männer?

Ja, da sind auch Frauen.

Wie heißt du?

Ich heiße Urak.

(Es ist interessant, dass solche steinzeitliche Namen plötzlich genannt werden, ohne diese jemals gehört zu haben.)

Weißt du, in welchem Land du bist?

Nein, vielleicht in Kasasstan. *(Kasachstan? Natürlich gab es in der Urzeit noch nicht einen Namen für diesen Staat. Aber vielleicht* *wurde ihr dieser Name vom Höheren Selbst eingegeben, den sie nicht richtig auszusprechen vermochte.)*

Es wird bis drei gezählt, und du befindest dich einen Tag weiter bei einem wichtigen Ereignis. Eins, zwei, drei.

Es ist ein kalter Wintermorgen. Ich muss früh aufstehen. Es ist vielleicht halb vier oder so. *(Auch hier ersieht man, dass sie mit ihrem jetzigen Bewusstsein sowohl im Heute ist als auch in der Steinzeit.)* Wir sind schon am Weiterbauen. Denn der sehr kalte Winter steht uns bald noch bevor. Es muss groß genug werden, damit die Familien da alle hinein können und nicht frieren müssen.

Du stehst früh auf, weckst du die anderen?

ja

Hast du jetzt dickere Sachen an?

Ja, ich hab jetzt ein Fell.

Und nun geh mal weiter. Was passiert da jetzt?

Wir wollen weiterbauen. Das machen wir auch, und dann merken wir, dass wir an dieser Stelle nicht weiterkommen. Wir haben schon viel geschafft, aber der Platz wird nicht für alle reichen. Wir müssen uns noch etwas anderes ausdenken.

Und nun, was geschieht dann weiterhin?

Wir haben noch eine Stelle, wo eine Höhle ausgebaut werden kann. Und da fangen wir nun auch an. Es ist sehr anstrengend. Aber wir müssen das ja für die Familien machen.

Mit was für Werkzeugen baut ihr?

Es gibt einige Stellen in den Felswänden, deren Steine weicher geschaffen sind. Und es kann sein, wenn die Höhle da oben so ein Loch hat und es da reinregnet, dann wird der Stein dort weicher. Und da finden wir Stellen, wo man einschlagen kann.

Und nun geh mal weiter, ob an dem Tag noch etwas Besonderes passiert.

Ja, ich entdecke eine Frau. Sie ist so erschöpft und krank. Sie ist unten an einem Wasser. Und ich will sie hochtragen. Und dann merk ich, dass das auch sehr anstrengend ist, denn es geht steil hoch. Aber irgendwie schaffe ich es. Unsere Leute helfen ihr.

Das hat dich ja ganz schön angestrengt?

Ja, es geht ja auch immer weiter mit dem Höhlenbau, vor allem, wenn man nicht genug zum Essen findet. Ich hab schon lange nicht mehr richtig gegessen. Ich habe Schmerzen und kann kaum noch aufstehen. Ich bin nicht mehr bei Kräften.

Musst du aber weiterhin arbeiten?

Ich habe Schuldgefühle, wenn ich nicht für die andern weiterbaue.

Und nun komm zum weiteren wichtigen Erlebnis. Eins, zwei, drei.

Die Höhlen sind fertig.

Und nun, kommt jetzt der Winter?

Jetzt kommt der Winter, und die Familien haben alle Platz. Es ist auch warm genug.

Wie geht es dir gesundheitlich?

Ich habe immer noch starke Rückenschmerzen. Ich habe mich noch nicht so richtig regeneriert. Aber immerhin habe ich es geschafft.

Und es wird bis drei gezählt, und dann bist du gerade gestorben. Eins, zwei, drei. Du bist gerade gestorben. Kannst du deinen Körper dort sehen?

Hmmh

Wie alt bist du denn geworden, Urak?

vierundsechzig

Und an was bist du gestorben?

Ich hab Fleisch von einem Tier gegessen, das schon schlecht war.

Und wenn du nun auf dein Leben zurückblickst und würdest sagen: "Ich will nie wieder ..." Was würdest du dann sagen?

Ich möchte nie wieder morgens einer großen Belastung ausgesetzt sein.

Es wird bis drei gezählt, und dann befindest du dich wieder vor dem Wolkentor bei deinem Höheren Selbst und kannst dich an alles erinnern. Eins, zwei, drei. Du bist wieder vor dem Wolkentor bei deinem Höheren Selbst und kannst dich an alles erinnern. Und das Höhere Selbst reicht dir ein Schälchen mit einer Heilflüssigkeit und sagt: "Trinke davon. Denn diese Heilflüssigkeit vermag, dass du dich gleich wieder sehr wohlfühlen wirst." Und du trinkst davon ... und reichst das Schälchen dann zurück. Und du fühlst dich wieder sehr, sehr wohl. Und du fragst dein Höheres Selbst: Was hat jenes Leben mit meinem Erschöpfungszuständen am Morgen zu tun? Was antwortet es dir?

Es sind Nachwirkungen aus jenem Leben als Urak und unbewusst der Gedanke, dass es gleich wieder losgeht mit körperlicher Arbeit.

Und das Höhere Selbst führt dich wieder auf den Berg der Erkenntnis, wo du all die aufgedeckten Leben vor dir ausgebreitet siehst. Du kennst sie alle. Und das Höhere Selbst fragt dich: "Möchtest du dich von all dem, was jetzt aufgedeckt ist, körperlich und seelisch befreien?"

jaaaa

Und das Höhere Selbst reicht dir einen goldenen Kelch mit einer goldenen Flüssigkeit und sagt: "Trinke daraus, damit du dich von allen aufgedeckten körperlichen und seelischen Störungen befreien kannst." ...

Es ist noch nicht alles aufgedeckt.

Was wäre denn noch aufzudecken?

Ein Leben, das mit meinen Selbstzweifeln zusammenhängt.

Frag mal dein Höheres Selbst: Wäre es unbedingt wichtig, auch noch dieses andere Problem in seiner Ursache aufzudecken? Oder kann es ein andermal geschehen, weil da noch so viel aufzudecken ist? Was sagt dein Höheres Selbst?

Das Höhere Selbst sagt: Das wirst du auch noch schaffen.

Und das Höhere Selbst reicht dir wieder dieses Fläschchen und sagt: "Es wir gleich bis drei gezählt, und dann befindest du dich hinter diesem Tor in einem Leben, wo deine Selbstzweifel ihre Ursache haben. Doch bevor bis drei gezählt worden ist, hier nimm dieses Fläschchen, denn darin ist – wie du weißt – die Flüssigkeit, die es vermag, dass du gleich alles wahrnehmen, fühlen und wissen kannst." Und du trinkst davon. ... Und reichst dann das Fläschchen zurück. Und du weißt, bei drei ist das Tor auf, und du befindest dich bei einem Ereignis, das mit der Ursache zu tun hat, warum du von Selbstzweifeln belastet wirst. Eins, zwei, drei. Das Tor ist auf. Schau mal auf deine Füße hinunter. Was hast du an?

schöne Sandalen

Was hast du sonst noch am Körper an?

ein Kleid

Dann geh mal mit deinen Händen über deinen Brustkorb, dein Haar und dein Gesicht. Wie ist dein Haar beschaffen?

Ich hab leider überall trockene Haut. Im Brustbereich und im Rücken. Und meine Kopfhaut ist auch trocken. Ich glaub, ich hab so was wie Neurodermitis.

Wie alt bist du denn?

siebzehn

Wo bist du jetzt, drinnen oder draußen?

Ich beobachte Kinder beim Lernen. Es sind ganz viele Jüngere.

Bist du etwa genauso alt wie sie?

Nein, nein, nein.

Wie heißt du eigentlich?

Cassandra. Ich bin gesellschaftlich eher in einer gehobenen Stellung.

Sag mal, in welchem Land bist du denn?

Ich mein, ich bin in Athen.

Weißt du, wer Jesus Christus war?

(Somit kann man meist herausfinden, ob die jeweilige Person vor oder nach Christi Geburt lebte.)

nein

Hat es einen bestimmten Grund, dass du da die Jüngeren beim Lernen beobachtest?

Ich mag nicht, wie der Lehrer unterrichtet.

Willst du selbst mal Lehrerin werden?

Wenn ich mit meiner Schulung fertig bin, werde ich die anderen Lehrer kontrollieren. Das muss ich auch machen. Mein Vater hat das auch gemacht.

Was machte denn dein Vater?

Er organisierte das Schulsystem.

Und nun wird bis drei gezählt, und dann kommst du zu einem wichtigen Erlebnis. Eins, zwei, drei. Jetzt bist du da. Cassandra, was erlebst du denn da?

Ich habe das Amt vom Vater schon übernommen, bevor er verstarb.

Wie alt bist du da?

Achtundzwanzig. Ich sehe eine ganz lange Menschenschlange. Die melden irgendwas an. Ich muss da alles aufschreiben. Welches Kind lernt mit wem und was sie lernen. Die Eltern müssen das

anmelden. Manche müssen bezahlen für den Unterricht. Aber diejenigen, die kein Geld haben, müssen dann nichts bezahlen. Es sind so viele Menschen, und es ist sehr viel Arbeit für mich.

Macht dir deine Tätigkeit Spaß?

Schon. Denn ich will, dass die Kinder lernen. Aber es ist so viel Arbeit.

Bei drei, Cassandra, kommst du zu einem weiteren wichtigen Erlebnis. Eins, zwei, drei. Jetzt bist du da.

Es kommt mir so vor, dass bei der Zusammensetzung der Gruppen mir ein Fehler unterlaufen ist. Ich bin überarbeitet.

Wie gehst du damit um?

Ich glaub, die anderen denken, dass ich dumm bin. So ein Fehler hätte mir nicht passieren dürfen. Ich muss da die Kinder wieder austauschen.

Hast du was durcheinandergebracht?

Ja, es war so.

Es wird bis drei gezählt, und du kommst zu einem weiteren wichtigen Erlebnis in deinem Leben. Eins, zwei, drei. ... Wie alt bist du denn da?

dreiundfünfzig

Und, was erlebst du jetzt?

Ich hab die ganze Zeit nur gearbeitet. Ich habe keinen Mann, und somit auch keine Liebe in einer Ehe erlebt. Und jetzt unterrichte ich selbst auch etwas ältere Schüler. Ich glaube, ich bin auch nicht so freundlich zu denen. Und ich vermittle ihnen den Eindruck, dass sie das sowieso nicht schaffen werden.

Es wird bis drei gezählt, dann bist du gerade gestorben und kannst deinen Körper unter dir liegen sehen. Eins, zwei, drei. Du bist gerade gestorben. Wie alt bist du denn geworden?

siebenundachtzig

Und wenn du sagen solltest, was du nie wieder machen oder erleben willst. Was wäre das?
Ich will nie wieder so viel Arbeit alleine machen, weil ich weiß, dass ich das dann nicht schaffe.

Es wird bis drei gezählt, dann bist du wieder vor dem Wolkentor bei deinem Höheren Selbst und kannst dich an alles erinnern. Eins, zwei, drei. Du bist wieder vor dem Wolkentor bei deinem Höheren Selbst und kannst dich an alles erinnern. Und nun wirst du wieder auf den Berg der Erkenntnis geführt. Und das Höhere Selbst überreicht dir jetzt einen goldenen Kelch mit einer goldenen Flüssigkeit und sagt: "In diesem Kelch befindet sich die Kraft der Vergebung, der Liebe und der Leid- und Schuldauflösung. Trinke erst einmal einen kräftigen Schluck davon, damit du selbst ganz viel Liebe in dir hast." ... Und nun geh mal in das Leben als Cassandra und reiche ihr selbst den Kelch. Was willst du ihr sagen?

Ich verzeihe dir, dass du versucht hast, alles alleine zu schaffen. Du hättest die Arbeit auch auf andere verteilen können. Und ich verzeih dir, dass du den Glauben an dich selbst verloren hattest. Und ich verzeihe dir, dass du zu den Schülern nicht freundlich warst.

Und lass sie daraus mal trinken. ... Und dann schau sie mal an. ... Und du kannst zu ihr sagen: Ich liebe dich. Und du kannst sie, wenn du möchtest, auch umarmen.
Ich liebe dich.

Und du kehrst auf den Berg zu deinem Höheren Selbst zurück. Der Kelch wird nochmals gefüllt. Und nun gehe mit diesem in dein Leben als Urak, der Höhlen ausbaut. Und er trug mit letzter Kraft eine schwer erkrankte Frau den Berg hoch, und er verstarb schon entkräftet mit vierundvierzig an einer Fleischvergiftung. Wem willst du den Kelch geben?

Mir selber, der ich Urak war.

Dann steh mal vor dir als Urak. Was sagst du zu dir?

Eigentlich danke ich ihm, dass er sich so viel Mühe gegeben hat ... Und sich auch aufgeopfert hat für andere.

Dann lass ihn mal daraus trinken. ... Kannst du ihm sagen: Ich bin stolz auf dich, dass du dich für andere so selbstverständlich eingesetzt hattest. ... Und dass auch das ganze Leid, das du durch den Vergiftungstod erleiden musstest, nun aufgelöst ist.

Hmmh

Du kannst ihn ansprechen: Lieber Urak ...

Ich danke dir dafür, dass du dich für die anderen aufgeopfert hast.

Und ich bin ganz stolz auf dich. ...

Ich bin ganz stolz auf dich für alles, was du geschafft hast.

Und du kannst ihm sagen: Jetzt ist dein ganzes Leid, das du im Tod erfahren hast, nun aufgehoben. Ich liebe dich.

Nun ist dein ganzes Leid, das du im Tod erfahren hast, nun aufgehoben. Ich liebe dich.

Und schau mal in sein Gesicht. Kannst du ihn umarmen? ...

Und das Höhere Selbst gießt den Kelch noch mal voll und sagt: "Nun gehe in dein Leben als Robin." ...

ZUSAMMENFASSUNG: Nun gibt Ricarda - wie du es schon bei den oberen drei ausführlichen Rückführungen gelesen hast - in den jeweils von ihr aufgedeckten Leben allen den Kelch der Vergebung, der Liebe und der Leid- und Schuldauflösung. Und sie bittet um Vergebung oder vergibt, ohne jeweils zu vergessen zu sagen: Ich liebe dich/euch.

Und in den Zapfen stopft sie hinein, indem sie es jeweils dreimal sagt:

Ich befreie mich von ...?

Ich befreie mich von der Angst, eine falsche Antwort zu geben.

Ich befreie mich von meinen Kältegefühlen an Händen und Füßen.

Ich befreie mich von allen Hautunreinheiten im Gesicht, auf dem Kopf, im Brustbereich und am Rücken.

Ich befreie mich von meinen Hals- und Rückenschmerzen.

Ich befreie mich von meiner Scham vor Nacktheit und Sexualität.

Ich befreie mich von meinen morgendlichen Erschöpfungszuständen.

Ich befreie mich von aller Schuld und allen Schuldgefühlen.

Und das Höhere Selbst entzündet vor dir ein Lichtfeuer und sagt: "Dieses Feuer ist reines Licht. Alles, was dort hineingelegt wird, verwandelt sich zurück in die Urliebe. Nun lege deinen schweren Zapfen dort hinein." Das tust du. ... Und du siehst, wie der Zapfen mit allem Inhalt sich nun auflöst ... und nun aufgelöst ist. Und nun sag es je dreimal, von was du dich nun befreit hast: Ich bin frei von ...? *(Und ich spreche es vor.)*

Ich bin frei von der Angst, eine falsche Antwort zu geben.

Ich bin frei von meinen Kältegefühlen an Händen und Füßen.

Ich bin frei von allen Hautunreinheiten im Gesicht, auf dem Kopf, im Brustbereich und am Rücken.

Ich bin frei von meinen Hals- und Rückenschmerzen.

Ich bin frei von meiner Scham vor Nacktheit und Sexualität.

Ich bin frei von meinen morgendlichen Erschöpfungszuständen.

Ich bin nun frei von aller Schuld und allen Schuldgefühlen.

Und was für eine Frau möchtest du von nun ab sein?

(Und sie formuliert ihre Befreiungsaffirmation mit Vorschlägen von mir.)

Ich bin von nun an eine angstfreie, selbstbewusste, gesunde, eloquente und liebende Frau. *(Dieses sagt sie dreimal.)*

Danach wird sie vom Höheren Selbst in Licht eingehüllt, das ihr ganzes Wesen mit Heilkraft, Liebe und Harmonie anfüllt. Danach bedankt sie sich bei ihrem Höheren Selbst für die Begleitung und Beratung. Im Wolkenbett halten die Engel nochmals ihre Hände über ihren Körper, um Liebe, Heilung, Selbstsicherheit und Harmonie zu bewirken. Und auf der Wiese angekommen, trinkt sie von der Heilquelle, nimmt dann ein Bad in der Wanne und geht mit neuen Kleidern über die Wiese zurück, indem sie dreimal sagt, von was sie jetzt frei ist. Hinzu kommt auch noch die dreimal ausgesprochene Befreiungsaffirmation: **Ich bin von nun an eine angstfreie, selbstbewusste, gesunde, eloquente und liebende Frau.**

Und nachdem sie sich auf den kniehohen Stein gesetzt hat, wird sie wieder zum gegenwärtigen Tag zurückgeführt und öffnet dann die Augen.

Ein halbes Jahr später erkundigte ich mich per E-Mail, was sich nach der Rückführungstherapie bei ihr gebessert hat. Und hier ist ihre Antwort:

> **Ich habe keine Ekelgefühle mehr vor Sex, das kann ich definitiv sagen. Ich habe auch keine Angst mehr vor einem potenziellen Freund. Weiterhin befürchte ich auch nicht mehr im abstrakten Sinne,**

eine falsche Antwort zu geben. Mein Hautbild (Gesicht und Körper) hat sich um ca. 80 % verbessert. Außerdem fühle ich mich nicht mehr körperlich erschöpft. Mein Selbstvertrauen hat sich gebessert, und ich friere nicht mehr so sehr an Händen und Füßen. Ich habe auch nicht mehr den Gedanken, dumm zu sein.

Und während ich hier auf den Philippinen dieses Buch schrieb, hatte ich bezüglich der Aufnahme auf ihrer CD eine Frage. Diese wurde geklärt, und sie fügte hinzu:

Hallo Tom,
vielen Dank für deine liebe E-Mail. Das ist ja spannend, dass du die zwei Rückführungen von mir in dein neues Buch aufnehmen möchtest. Auf jeden Fall hätte ich mit der Angst zu versagen mein Studium bis zum jetzigen Punkt nie so schaffen können!!

Atemnot und Bulimie

Im Sommer 2017 kam Manuela wegen ihrer vielen Leiden zu mir nach Berlin. Sie ist verheiratet und hat einen fünfjährigen Sohn. Seit Jahren leidet sie unter Atemnot, sodass sie immer ein Notfallspray bei sich trägt, denn sie ist allergisch gegen künstliche Duftstoffe und sogar gegen Blüten. Ihre Bulimie begleitet sie seit fünf Jahren, sodass sie nach der Essenseinnahme oft zur Toilette rennen muss, um alles wieder zu erbrechen. Doch das ist noch nicht alles. Sie wird oft von unerträglichen Kopfschmerzen heimgesucht, in ihrem rechten Auge spürt sie einen schmerzlichen Druck, und sie hat Angst vor Leuten zu sprechen. Sie war bei mehreren Ärzten und hat sich auch von mehreren Heilpraktikern behandeln lassen. Irgendjemand gab ihr den Hinweis, es mal mit einer Rückführungstherapie zu versuchen. Im Internet fand sie meine Webseite (*www.trutzhardo.de*), und wir vereinbarten einen Termin in Berlin. Ihr Mann brachte sie zu mir, während er mit dem Sohn in der Zwischenzeit in einem Doppeldeckerbus sich die Bundeshauptstadt ansah.

Wir führten ein längeres Vorgespräch, wobei ich - wie üblich - alles Wichtige mir notierte. Auch versicherte ich ihr, die noch sehr aufgeregt über die bevorstehende Rückführung war, dass sie sich nach dieser sehr wohlfühlen wird, was ja auch meistens der Fall ist. Aus Sicherheitsgründen sagte ich ihr, dass sie ihr

Notfallspray neben das Kopfkissen legen sollte, wo ich auch das Diktiergerät positionierte.

Wegen ihrer Anfälligkeit gegen Duftstoffe führte ich sie nach der Vertiefung in den Alphazustand nicht – wie sonst meist üblich – über eine Blumenwiese, sondern über einen Meeressandstrand. Dort trinkt sie aus einer aus dem Sand hervorsprudelnden warmen Heilquelle. Die rosa Wolken geleiten sie dann in das Wolkenbett. Nachdem die Engel der Befreiung mit ihr ein Clearing durchgeführt hatten und ein in ihr sich befindendes siebenjähriges Mädchen von einem Engel in die Höhere Welt geleitet wurde, bittet sie ihr Höheres Selbst, sie zuerst zu der Ursache ihrer Bulimie zu führen. Und dieses führt sie vor das Wolkentor, wo ich dann das Aufnahmegerät einschaltete.

Es wird gleich bis drei gezählt, und bei drei ist dieses Wolkentor geöffnet. Und du befindest dich einen Tag vor einer Ursache, wo deine Magen- und Essprobleme herkommen. Eins, zwei, drei. Jetzt bist du da. Schau mal auf deine Füße hinunter. Was hast du an?

Sandalen

Und was trägst du am Körper?

Hose und Hemd

Und dann gleite mal mit deinen Händen über Brustkorb, Haar und dein Gesicht. ... Wie ist denn dein Haar beschaffen? Lang, kurz, hell, dunkel?

kurz und dunkel

Wie alt bist du denn?

achtundzwanzig

Bist du Frau oder Mann?

ein Mann

Schau dich mal um? Wo bist du denn da? Bist du drinnen oder draußen irgendwo?

draußen

Wie sieht es da aus?

Ein Feld, da wird gearbeitet.

Was arbeitet ihr denn?

Wir ernten Getreide.

Du bist achtundzwanzig. Bist du schon verheiratet?

nein

Wie heißt du denn?

Heinz

In welchem Land bist du denn zu Hause, Heinz?

... Deutschland

In welchem Jahr oder Jahrhundert bist du da?

1720

Ist das schwere Arbeit, die du da machen musst?

ja

Bist du da angestellt? Oder bist du Knecht? Oder wie würdest du dich nennen?

Ich krieg kein Geld.

Warum machst du denn diese Arbeit?

Ich muss das machen.

Warum denn? Strafarbeit?

Schulden. Ich hatte gestohlen.

Was hast du denn gestohlen?

Geld

Das heißt, du hattest keine Arbeit und musstest dich mit Diebstahl über Wasser halten.

ja

Und nun, Heinz: Es wird von eins bis drei gezählt, dann bist du einen Tag weiter bei einem wichtigen Erlebnis. Eins, zwei, drei. Jetzt bist du da. ... Was geschieht denn da?

Ich bin in einem Gemäuer. Ich werde geschlagen.

Als Bestrafung?

ja

Was hast du denn gemacht, dass die dich jetzt dort schlagen?

Ich arbeitete nicht richtig.

Du hattest da nicht fleißig genug gearbeitet, und jetzt bestrafen sie dich.

ja

Haben sie recht gehabt, dass du nicht genug gearbeitet hattest?

Nein, ich konnte nicht mehr.

Bist du da allein in jenem Keller?

Nein, da sind auch andere. Denen ergeht es genauso.

Es wird bis drei gezählt, dann bist du bei einem Ereignis, wo du was Unerlaubtes tust. Eins, zwei, drei. Jetzt bist du da.

Da ist ein Markt.

Wie alt bist du da, älter oder jünger?

fünfundzwanzig

Und was machst du auf dem Markt?

Ich stehle.

Was stiehlst du denn da?

Brote, so viele.

Und wie kannst du sie stehlen, ohne dass man es sieht?

Ich hol sie einfach.

Und was passiert dann?

Die Verkäuferin ruft um Hilfe.

Und wie geht es weiter?

Und ich renne einfach weg.

Und kommst du ungeschoren davon?

nein

Und wie geht es weiter?

Es kommen Männer. Sie laufen hinter mir her.

Kannst du die Brote noch halten, oder lässt du sie fallen?

Ich lasse sie fallen. Sie schlagen mich.

Und was geschieht weiterhin?

Die bringen mich weg. Ich bin bewusstlos.

Und wo wirst du hingebracht?

Ich kann nichts wahrnehmen. Ich weiß es nicht.

Wo kommst du schließlich hin?

In dieses Verließ.

Und da sind auch andere Diebe?

Hhm

Und wenn nun von eins bis drei gezählt worden ist, Heinz, dann kommst du zu einem anderen wichtigen Erlebnis. Eins, zwei, drei. Jetzt bist du da. Wie alt bist du denn da?

fünf

Wo bist du denn da mit fünf?

Meine Eltern sind beide tot.

Woran sind sie denn gestorben?

Da war ein Überfall.

Warst du das einzige Kind von deinen Eltern?

ja

Wo bist du denn dann untergekommen? Hast du Verwandte gehabt, die dich aufnahmen?

Nein, ich war ganz alleine.

Wie hast du dich dann ernährt?

Ich hab geklaut.

Hast du auch mal jemanden getroffen, der nett zu dir war und dich aufgenommen hat?

ja

Und dann bist du wieder weggelaufen oder was?

Die waren auch ganz arm.

Es wird bis drei gezählt, und dann bist du einen Tag vor deinem Tod, und du weißt, wie alt du dann bist. Eins, zwei, drei.

achtundzwanzig

Wo bist du denn da?

im Verließ

Du bist schon drei Jahre darin?

Ich kam nur zum abeiten raus.

Wie geht es dir gesundheitlich?

Ich hab ganz viel Durst. Ich bin schwach.

Es wird nun bis drei gezählt, dann bist du gestorben und kannst deinen Körper unter dir liegen sehen. Eins, zwei, drei. Du bist gerade gestorben. Kannst du deinen Körper unter dir liegen sehen? Oder ist es da dunkel?

Ich kann ihn sehen.

An was bist du gestorben? Entkräftung oder was?

Ich habe von dem Pfützenwasser getrunken und musste mich oft übergeben.

Und war es unreines Wasser?

ja

Ist das der Grund, warum du jetzt gestorben bist?

ja

Hast du denn immer genug zum Essen gehabt?

Es gab immer mal etwas zu essen.

Und schau mal, wo du jetzt gestorben bist, ob da jemand angeschwebt kommt, um dich abzuholen. Eins, zwei, drei.

Ja, meine Eltern.

Und wie ist dieses Wiedersehen? Bist du erstaunt?

ja *(Sie weint.)*

Und nun komm mal bei drei dort an, wohin sie dich führen. Eins, zwei, drei. Wo bist du?

Hier ist alles ganz hell. Ich bin auf einer Wiese.

Schau dich mal um. Was kannst du alles erkennen?

Die sind alle ganz fröhlich.

Wer zeigt dir jetzt die jenseitige Welt?

Es ist so schön, so friedlich.

Und die Leute, denen du begegnest: Wie sehen sie aus? Wie schauen sie auf dich?

Sie schweben.

Kannst du auch schon schweben, oder wird dir das noch beigebracht?

Ja, ich schwebe auch.

Was ist denn hier anders als auf der Erde?

Sie sind alle so friedlich, und alles ist schön.

Und wie sind sie gekleidet?

Alles ist weiß. Es strahlt.

Und wenn bis drei gezählt worden ist, dann befindest du dich wieder vor dem Wolkentor und kannst dich an alles erinnern. Eins, zwei, drei. Du befindest dich wieder vor dem Wolkentor bei deinem Höheren Selbst und kannst dich an alles erinnern. Und das Höhere Selbst reicht dir ein silbernes Schälchen mit einer Flüssigkeit und sagt: "Nun, Manuela, trinke davon, damit du dich wieder sehr wohlfühlst." Und du trinkst davon ... und reichst dann das Schälchen zurück. Und du fühlst dich wieder sehr, sehr wohl. Und nun frage mal dein Höheres Selbst: Meine Eltern von damals, leben sie auch wieder in meinem heutigen Leben?

... nein

Und frag dein Höheres Selbst: Woher kommen meine Essstörungen? Lass dir dies mal erklären.

Ein Teil davon in jenem Leben.

Aber du hast großen Hunger gehabt.

ja

Frag mal, ob die Pfütze mit deinem Erbrechenmüssen zu tun hat?

jaaa

Lass dir das mal erklären. ... Was war denn in dieser Pfütze an Unreinheiten? Waren da besondere Pflanzenreste drin? Oder was?

ja

Vielleicht waren da noch Pflanzenkeime darin oder Samenkörner. Und du musstest dich übergeben.

Ja, und das Wasser war auch von der Färbung her rostig.

Und frag dein Höheres Selbst: Gibt es noch ein anderes wichtiges Leben, das mit deinen heutigen Essstörungen zu tun hat? Was sagt dein Höheres Selbst?

nein

Und nun bitte dein Höheres Selbst: Es gibt in meinem Leben gewisse Gerüche, die mir den Atem verschlagen. Woher kommt das? Hat es auch mit früheren Leben zu tun? Was sagt dein Höheres Selbst?

ja

Und bitte mal dein Höhcres Selbst: Ich möchte wissen, woher das kommt. Und das Höhere Selbst nimmt dich nun an die Hand. Ihr schwebt an der Wolkenwand entlang und bleibt dann vor einem anderen Tor stehen. Du kannst es mit deinen Händen berühren. ... Und das Höhere Selbst reicht dir dieses Fläschchen und sagt: "Trinke nochmals einen kräftigen Schluck, damit du gleich alles wahrnehmen, fühlen und wissen kannst." Und du trinkst davon ... und reichst es dann zurück. Und nun wird bis drei gezählt, und dann ist das Tor auf, und du befindest dich in einem Leben, wo eine Ursache zu finden ist, warum du im heutigen Leben eine Allergie gegen bestimmte Gerüche hast. Aber zuerst bist du einen Tag vor jener eigentlichen Ursache. Eins, zwei, drei. Das Tor ist auf. Du bist da. Schau zuerst mal auf deine Füße hinunter. Was hast du an?

bin barfuß

Und was hast du sonst noch am Körper an?

ein Kleid

Und geh mal mit deinen Händen über den Brustkorb, dein Haar und dein Gesicht. Wie ist dein Haar beschaffen?

Es ist lang und zusammengebunden.

Ist es dunkel oder hell?

hell

Wie alt bist du denn?

neunzehn

Wo bist du denn gerade?

In einer kleinen Fabrik.

Wird da gearbeitet?

Es sind nur zwei Leute dort. Und auch große Glaskessel.

Und was macht man damit?

Wir stellen Parfum her, es riecht auch ganz doll.

Wie heißt du denn?

Greta

In welchem Land bist du denn jetzt zu Hause, Greta?

Frankreich

Und in welchem Jahr?

1580

Und wie lange arbeitest du schon in jener Fabrik?

schon lange

Mit wie viel Jahren bist du denn dorthin gekommen?

Schon früh. Ich mach das gern. Doch es stinkt so.

Hast du dich schon verliebt?

Ja, ich bin verlobt.

Wollt ihr mal heiraten?

ja

Was macht dein Verlobter? Arbeitet er auch dort, oder macht er was anderes?

Er verkauft Kräuter.

Und nun wird bis drei gezählt. Und dann befindest du dich einen Tag weiter bei einem wichtigen Erlebnis. Eins, zwei, drei. Wo bist du da?

Ich krieg ganz schlecht Luft.

Und was machst du da, wo du keine Luft bekommst?

Ich steh draußen auf einem kleinen Hügel im Blumenfeld. Es stinkt hier alles so doll.

Bist du da alleine?

Ja, ich wollte was besorgen gehen.

Und du musst stehen bleiben ...?

Alles riecht.

Und wie geht es weiter?

Ich mag das nicht.

Kannst du noch weitergehen?

Nein, ich hab mich hingesetzt.

Wartest du vielleicht auf irgendjemanden, der dir hilft?

Ich huste ganz doll.

Und wie geht es weiter?

Ich sterbe.

Und wenn bis drei gezählt worden ist, dann bist du wieder vor dem Wolkentor und kannst dich an alles erinnern. Eins, zwei, drei. Du bist wieder vor dem Wolkentor bei deinem Höheren Selbst und kannst dich an alles erinnern. Und das Höhere Selbst reicht dir ein Schälchen mit einer Heilflüssigkeit und sagt: "Trinke davon, damit du dich wieder sehr wohlfühlst." Und du trinkst davon ... und reichst es dann zurück und fühlst dich wieder sehr wohl. Manuela, frag jetzt dein Höheres Selbst: Was hat jenes Leben damit zu tun, dass ich im heutigen Leben keine Duftstoffe vertrage und kaum Atem bekomme? Wie ist das zu erklären?

Es ist meine Schuld aus einem früheren Leben.

Und nun bitte dein Höheres Selbst, dich dorthin zu führen. ... Und das Höhere Selbst nimmt dich an die Hand. Ihr schwebt an der Wolkenwand entlang und bleibt vor einem anderen Tor stehen. Du kannst es auch berühren. ... Und das Höhere Selbst sagt: "Hier, trink noch mal einen Schluck aus diesem Fläschchen, damit du gleich alles wahrnehmen, fühlen und wissen kannst." Und du trinkst davon. ... Und es wird gleich bis drei gezählt, dann ist dieses Tor geöffnet, und du befindest dich fünf Minuten vor einer dich mit Schuld belastenden Tat, die damit zusammenhängt, warum du in jenem Leben als Greta an Duftstoffen keinen Atem mehr bekamst und im Blumenfeld verstarbst. Eins, zwei, drei. Jetzt bist du da. Schau mal auf deine Füße hinunter. Was hast du denn da an?

nichts

Was hast du sonst noch an?

kurze Hose

Und am Oberkörper?

nichts

Wie ist dein Haar beschaffen?

Glatze

Wie kommt es denn, dass du eine Glatze hast?

Ich hab die Haare alle entfernt.

Wie alt bist du denn da?

zweiundfünfzig

Bist du ein Mann oder eine Frau?

ein Mann

Schau dich mal um. Bist du drinnen oder draußen?

draußen

Wie heißt du denn?

Malit

In welchem Land bist du denn?

Türkei

Bist du schon verheiratet?

ja

Habt ihr auch schon Kinder?

nein

Was ist dein Beruf?

Ich arbeite am Abend. Ich überfalle Menschen.

Machst du es allein oder mit anderen?

allein, im Dunkeln

Wo lauerst du denn ihnen auf?

auf der Straße

Weiß deine Frau davon?

ja

Wie geht sie damit um, dass du Menschen überfällst?

Sie hilft mir.

Und wie macht sie das? Und wie kann sie dir dabei helfen?

Wir tränken Tücher mit starken Duftstoffen, damit ich die Menschen betäuben kann.

Und dann kannst du sie ausrauben?

ja

Stellst du die Flüssigkeit selbst her?

Das macht meine Frau.

Wissen die Leute eigentlich, was ihr macht? Oder bleibt alles im Dunklen?

Das weiß keiner.

Und bleibt es unentdeckt?

nein

Wie geht es denn weiter?

Ich komme irgendwann nach Hause, und meine Frau ist weg.

Was vermutest du, wo sie sein könnte?

Sie ist abgeholt worden. Man hat sie als meine Helferin erkannt.

Ist sie verraten worden, was ihr so da macht?

sicherlich

Wie gehst du damit um, dass deine Frau weg ist?

Ich suche sie.

Du weißt nicht, wo sie ist?

nein

Wie verhältst du dich, denn es könnte ja sein, dass du auch noch abgeholt wirst?

Das ist mir egal. Ich nehme es so, wie es ist.

Und was machst du jetzt?

Ich nehme den ganzen Rest, den wir noch in den Flaschen haben, und gehe voller Wut los. Und jeden, den ich treffe, raube ich aus.

Musst du nicht darauf Acht geben, dass du nicht erwischt wirst?

Nein. Ich nähere mich von hinten an sie heran und drücke das Tuch mit dem betäubenden Saft auf die Nase. Dann fallen sie um.

Wie viele Leute bringst du auf diese Weise jetzt um?

Viele. Ich kann sie nicht zählen.

Und wie geht es weiter? Findest du deine Frau?

Sie ist tot. Sie hängt da.

Und wie gehst du damit nun um, dass sie erhängt worden ist?

Ich stehe einfach da. Man hat mich dann auch erwischt. Man schleppt mich weg.

Und wohin kommst du?

In einen Keller.

Wie ergeht es dir da, Malit?

nicht gut

Wie lange musst du denn dort bleiben?

Nicht lang. Man wird mich morgen auch hängen.

Es wird bis drei gezählt, und dann bist du wieder nach deinem Tod mit deiner Frau zusammen. Eins, zwei, drei. Schau mal, wo triffst du deine Frau wieder?

In einer alten Hütte. Es ist alles dunkel.

Erkennt sie dich wieder?

ja

Und wie geht ihr miteinander um?

Sie freut sich.

Und könnt ihr euch umarmen?

Ja. Mir tut ja auch alles so leid.

Ihr befindet euch ja im fast ganz Dunklen. Kommt da auch mal jemand, um mit euch zu sprechen?

ja

Wer ist es denn?

Vier helle Richterwesen.

Und was sagen sie?

Sie konfrontieren uns mit dem, was wir falsch gemacht haben. Ich sehe auf einmal ganz viele Bilder aus dem Leben. Sie zeigen, was falsch war, was wir nicht hätten tun dürfen. Es tut mir so leid.

Was hättest du anders machen müssen?

Ich hätte nicht einfach bestimmen dürfen, wer lebt und wer nicht.

Wie lautet nun dieser Richterspruch über euch zwei?

Sie holen uns zwei aus dem Dunklen heraus.

Und wo führen sie euch hin?

Wo es immer heller wird.

Ihr beide habt bereut?

ja

Und aufgrund eurer Reue dürft ihr jetzt herauskommen?

ja

Wie fühlst du dich denn jetzt da?

Gut, niemand ist böse.

Und schau mal, ob du da jemandem wiederbegegnest, den du getötet hattest.

Ja, eine Mutter und ihre Kinder.

Wie, du hattest auch Kinder getötet?

Es war ihre Mutter, die mir nicht sagen wollte, wo meine Frau ist. Ich war so wütend.

Hast du die Kinder in deiner Wut auch mit dieser Duftflüssigkeit getötet?

ja

Was geschieht nun weiter, wo ihr in die Helligkeit kommt?

Wir dürfen uns erst mal ausruhen.

Und was geschieht weiterhin, nachdem ihr euch ausgeruht habt?

Da sind viele Leute.

Kennst du da welche unter ihnen?

Ja, viele.

Und woher kennst du sie?

Aus verschiedenen Begegnungen.

Und triffst du die, welchen du Schaden zugefügt hast?

ja

Und wie begegnen dir diese Leute?

ganz herzlich

Kommt das dir eigenartig vor?

Ja, ich bin sehr verwundert.

Warum sind diese dir so herzlich zugeneigt? Hast du eine Erklärung dafür? Sie müssten dir doch eigentlich sehr böse sein.

Das musste so sein. Die waren auch mal sehr böse in anderen Leben gewesen. ...

Wie fühlst du dich, dass du mit deiner Frau solch ein Täter warst?

Es musste passieren.

Es wird nun bis drei gezählt, und dann bist du wieder vor dem Wolkentor bei deinem Höheren Selbst und kannst dich an alles erinnern. Eins, zwei, drei. Du bist jetzt als Manuela wieder vor dem Wolkentor und kannst dich an alles erinnern. Und das Höhere Selbst reicht dir jenes Schälchen mit einer Heilflüssigkeit und sagt: "Trinke davon, damit du dich wieder sehr wohlfühlst." Und du trinkst davon ... und reichst es wieder zurück. Und du fühlst dich wieder sehr wohl. Und du fragst dein Höheres Selbst: Warum hast du mir diese Leben gezeigt, wo ich ein so böser Täter war?

Ich wollte verstehen, warum ich im heutigen Leben solche Probleme mit dem Atmen habe.

Jene, die du ersticktest, haben ja auch keine Luft bekommen. Und du siehst, wie alles verbunden ist, dass du im heutigen Leben noch Nachwirkungen hast von jenen früheren Taten. Vielleicht wollten diese Atemprobleme dich darauf aufmerksam machen, dass in deiner Seele aus jenen früheren Leben noch etwas von dir aufzulösen ist und dass du dich auf die Suche begibst, warum du diese Atem- und Geruchsprobleme hast. Frag mal dein Höheres Selbst, ob noch ein weiteres Leben aufzudecken ist, das mit deinen Atemproblemen zusammenhängt.

ja

Frag mal dein Höheres Selbst: Woher kommen meine Kopfschmerzen und der Druck auf dem rechten Auge? Gibt es dafür ein früheres Leben, das damit zusammenhängt? Was sagt dein Höheres Selbst?

ja

Und das Höhere Selbst nimmt dich an die Hand. Ihr schwebt an der Wolkenwand entlang und bleibt vor einem anderen Tor stehen. Du kannst es auch berühren. ... Und das Höhere Selbst sagt: "Hier, trink noch mal einen Schluck aus diesem Fläschchen, damit du gleich alles wahrnehmen, fühlen und wissen kannst." Und du trinkst davon. ... Und es wird gleich bis drei gezählt, dann ist dieses Tor geöffnet. Und du befindest dich dahinter in einem früheren Leben, wo eine Ursache für deine Kopfschmerzen verbunden mit deinem Druck auf dem rechten Auge zu finden ist. Aber du bist zuerst einen Tag vor jenem wichtigen Ereignis. Eins, zwei, drei. Das Tor ist auf. Du bist da. Du bist einen Tag vor einem wichtigen Erlebnis. Schau zuerst mal auf deine Füße hinunter. Was hast du an, oder bist du barfuß?

Stofffetzen

Und was hast du sonst so am Körper an?

Sieht aus wie eine Rüstung.

Und geh mal mit deinen Händen über Brustkorb, Haare und Gesicht. ... Hast du auf dem Kopf etwas auf?

einen Helm

Hast du eine Waffe bei dir?

Ein Schild und ein Messer.

Wie alt bist du denn?

achtunddreißig

Wie heißt du denn?

Amin

In welchem Land bist du zu Hause?

in Rom

Und weißt du auch das Jahrhundert, wo du da bist?

eintausendachtundvierzig

(Hier müsste nachgefragt werden, ob es sich um einen römischen Kalender handelt oder um den christlichen. Aber aus dem weiteren Geschehen heraus, ist klar, dass es sich um den römischen Kalender handelt. Denn der römische Kalender beginnt mit 773 vor Christi Geburt.)

Was ist denn deine Haupttätigkeit in deinem Leben?

kämpfen als Soldat

Gehörst du zu einer Einheit?

ja

Gegen wen kämpft ihr?

Bürgerkrieg

Auf welcher Seite bist du denn? Auf der Seite der Bürger oder ... ?

Ich kämpfe für unseren Herrscher.

Wurdest du angeworben?

Nein, ich wollte da von alleine hin.

Bist du ein guter Kämpfer?

Ich habe ein langes Messer.

Wenn du nur ein Messer oder einen Dolch hast, ist das ja nicht viel. Kannst du damit überhaupt etwas erreichen?

ja

Und nun, Amin: Es wird bis drei gezählt, und dann bist du einen Tag weiter bei einem wichtigen Erlebnis. Eins, zwei, drei.

Wir überfallen ein Dorf.

Und was geschieht da?

Wir plündern die Häuser.

Seid ihr zu mehreren wie du?

ja

Was macht ihr noch so?

Die Frauen werden weggeschleppt.

Wo schleppt ihr sie hin?

Sie kommen zu uns ins Lager.

Und gibt es in dem Dorf mehrere Männer, die das verteidigen wollen?

ja

Was macht ihr noch?

Wir töten.

Tötest du auch?

ja

Hast du dir auch eine Frau ausgesucht, die du mit ins Lager schleppen wirst?

ja

Und wie geht es nun weiter, nachdem ihr siegreich ins Lager zurückgekehrt seid? Feiert ihr den Sieg?

Ja, wir freuen uns. Aber ich feiere nicht mit.

Warum?

Ich will nicht.

Siehst du, was man mit den Frauen macht?

Ja, die werden alle vergewaltigt.

Und warum machst du nicht mit?

Ich will kämpfen. Ich habe kein Interesse an Frauen.

Und nun kommst du zum nächsten wichtigen Ereignis. Bei drei bist du da. Eins, zwei, drei. Wie alt bist du denn bei deinem wichtigen Ereignis?

fünfundvierzig

Bist du immer noch einfacher Soldat?

Nein, ich bin aufgestiegen.

Du bist ein Anführer.

Ja, ich suche mir die besten Kämpfer aus.

Bist du nun besser gekleidet?

Ja. Ich habe Stiefel an.

Was steht denn als Nächstes bevor?

Wir wollen in den Krieg ziehen.

Und gegen wen soll dieser Kriegszug gehen?

Griechenland

Wie kommt ihr denn da hin? Mit dem Schiff?

ja

Und nun komm zu dem nächsten wichtigen Erlebnis. Bei drei bist du da. Eins, zwei, drei.

Ja, wir haben dort nach der Ankunft unser Zeltlager aufgestellt.

Wie viele Krieger seid ihr denn?

zweihundert

Und du bist der Anführer?

ja

Und wisst ihr denn schon genau, wohin ihr müsst?

Das werden wir erst auskundschaften.

Und was ist das Nächste, was als wichtiges Ereignis passiert?

Wir haben eine Festung gefunden, die wir überfallen wollen.

Ist es denn möglich, mit deinen wenigen Mannen diese Festung einzunehmen?

Wir sind eigentlich zu wenig. Aber wir machen es trotzdem.

Und gelingt es euch, die Festung einzunehmen?

nein

Was geschieht dann vor oder in der Festung?

Wir können zwar eindringen, aber die Verteidiger sind einfach zu viele. Die töten uns.

Und was geschieht mit dir?

Ich werde von hinten erschlagen.

Wo trifft dich dieser Schlag?

Auf den Hinterkopf. Mein Helm fällt runter. Und jetzt, obwohl ich auf dem Boden liege, schlägt man mir mit einer Axt auf den Kopf.

Und du stirbst dann?

ja

Und bei drei bist du aus dem Körper heraus und siehst ihn unter dir liegen. Eins, zwei, drei. Kannst du deinen Körper da liegen sehen?

ja

Siehst du Blut?

ja

Und ist da noch jemand von deinen eigenen Leuten?

Nein. Es ist kaum noch einer da.

Und wenn du sagen würdest: "Ich will nie wieder ..." Was würdest du nie wieder erleben wollen?

Ich will nie wieder so vielen Menschen den Tod bringen.

Das heißt: Du hast diese Kämpfer ausgesucht, obwohl du wusstest, dass sie vielleicht in einem Kampf ihr Leben verlieren würden?

Ja, sie mussten ja auf mich hören.

Und wenn jetzt bis drei gezählt wird, bist du wieder vor dem Wolkentor bei deinem Höheren Selbst und kannst dich an alles erinnern. Eins, zwei, drei. Du bist wieder vor dem Wolkentor und kannst dich an alles erinnern. Und das Höhere Selbst reicht dir dieses Schälchen mit einer Heilflüssigkeit und sagt: "Trinke davon, damit du dich als Manuela wieder ganz wohlfühlst." Und du trinkst davon ... und reichst dann das Schälchen zurück, und fühlst dich auf einmal wieder ganz wohl. Und du fragst dein Höheres Selbst: Woher kommen meine Kopfschmerzen. Warum sind diese jetzt erst in meinem Alter gekommen? Ist das eine zeitsynkronistische Überschneidung?

(Oft treten körperliche Schmerzen im besonderen Maße wieder dann auf, wenn sie dem Alter in dem früheren Leben entsprechen, wo dieses schmerzliche Erlebnis seinen Anfang nahm.)

Die waren immer schon da, seit ich schwanger geworden bin.

Und frag mal dein Höheres Selbst: Hat mein rechtes Auge damals auch mitleiden müssen? Oder ist es ein anderes Leben, das mit meinen Augenschmerzen zu tun hat?

ein anderes Leben

Frag mal dein Höheres Selbst: Ist dieses Leben als römischer Krieger das wichtige Erleben für meine Kopfschmerzen, oder gibt es noch ein anderes wichtiges Leben dafür aufzudecken? Was sagt dein Höheres Selbst?

Es gibt noch eins.

Und das Höhere Selbst nimmt dich an die Hand. Ihr schwebt an der Wolkenwand entlang und bleibt vor einem anderen Tor stehen. Du kannst es auch berühren. ... Und das Höhere Selbst sagt: "Hier, trink noch mal einen Schluck aus diesem Fläschchen, damit du gleich alles wahrnehmen, fühlen und wissen kannst." Und du trinkst davon. ... Und es wird gleich bis drei gezählt, dann ist dieses Tor geöffnet. Und du befindest dich dahinter in einem früheren Leben, wo eine weitere Ursache für deine Kopfschmerzen zu finden ist. Aber du bist zuerst einen Tag vor jenem wichtigen Ereignis. Eins, zwei, drei. Das Tor ist auf. Du bist da. Du bist einen Tag vor einem wichtigen Erlebnis. Schau zuerst mal auf deine Füße hinunter. Was hast du an, oder bist du barfuß?

nichts

Welche Kleidungsstücke trägst du?

Irgend so einen Kittel aus Tierhaut.

Geh mal mit deinen Händen über deine Haare. Wie ist dein Haar beschaffen?

lang und dunkel

Wie alt bist du denn?

einundfünfzig

Bist du Mann oder Frau?

ein Mann

Wo bist du denn da gerade?

in einer Höhle

Mit wem wohnst du da in der Höhle?

mit mehreren, einer Gruppe

Hast du eine Frau für dich? Oder wie steht es da mit den Frauen?

alles eins

Ihr habt alle Frauen zusammen?

ja

Und hast du auch Kinder gezeugt?

ja

Und kommt es zu Streit und Rivalität bezüglich Frauen?

Nein, wir lieben isoliert.

Hast du eine bestimmte Frau, die du liebst?

ja

Bist du nicht eifersüchtig, wenn ein anderer sie für sich mal haben will?

ja

Also gibt es dennoch manchmal Streit und Eifersucht?

Ab und zu, ja.

Wie heißt du eigentlich?

Ko

Musst du für sie oder die Kinder für den Unterhalt aufkommen?

Es gibt keinen Unterhalt.

Von was lebt ihr?

Wir jagen.

Was erjagt ihr?

Tiere

Und es wird bis drei gezählt, Ko, dann kommst du zu einem wichtigen Erlebnis am nächsten Tag. Eins, zwei, drei. Jetzt bist du da.

Ich bin mit anderen da vor einem toten Tier. Wir nehmen es gerade aus für das Abendbrot. Das Fell wird nun von dem Körper abgetrennt.

Wer bekommt von euch das Fell?

Es wird ein Kampf darum ausgetragen. Aber ich gewinne. Trotzdem streiten wir uns darum. Wir schlagen uns.

Und schließlich überlassen sie es dir?

Ja. Sie sind böse auf mich. Sie mögen mich nicht.

Warum?

Weil ich mir immer nehme, was ich haben will.

Bist du so eine Art Clanführer?

Ja. Ich bin dort einer der Ältesten. Die meisten sterben jung.

Im Kampf oder bei der Jagd?

Sie werden krank und sterben einfach.

Was passiert nun weiterhin?

Wir sitzen abends beim Feuer. Es ist dunkel. Ich geh dann alleine los ...

Und?

... Ich bin tot.

Bist du erschlagen worden?

Ich hab was im Auge.

Wer hat dich erschlagen?

Der mit mir um das Fell gestritten hatte. Irgendwas Spitzes ist im Auge. Irgendein Speer oder ein Pfeil ging von hinten in meinen Kopf. Es ging so schnell.

Bist du sofort gestorben?

ja

Es wird bis drei gezählt, und dann bist du wieder vor dem Wolkentor bei deinem Höheren Selbst und kannst dich an alles erinnern. Eins, zwei, drei. Du bist wieder vor dem Wolkentor und kannst dich an alles erinnern. Und das Höhere Selbst reicht dir dieses Schälchen mit der Heilflüssigkeit und sagt: "Trinke davon, Manuela, damit du dich sogleich wieder sehr wohlfühlst." Und du trinkst davon ... und reichst es dann zurück. Und du fühlst dich sogleich wieder sehr wohl. Und frag mal dein Höheres Selbst: Was hat dein rechtes Auge mit diesem Ereignis zu tun, sodass du selbst noch im heutigen Leben diese Schmerzen dort hast?

Ja, dies ist der Grund.

Und frag mal, ob es noch ein weiteres Leben gibt, wo ebenfalls eine Ursache für jene Schmerzen im rechten Auge herstammen? Was sagt es dir?

nein

Und nun bitte mal dein Höheres Selbst: Bitte führe mich in ein früheres Leben, wo die Ursache zu finden ist, warum ich Angst habe, vor vielen Leuten zu sprechen. Und das Höhere Selbst nimmt dich an die Hand. Ihr schwebt an der Wolkenwand entlang und bleibt vor einem anderen Tor stehen. Du kannst es auch mit deinen Händen berühren. ... Und das Höhere Selbst sagt: "Hier, trink noch mal einen Schluck aus diesem Fläschchen, damit du gleich alles wahrnehmen, fühlen und wissen kannst." Und du trinkst davon. ... Es wird gleich bis drei gezählt, dann ist dieses Tor geöffnet. Und du befindest dich dahinter in einem früheren Leben, wo eine Ursache für deine Angst vor vielen Menschen zu stehen und sie anzusprechen herstammt. Aber du bist zuerst einen Tag vor jenem wichtigen Ereignis. Eins, zwei, drei. Das Tor ist auf. Du bist da. Schau zuerst mal auf deine Füße hinunter. Was hast du an oder bist du barfuß?

Ich bin wieder der Malit. Ich bin barfuß.

Wo bist du da?

Wo ich erhängt wurde.

Du bist jetzt eine Stunde vor dem Erhängtwerden. Wo bist du da?

Ich werde zu dem Platz gebracht.

Und wie viele Leute schauen dort zu?

Jeder guckt, und sie freuen sich.

Wie fühlst du dich? Denn du weißt ja, dass du da erhängt wirst.

Ich mag mir das nicht angucken. Ich sehe meine erhängte Frau dort.

Es wird bis drei gezählt, und dann bist du aus deinem Körpern heraus und kannst alles von oben ansehen. Eins, zwei, drei. Du bist gerade aus deinem Körper heraus. Kannst du ihn dort hängen sehen?

Ja. Die Leute kommen jetzt alle und gucken auf meinen hängenden Körper. Viele freuen sich richtig laut.

Es wird bis drei gezählt, und dann bist du wieder vor dem Wolkentor bei deinem Höheren Selbst und kannst dich an alles erinnern. Eins, zwei, drei. Du bist wieder vor dem Wolkentor und kannst dich an alles erinnern. Und das Höhere Selbst reicht dir dieses Schälchen mit der Heilflüssigkeit und sagt: "Trinke davon, Manuela, damit du dich sogleich wieder sehr wohlfühlst." Und du trinkst davon ... und reichst es dann zurück. Und du fühlst dich sogleich wieder sehr wohl. Und frag mal dein Höheres Selbst: Wir haben schon so viel aufgedeckt. Gibt es noch irgendein wichtiges Leben, das wir uns noch anschauen sollten? Oder haben wir jetzt alles Wichtige erst mal aufgedeckt?

Wir haben alles Wichtige aufgedeckt.

Und das Höhere Selbst führt dich auf einen Berg. Es ist der Berg der Erkenntnis. Und du entdeckst all die aufgesuchten früheren Leben vor dir ausgebreitet. Ganz links befindet sich dein heutiges Leben. Da bist du die Manuela. Und da ist dein Leben als Heinz in Deutschland. Du hast da gestohlen. Du wirst in ein Verließ gebracht und bist dort mit achtundzwanzig Jahren umgekommen.

(Warum kurz nochmals alle Leben genannt werden, hat seinen Grund darin, dass die zurückgeführte Person sich plötzlich wieder an jene Leben erinnert, da sie ansonsten das ein oder andere Leben nicht mehr in Erinnerung haben könnte.)

Und daneben ist dein Leben als Greta. Und du arbeitest in der Fabrik zur Herstellung von Parfums. Sie gehört deinen Eltern. Aber irgendwann bekommst du wegen der intensiven Gerüche keinen Atem mehr, und du stirbst. Und daneben ist dein Leben als Malit in der Türkei. Und ohne oder auch mit deiner Frau überfällst du Leute, schleichst dich von hinten an, und drückst ihnen das Tuch mit den heftigen Gerüchen auf die Nase, sodass sie umfallen – tot oder nicht –, raubst sie mit deiner Frau aus, und lauft davon. Und dann ist erst deine Frau und dann du auch vor vielen sich freuenden Menschen gehängt worden. Und in dem anderen Leben bist du zuerst in Rom. Aber dann als Anführer von dir ausgesuchten Soldaten fahrt ihr nach Griechenland und überfallt dort zu leichtsinnig eine Festung. Deine Soldaten fanden den Tod, aber du bist dann ebenfalls zu Tode gekommen, indem man dir mit der Axt den Kopf zertrümmerte. Dann ist weiterhin dein Leben als Höhlenmensch Ko. Und nachdem man einem Tier das Fell abgetrennt hatte, gibt es Streit, wem das Fell nun zugesprochen wird. Du als einer der Ältesten, doch nicht Geschätzten, erhebst den Anspruch darauf. Und als du weggehst, wirst du von einem Pfeil oder einem spitzen Speer von hinten in die Gehirnhälfte bei dem rechten Auge getroffen und bist direkt tot umgefallen. Nun schau mal. Woher kommen denn deine Essstörungen? Was hat das mit den früheren Leben zu tun? ... Was war denn in der Parfumherstellung, wo du dann keinen Atem mehr bekommen hast? Und als Mali hast du mit deiner Frau Menschen betäubt und ausgeraubt. Und ihr beide wurdet vor einer großen Menschenmenge gehängt. Kannst du sehen, dass du heute noch eine Angst hast, vor vielen Menschen zu stehen?

ja

Und wie hat sich das als karmischer Ausgleich bemerkbar gemacht, wo du bei der Parfumherstellung in jener Fabrik keinen Atem mehr bekommen konntest?

Ich weiß jetzt, dass wenn man heute zu wenig Luft bekommt, dass man mal erstickt ist oder erstickt worden ist.

Und welche Gerüche im heutigen Leben meidest du?

Es sind solche aus der Parfümherstellung.

Und du erkennst jetzt sicherlich, warum diese dir Atemschwierigkeiten bereiten.

ja

Und nun kannst du erkennen, woher deine Kopfbeschwerden kommen? Und auch deine Schmerzen am rechten Auge?

durch den spitzen Pfeil

Und woher kommen deine Kopfschmerzen zusätzlich noch aus welchem anderen Leben?

von dieser Schlacht an der Festung

Und du bist dann dort als Amin ganz schlimm am Kopf mit einer Axt verwundet worden und dann daran gestorben.

Sag mal: Möchtest du dich jetzt von allen Kopf- und Augenschmerzen befreien?

ja

Möchtest du dich von deiner Panik befreien, vor Menschen zu stehen und sie anzusprechen?

ja

Möchtest du dich von Parfumgerüchen und Körper- und Toilettenreinigungsgerüchen befreien?

ja

Möchtest du dich von aller Atemnot befreien?

ja

Möchtest du dich ebenfalls von allen Essstörungen befreien?

ja

Und das Höhere Selbst reicht dir nun einen goldenen Kelch mit einer goldenen Flüssigkeit und sagt: "Trinke erst mal einen kräftigen Schluck davon. Denn in dieser Flüssigkeit befindet sich die Macht der Liebe, der Vergebung und der Leid- und Schuldauflösung." Nun geh mal zuerst in dein Leben als Heinz, der gestohlen hat, der dann ins Verließ kommt und dort stinkiges Wasser trinken und sich dann übergeben muss und schließlich verhungert. Wem möchtest du diesen Kelch reichen?

Vielleicht der Verkäuferin auf dem Marktplatz, die ich bestohlen hatte.

Dann geh mal zu ihr. Was willst du ihr sagen, indem du ihr den Kelch reichst?

dass es mir leidtut

Sprich sie an: Bitte vergib mir, dass ich bei dir Brote gestohlen habe.

Bitte vergib mir, dass ich so bösartig war und deine Brote gestohlen habe.

Lass sie daraus mal trinken. ... Und schau mal in ihre Augen. Wie schaut sie dich jetzt an? ... Und vielleicht ist sie dir auch im Jenseits begegnet. ... Und dann geh mal zu jenen Männern, die dich mit den Broten festhielten und dich auch auf den Kopf schlugen, und du dann ohnmächtig weggezerrt wurdest. Auch das hat sicherlich dazu beigetragen, dass du im heutigen Leben noch Kopfschmerzen hast. ... Kannst du ihnen auch den Kelch geben und sagen: Ich vergeb euch, ich liebe euch?

Ich vergeb euch, ich liebe euch.

Und dann geh mal mit dem Kelch zum Heinz. Steh mal vor dir, der du damals mit deiner Seele in ihm warst. Reiche ihm den Kelch. Was willst du ihm sagen?

Lieber Heinz, trinke aus diesem Kelch, damit all dein Leid und deine Schuld aufgelöst sind. Ich liebe dich.

Und du kannst ihn auch umarmen. .... Und woher kommt denn deine Angst vor Leuten zu sprechen?

Aus dem Leben, wo ich gehängt worden bin.

Und die Leute haben sich gefreut. Und deine Frau hing auch neben dir. ... Woher kommen deine Essstörungen?

Von dem schmutzigen Wasser, das ich im Kerker zu trinken hatte.

Und du hattest ja, wie wir beim Clearing feststellen konnten, jemanden in deinem Bauch. Und du wusstest es nicht. Aber du fühltest dort eine Schwere und ein Unwohlgefühl, weshalb du dich übergeben hast, um dich davon befreien zu wollen. Und wir konnten dieses siebenjährige Mädchen mithilfe der Engel aus dir herausholen und in die Höhere Welt geleiten lassen. Sag mal: Möchtest du dich jetzt von allem, was aufgedeckt worden ist und dich im heutigen Leben noch belastet, befreien?

jaa

Nimm diesen goldenen Kelch, und geh mal mit diesem zu jenen Menschen, die zugejubelt hatten, als du gehängt worden bist. Der Kelch kann sich multiplizieren. Nun kannst du sie ansprechen und sagen: Liebe Leute, trinkt aus dem Kelch, damit eure Schuld mir gegenüber nun aufgelöst ist. Ich vergebe euch. Ich liebe euch. Sprich sie mal an.

Liebe Leute, ich vergebe euch, dass ihr bei meiner Erhängung euch so gefreut habt.

Und lass sie alle mal daraus trinken. ... ... Und dann geh mal zu all jenen Menschen, die du bestohlen hattest. Denen kannst du ebenfalls den Kelch reichen, sodass ein jeder nun einen Kelch in der Hand hält. Und lass sie daraus trinken. Was sagst du zu ihnen?

Es tut mir so leid, dass ich euch bestohlen habe. Bitte verzeiht mir.

Und ich vergebe eure Hartherzigkeit, dass ihr mir freiwillig nichts gegeben habt.

Ich vergebe eure Hartherzigkeit, dass ihr mir freiwillig nichts gegeben habt.

Und nun geh mal zu all den Menschen, die du mit deiner Frau erstickt und ausgeraubt hast. Was willst du denen sagen?

Es tut mir leid.

Bitte vergebt mir ...

Bitte vergebt mir. Ich war so gemein und hinterhältig.

Ich liebe euch.

Ich liebe euch.

Lass sie mal daraus trinken, und schau mal in ihre Augen, ob sich da was verändert. ... Vielleicht lassen sich auch einige umarmen. Und wenn noch einige dich grimmig anblicken, dann lass sie nochmals aus dem Kelch trinken, damit viel Liebe in sie kommt.

Und nun geh mal zu deiner Frau und reiche ihr den Kelch. Was willst du ihr mit deiner ganzen Liebe sagen?

Es tut mir leid, dass du alles mitmachen musstest und ich dich zu bösen Taten angeleitet hatte. Es tut mir leid, ich liebe dich.

Und ich danke dir, dass du trotzdem in allem zu mir gehalten hattest. Ich liebe dich.

Und ich danke dir, dass du trotzdem in allem zu mir gehalten hattest. Ich liebe dich.

Schau mal in ihre Augen, nachdem sie daraus getrunken hat. Kannst du sie umarmen?

ja

Und dann geh mal zu Malit und reiche ihm den Kelch. Was willst du ihm sagen? ... Kannst du ihm sagen: Malit, trinke davon, damit alle deine bösen Taten nun aufgelöst sind und deine ganze

Schuld dir nun vergeben ist? Und dass auch alles, was du im Tode erleben musstest, nun aufgelöst ist. Was sagst du ihm?

Es tut mir leid, dass du in deinem Leben so viel falsch gemacht hattest. Ich liebe dich.

Du kannst ihn auch umarmen. ...

Und du kommst nun auf den Berg zurück. Und das Höhere Selbst gießt den Kelch noch mal voll und sagt: "Nun geh mit diesem Kelch in dein Leben als Greta." Du hast da in der Parfumfabrik gearbeitet und schließlich durch die Duftgerüche keinen Atem mehr bekommen. Geh mal zu dir selbst und reiche Greta den Kelch und lass sie daraus trinken, damit all das Leid, das sie durch die Atemlosigkeit erfahren musste, nun aufgelöst ist. Ich liebe dich.

Trink davon, damit deine Atembeschwerden aufgelöst sind. Ich liebe dich.

Und du kommst mit dem Kelch auf den Berg zurück. Und das Höhere Selbst gießt ihn noch mal voll und sagt: "Nun geh mit diesem Kelch in dein Leben als Amin, der römische Anführer, der mit seinen Soldaten in Griechenland eine Festung einnehmen wollte und wo alle deine Soldaten den Tod fanden, während man dir mit der Axt den Kopf zertrümmerte." Wem möchtest du jetzt den Kelch der Liebe und Vergebung, der Leid- und Schuldauflösung reichen?

meiner Mannschaft

Was sagst du deinen Männern?

Es tut mir so leid, dass ihr ebenfalls zu Tode gekommen seid.

... weil ich so unüberlegt angegriffen habe.

... weil ich so unüberlegt angegriffen habe.

Bitte vergebt mir.

Bitte vergebt mir. Ich liebe euch.

Und schau mal in ihre Gesichter. Haben sie dir vergeben?

ja

Und nun geh auch zu jenem, der dir mit der Axt den Kopf zertrümmerte. Was willst du ihm sagen?

Ich vergebe dir. Ich liebe dich.

Kannst du erkennen, dass er dir wahrscheinlich einen karmischen Ausgleich verschafft hat, da du in früheren Leben anderen ebenfalls den Kopf eingeschlagen hattest?

ja

Dann geh mit diesem Kelch selbst zu Amin. Was willst du ihm sagen?

Trinke davon. Damit deine Schuld und all deine schlechten Taten dir nun vergeben sind.

Kannst du ihm noch sagen: Ich vergebe dir. Ich liebe dich.

Ich vergebe dir. Ich liebe dich.

Und du kommst auf den Berg zurück. Das Höhere Selbst füllt nochmals den Kelch. Nun gehe in dein Leben als jener Höhlenmensch. Wem möchtest du dort den Kelch reichen?

Dem, der mich getötet hat.

Der dir diesen Pfeil von hinten ins Auge geschossen hat.

ja

Dann reiche ihm mal den Kelch. Was willst du ihm sagen?

Es tut mir leid, dass ich dir nicht das Fell gönnte. Und ich vergebe dir, dass du mich getötet hast.

Und schau mal in sein Gesicht, ob sich da was verändert?

ja

Vielleicht lässt er sich auch umarmen. ...

Du kannst ihm auch sagen, dass es sicherlich aus höherer Sicht wohl richtig war, dass er dich getötet hatte.

(flüstert)

Dann schaue mal, wie er dich anschaut. ...

Und dann geh mal zu Ko, zu dir selbst. Was willst du ihm mit deiner ganzen Liebe sagen?

Trinke davon. Ich vergebe dir, ...

... der du über andere bestimmtest und dich bei ihnen unbeliebt gemacht hattest, weshalb du dann durch den Pfeil im Kopf zu Tode kamst. Du kannst dem Ko diesen Kelch nun reichen und sagen: Ich vergebe dir, dass du so herrschsüchtig warst. Ich liebe dich.

Ich vergebe dir, dass du so herrschsüchtig warst. Ich liebe dich.

Vielleicht kannst du ihn auch umarmen.

ja

Und du kommst mit dem Kelch wieder auf den Berg zurück, und das Höhere Selbst gießt ihn nochmals voll und sagt: "Nun gehe in dein heutiges Leben." Wem möchtest du dort den Kelch der Liebe, der Vergebung, der Leid- und Schuldauflösung reichen?

... Du könntest zu deinem Ehemann gehen und ihm sagen: Ich vergebe dir, wo du mir wehgetan hast. Und bitte vergib mir, wenn ich dir wehgetan habe.

Bitte vergib mir, wenn ich dir wehgetan habe. Und ich vergebe dir, wo du mir wehgetan hast. Ich liebe dich.

Und ich danke dir für alles Schöne, was wir zusammen erlebt haben.

Ich danke dir für alles Schöne, was wir erleben und schon zusammen erlebt haben.

Ihr könnt euch auch umarmen.

Ja, ich liebe dich.

Und zu welcher Person möchtest du noch mit dem Kelch gehen?

zu meine Schwester

Wie heißt sie?

(sagt den Namen)

Reich ihr den Kelch. Was willst du ihr sagen?

Bitte vergib mir, wenn ich manchmal böse zu dir war und so gemein. Dass ich dich immer nur als Halbschwester gesehen habe und das dich auch immer spüren ließ. Bitte vergib mir. Ich liebe dich.

Und ihr könnt euch umarmen, nachdem ihr beide aus dem Kelch getrunken habt. ... Vielleicht hat eure Disharmonie mit früheren Leben zu tun. Aber jetzt ist alles gut.

Und gibt es noch im jetzigen Leben eine Person, zu der du gehen möchtest?

Zu Milli, meine frühere Freundin.

Dann geh mal zu ihr. Was willst du ihr sagen?

Trinke mal einen Schluck aus diesem Kelch. Ich weiß nicht, was passiert ist, warum ich dir irgendwann wehgetan haben könnte. Ich liebe dich.

Ja, lass sie daraus trinken. ... Und dann schau mal in ihre Augen.

Liebe

Könnt ihr euch umarmen? ... Kannst du ihr sagen: Jetzt ist alles vergessen, was disharmonisch zwischen uns war. Ich liebe dich.

Jetzt ist alles wieder gut. Und so soll es auch bleiben. Ich liebe dich.

(Es ist ein Phänomen, dass oft bei solch einem Vergebungsritual die ausgesprochene Vergebung bei dieser nicht anwesenden Person für sie unbewusst ankommt. Denn mit jeder uns nahestehenden Person sind wir seelisch verschränkt. Und oft bei einer Wiederbegegnung ist alle gewesene Disharmonie aufgelöst. Jede uns nahestehende Person kennen wir aus einem oder sogar mehreren Leben und aus dem Jenseits.)

Nun gehe mal mit diesem Kelch zu dir selbst. Steh mal vor dir. Was willst du nun zu dir mit deiner ganzen Liebe sagen? Liebe Manuela, trinke davon, damit ...

Liebe Manuela, trinke davon, damit ...

... all deine Beschwerden aufgelöst sind samt deinen Schuldgefühlen. Oder was willst du ihr sagen?

Trinke daraus, damit alle deine Schuldgefühle aufgelöst sind. Und dass du als Manuela dein Leben genießen kannst. Dass du auch auf die schönen Sachen im Leben blicken kannst.

Und ihr könnt euch umarmen und zu ihr sagen: Ich liebe dich. Du bist eine tolle Frau.

Ich liebe dich. Manu, du bist eine tolle Frau.

Und nachdem du aus dem Kelch getrunken hast, kommst du auf den Berg zum Höheren Selbst zurück. Und das Höheres Selbst sagt: "Trinke nun den ganzen Rest aus diesem Kelch auf." ... Und das machst du nun und reichst den leeren Kelch zurück.

Und das Höhere Selbst reicht dir nun einen großen Kiefernzapfen und sagt: "Nimm ihn in die eine Hand, und mit der anderen hole alles aus dir heraus, was du loswerden willst und stopfe es mit der anderen in diesen Zapfen wie in schwarzen Ton." Und du knetest es hinein, indem du jeweils dreimal sagst: Ich befreie mich ... von meinen Augenschmerzen.

Ich befreie mich von meinen Augenschmerzen.

Und noch einmal.

Ich befreie mich von meinen Augenschmerzen.

Und noch einmal.

Ich befreie mich von meinen Augenschmerzen.

Und ich befreie mich von meinen Kopf- und Augenschmerzen, dreimal.

Ich befreie mich von meinen Kopf- und Augenschmerzen.
Ich befreie mich von meinen Kopf- und Augenschmerzen.
Ich befreie mich von meinen Kopf- und Augenschmerzen.
Ich befreie mich von meiner Angst, vor Leuten zu sprechen. Knete es hinein.
Ich befreie mich von meiner Angst, vor Leuten zu sprechen.
Ich befreie mich von meiner Angst, vor Leuten zu sprechen.
Ich befreie mich von meiner Angst, vor Leuten zu sprechen.
Ich befreie mich von allen Atemproblemen.
Ich befreie mich von allen Atemproblemen. Ich befreie mich von allen Atemproblemen. Ich befreie mich von allen Atemproblemen.
Ich befreie mich von allen Essstörungen.
Ich befreie mich von allen Essstörungen. Ich befreie mich von allen Essstörungen. Ich befreie mich von allen Essstörungen.
Und ich befreie mich von allen Duftgerüchen. Oder wie willst du das ausdrücken?
Ich befreie mich von meiner Empfindlichkeit vor Gerüchen.
Ich befreie mich von meiner Empfindlichkeit vor Gerüchen.
Ich befreie mich von meiner Empfindlichkeit vor Gerüchen.
Und ich befreie mich von aller Disharmonie mit meiner Halbschwester und meiner früheren Freundin.
Und ich befreie mich von aller Disharmonie mit meiner Halbschwester und meiner früheren Freundin. *(Sie nennt die jeweiligen Namen.)* Und ich befreie mich von aller Disharmonie mit meiner Halbschwester und meiner früheren Freundin.
Und ich befreie mich von aller Disharmonie mit meiner Halbschwester und meiner früheren Freundin.

Fällt dir noch was ein, von was du dich befreien willst? ... Dann sage noch jeweils dreimal: Ich befreie mich von aller Schuld und Schuldgefühlen.

Ich befreie mich von aller Schuld und Schuldgefühlen. Ich befreie mich von aller Schuld und Schuldgefühlen. Ich befreie mich von aller Schuld und Schuldgefühlen.

Und jetzt ist der Zapfen so richtig voll geworden. Das Höhere Selbst entzündet vor dir ein Lichtfeuer und sagt: "Es sieht aus wie eine Flamme, ist aber reines Licht. Es ist das Licht der Verwandlung zurück in die Urliebe." Nun lege deinen schweren Zapfen dort hinein. Und das tust du. ... Und mit einem Male löst sich dieser Zapfen mit all dem Inhalt auf. Alles löst sich auf, alles löst sich auf. ... Und in dir spürst du eine große Befreiung. Und jetzt kannst du je dreimal sagen, von was du befreit bist: Ich bin frei von meinen Kopf- und Augenschmerzen.

Ich bin frei von meinen Kopf- und Augenschmerzen. Ich bin frei von meinen Kopf- und Augenschmerzen. Ich bin frei von meinen Kopf- und Augenschmerzen.

Ich bin endlich frei von der Angst, vor Leuten zu sprechen.

Ich bin endlich frei von der Angst, vor Leuten zu sprechen. Ich bin endlich frei von der Angst, vor Leuten zu sprechen. Ich bin endlich frei von der Angst, vor Leuten zu sprechen.

Und ich bin endlich frei von meinen Atemproblemen und kann ganz gesund atmen.

Und ich bin endlich frei von meinen Atemproblemen und kann ganz gesund atmen. Und ich bin endlich frei von meinen Atemproblemen und kann ganz gesund atmen. Und ich bin endlich frei von meinen Atemproblemen und kann ganz gesund atmen.

Ich bin frei von allen Essstörungen und brauch mich nicht mehr zu übergeben.

Ich bin frei von allen Essstörungen und brauch mich nicht mehr zu übergeben. Ich bin frei von allen Essstörungen und brauch mich nicht mehr zu übergeben. Ich bin frei von allen Essstörungen und brauch mich nicht mehr zu übergeben.
Und ich bin endlich frei von meiner Überempfindlichkeit von Gerüchen.
Und ich bin endlich frei von meiner Überempfindlichkeit von Gerüchen. Und ich bin endlich frei von meiner Überempfindlichkeit von Gerüchen. Und ich bin endlich frei von meiner Überempfindlichkeit von Gerüchen.
Und ich bin auch endlich befreit von aller Disharmonie mit meiner Halbschwester und meiner Freundin und kann sie so lassen, wie sie sind. *(Die Vornamen werden wieder genannt.)*
Und ich bin auch endlich befreit von aller Disharmonie mit meiner Halbschwester und meiner Freundin und kann sie so lassen, wie sie sind. Und ich bin auch endlich befreit von aller Disharmonie mit meiner Halbschwester und meiner Freundin und kann sie so lassen, wie sie sind. Und ich bin auch endlich befreit von aller Disharmonie mit meiner Halbschwester und meiner Freundin und kann sie so lassen, wie sie sind.
Und dich bin endlich frei von aller Schuld und allen Schuldgefühlen. Jawohl!
Und dich bin endlich frei von aller Schuld und allen Schuldgefühlen. Und dich bin endlich frei von aller Schuld und allen Schuldgefühlen. Und dich bin endlich frei von aller Schuld und allen Schuldgefühlen.
Und was verändert sich jetzt mit deinen Kopf- und Augenschmerzen?
Sie lösen sich nun auf.
Beide wollten dich daran erinnern, dass du noch etwas aus früheren Leben aufzulösen hast. Und wenn du vor Leuten einen Vortrag halten solltest, wie fühlst du dich dann dabei?

gut

Du fühlst dich ganz sicher. Was die Leute über dich denken, das ist deren Problem und nicht mehr deines. Du kannst die Leute ganz locker ansprechen. Und du hast auch keine Schwierigkeiten mit dem Atmen und auch keine Erstickungsgefühle mehr. Es ist alles weg. Und du kannst jetzt alles essen und musst dich nicht mehr übergeben. Und du kannst jetzt ohne Weiteres Duftgerüche einatmen. Und wenn du der Schwester oder der Freundin begegnest, dann ist keine Abneigung mehr vorhanden. Du kannst sie so nehmen, wie sie sind, und lässt dich nicht mehr durch ihre Worte oder Gesten verwunden. Und du bist endlich frei von allen Schuldgefühlen. Und sag mal: Was für eine Frau möchtest du von nun an sein? Ich bin von nun an eine gesunde

gesunde

erfolgreiche

erfolgreiche

selbstbewusste

selbstbewusste

und liebende Frau

und liebende Frau.

Und nun sage alles dreimal: Ich bin von nun an eine gesunde, erfolgreiche, selbstbewusste und liebende Frau.

Ich bin von nun an eine gesunde, erfolgreiche, selbstbewusste und liebende Frau.

Und noch einmal.

Ich bin von nun an eine gesunde, erfolgreiche, selbstbewusste und liebende Frau.

Und noch einmal.

Ich bin von nun an eine selbstbewusste, erfolgreiche, gesunde und liebende Frau.

Und das bist du von nun an.

Und das Höhere Selbst nimmt einen etwa einen Meter langen silbernen Stab hervor, aus welchem ein weißer Nebel fließt. In diesem weißen Nebel ist eine ganz, ganz hohe Liebesschwingung, und hüllt dich nun ein mit dieser hohen Liebesschwingung. Und nun wird alles in deinem Wesen, im körperlichen, seelischen und geistigen Bereich angefüllt mit dieser hohen Liebesschwingung. Und du genießt jetzt diese totale Liebe in dir, die alles heilt, alles in Harmonie bringt. ... ... Und wenn du möchtest, kannst du dich bei deinem Höheren Selbst für die Begleitung und Beratung bedanken.

Danke für die Begleitung und Beratung.

Und mit einem Male befindest du dich wieder im Wolkenbett. Da sind die zehn Engel, sie lächeln dich an und freuen sich darüber, was du alles geschafft hast. Und sie halten ihre Hände über deinen ganzen Körper. Und ein goldenes Licht kommt daraus, durchdringt deinen ganzen Körper und gibt dir Liebe, Freude, Selbstsicherheit und Harmonie. So viel Heilkraft und Liebe strömt in dich hinein. Und wir bedanken uns auch bei euch Engeln, dass ihr zugegen seid.

ja

Und mit einem Male befindest du dich wieder am Meeresstrand bei der Heilquelle. Und du trinkst von dem warmen Heilwasser. ... ... Und du entdeckst zwei Meter dahinter eine richtige Wanne, eingelassen in den Sand, vollgefüllt mit diesem warmen Heilwasser. Und du zögerst nicht. Du ziehst dich ganz aus ... ... gehst dann zu der Wanne hin. Dort angekommen, steigst du in das warme Heilwasser hinein, setzt dich, sodass nur noch der Kopf herausschaut. Auch diesen tunkst dann immer mal wieder hinein. Und du spürst, wie eine angenehme Heilkraft von allen Seiten in dich eindringt und überall Liebe, Heilung und Harmonie bewirkt.

Und du spürst diese Heilkraft besonders in deinem Kopf und am rechten Auge. Und du empfindest diese totale Liebe und Heilkraft am ganzen Körper. ...... Auch in den Lungen spürst du diese angenehme Wärme. Alles heilt. ...... Und nun steigst du wieder aus der Wanne heraus, aber die Heilkraft wirkt weiterhin ein. ... Und du bist mit einem Male wieder ganz getrocknet. ... Und du gehst zu deinen Kleidungsstücken zurück. Aber dort angekommen, entdeckst du, dass da neue Kleidungsstücke liegen. Du nimmst sie in deine Hände. Sie sind seidenweich und duften so gut. ... Du legst sie an. ... Sie passen ja wie maßgeschneidert. Und du gehst jetzt über den Strand zurück in jene Richtung, aus der du hergekommen bist. Du fühlst dich wie eine neue Frau. Und nun sage nochmals je dreimal, von was du befreit bist: Ich bin frei von meinen Augenproblemen und allen Kopfschmerzen.

Ich bin jetzt frei von meinen Augenproblemen und allen Kopfschmerzen.

Und noch einmal.

Ich bin jetzt frei von meinen Augenproblemen und allen Kopfschmerzen.

Und noch einmal.

Ich bin jetzt frei von meinen Augenproblemen und allen Kopfschmerzen.

Und ich bin frei vor Leuten zu sprechen und könnte jetzt auch vor Leuten einen Vortrag halten.

Ich bin frei vor Leuten zu sprechen und könnte jetzt auch einen Vortrag halten. Ich bin frei vor Leuten zu sprechen und könnte jetzt auch einen Vortrag halten. Ich bin frei vor Leuten zu sprechen und könnte jetzt auch einen Vortrag halten.

Ich bin frei von allen Atemproblemen und kann von nun an immer gut und normal atmen.

Ich bin frei von allen Atemproblemen und kann von nun an immer gut und normal atmen. Ich bin frei von allen Atemproblemen und kann von nun an immer gut und normal atmen. Ich bin frei von allen Atemproblemen und kann von nun an immer gut und normal atmen.

Ich bin nun frei von allen Essstörungen und kann wieder ganz normal essen, ohne mich zu übergeben.

Ich bin nun frei von allen Essstörungen und kann wieder ganz normal essen, ohne mich zu übergeben. Ich bin nun frei von allen Essstörungen und kann wieder ganz normal essen, ohne mich zu übergeben. Ich bin nun frei von allen Essstörungen und kann wieder ganz normal essen, ohne mich zu übergeben.

Und ich bin nun frei von meiner Überempfindlichkeit für bestimmte Gerüche.

Ich bin nun frei von meiner Überempfindlichkeit für bestimmte Gerüche. Ich bin nun frei von meiner Überempfindlichkeit für bestimmte Gerüche. Ich bin nun frei von meiner Überempfindlichkeit für bestimmte Gerüche.

Und ich bin frei von aller Disharmonie mit der Schwester und der Freundin und kann sie so lassen, wie sie sind.

Und ich bin frei von aller Disharmonie mit meiner Familie, mit der Schwester und der Freundin und kann sie so lassen, wie sie sind. Und ich bin frei von aller Disharmonie mit meiner Familie, mit der Schwester und der Freundin und kann sie so lassen, wie sie sind. Und ich bin frei von aller Disharmonie mit meiner Familie, mit der Schwester und der Freundin und kann sie so lassen, wie sie sind.

Und ich bin endlich frei von aller Schuld und allen Schuldgefühlen. Jawohl!!

Ich bin endlich frei von aller Schuld und allen Schuldgefühlen.
Ich bin endlich frei von aller Schuld und allen Schuldgefühlen.
Ich bin endlich frei von aller Schuld und allen Schuldgefühlen.

Und von nun an bin ich eine gesunde, selbstbewusste, erfolgreiche und liebende Frau.

Und von nun an bin ich eine gesunde, selbstbewusste, erfolgreiche und liebende Frau. Und von nun an bin ich eine gesunde, selbstbewusste, erfolgreiche und liebende Frau. Und von nun an bin ich eine gesunde, selbstbewusste, erfolgreiche und liebende Frau.

Und du kannst auch sagen: Ich bin auch von nun an eine gesunde, selbstbewusste und liebende Ehefrau und Mutter.

Ich bin auch von nun an eine gesunde, selbstbewusste, erfolgreiche und liebende Ehefrau und Mutter. Ich bin auch von nun an eine gesunde, selbstbewusste, erfolgreiche und liebende Ehefrau und Mutter. Ich bin auch von nun an eine gesunde, selbstbewusste, erfolgreiche und liebende Ehefrau und Mutter.

Und du gelangst nun zu einem kniehohen Stein. Du setzt dich darauf und schließt deine Augen. ... Du kannst dich an alles erinnern, an was du dich erinnern möchtest. All das bleibt in deiner Erinnerung.

Und mit einem Male vernimmst du wieder die Stimme von Tom-Trutz Hardo, und er sagt: Es wird gleich von einundzwanzig bis fünfundzwanzig gezählt, und bei fünfundzwanzig kehrst du wieder zurück zum 28. Juli 2017 in Toms und Sinaidas Wohnung in Berlin, kannst dich an alles erinnern, an was du dich erinnern möchtest, und öffnest dann wieder deine Augen.

Einundzwanzig: Du bewegst deine Zehen.

Zweiundzwanzig: Du bewegst deine Finger.

Dreiundzwanzig: Du bewegst deine Knie.

Vierundzwanzig: Du bewegst deine Ellenbogen.

Fünfundzwanzig: Du öffnest deine Augen!

Und zweieinhalb Wochen später schreibt sie mir folgende E-Mail:

> Am 28.07.2017 war ich ja nun zur Rückführung bei dir.
> Ich war zu dir gekommen, weil ich seit nun fast 5 Jahren nicht mehr richtig essen konnte, und noch einige andere wichtige und medizinisch unerklärliche Probleme hatte. Ich konnte keine Parfüms, Deosprays oder andere Dufterfrischer oder Blumengerüche vertragen und bekam sofort Atemnot, die nur mit Notfallspray erträglich wurden. Dann hatte ich immer wieder starke Kopfschmerzen und eine starken Druck im rechten Auge, auch das konnte medizinisch nicht geklärt werden. Und eine Angst vor Leuten zu sprechen haben wir auch versucht zu klären.
> Nun möchte ich dir schreiben, wie es mir nach unserem Termin erging. Als ich deine Wohnung verlassen hatte, bin ich zu meinem Mann und meinem Sohn ins Hotel gegangen. Ich merkte, dass ich mich gut fühlte, denn irgendwie war es anders als sonst, aber ich war noch etwas vorsichtig.
> Als ich im Hotelzimmer ankam, stand mein Sohn auf dem Bett und strahlte mich an, er sagte: "So, Mama, nun hast du es geschafft." (Du erinnerst dich, dass mein Sohn immer etwas übernatürlich

denkt und spricht.) Ich setzte mich hin und musste vor Freude weinen. Meine beiden Männer umarmten mich und waren sich sicher, dass irgendwas anders ist. Obwohl mein Mann sich mit dem Thema nie beschäftigt hat, merkte auch er, dass etwas verändert ist. An diesem Abend aß ich noch eine Wiener Wurst ohne Ekel oder Erbrechen. Und seit diesem Abend habe ich nicht einmal wieder erbrochen oder mich vor Essen geekelt – ganz im Gegenteil, ich esse wieder sehr gerne und erfreue mich an jedem Bissen, den ich ganz normal machen kann. Ich kann es immer noch nicht glauben, aber es ist wahr. Ich kann wieder ESSEN! Das sollte aber nicht alles sein. Meine Kopf- und Augenschmerzen waren seitdem auch noch nicht einmal wieder da. Ich fühle mich gerade so wohl in meiner Haut wie noch nie, dies alles hätte mir gereicht, um zu sagen: Das war es mir wert.

Aber es war noch längst nicht alles. Als wir Samstagnachmittag wieder Zuhause waren, versuchte ich ganz vorsichtig, ob Deospray wie immer diesen starken Reiz mit Atemnot auslöst, und es passierte nix.

Ich fuhr sofort in die nächste Drogerie und kaufte für jeden Raum im Haus einen Raumerfrischer, Klosteine und Autodeo sowie Deospray für mich. Und als alles aufgestellt war, erfreute ich mich an dem Geruch, der nun im ganzen Haus verbreitet ist.

Ich glaub, man kann sich nur annähert vorstellen, was Du mir mit diese Rückführung an Lebensqualität geschenkt hast. Ich bin dir so unendlich dankbar.

Im September habe ich ein wichtiges Abendessen, wo viele Geschäftsleute dran teilnehmen werden, und ich einen Vortrag halten muss. Ich denke auch die Angst vor Leuten zu sprechen wird mir nicht mehr hinderlich sein. Nun komme ich aber zu einer Bitte, die mir am Herzen liegt. Lieber Tom, dein Leben ist so faszinierend und ergreifend, dass ich es wirklich bewundere. Wenn ich mir überlege, wie vielen Menschen du mit der Rückführung und deinen Büchern das Leben gerettet und den Horizont erweitert hast, dann entsteht in mir der Wunsch, auch jedem Menschen, der es möchte, mit genau derselben Art zu helfen. Allerdings werde ich dazu Hilfe benötigen, zumindest sind noch viele Fragen offen. Ich möchte dies nicht tun, um mich wie leider viele Reinkarnationstherapeuten daran zu bereichern, sondern, genau wie du, um wirklich zu helfen. An Hand deiner Bücher ist es mir bereits gelungen, mich selber zurückzuführen und mir alles Erlebte nochmals anzusehen und noch nachträglich Fragen zu klären. Aber das möchte ich auch gerne anderen Menschen anbieten können. Wie ist da der Werdegang, um dies offiziell zu machen? Gibt es die Chance, dass wir im Kontakt bleiben und wir uns irgendwann noch mal treffen? Auch deine Sinaida möchte ich gerne einmal kennenlernen, wenn das möglich ist?
Liebe Grüße von Manuela

Und einige Wochen später erkundigte ich mich nochmals nach ihrem Wohlergehen und erhielt folgende Antwort.

Lieber Tom,

seit meiner letzten E-Mail halte ich fast regelmäßig und <u>mit großer Freude Vorträge,</u> und auch alles andere ist einfach nur schön. Du glaubst mir nicht, wie dankbar ich bin, den Weg zu dir gefunden zu haben. Mein Leben ist so viel erfüllter und schöner. <u>Meine Probleme lösen sich</u> nach und nach, und wenn ich Hilfe suche, dann suche ich sie mithilfe deiner Methode und bekomme immer mehr Antworten auf meine Fragen und Probleme. Ich bin dir sehr dankbar und freue mich, dass du dich nach mir erkundigt hast. Was du mir ermöglich hast, ist Lebensqualität in einem Maß, was mir unvorstellbar war. Mein Denken, Leben und Handeln hat sich in eine neue und für mich sehr viel schönere Richtung entwickelt, für die ich dir täglich danke.

Ganz liebe Grüße an dich und deine liebe Sinaida wünscht Manuela

Hinweise für den Leser

Liebe Leserin, lieber Leser!
Dies ist die mir von meinen jenseitigen Helfern und Freunden durchgegebene Rückführungstherapiemethode: TRUTZ HARDO RÜCKFÜHRUNGSTHERAPIE, abgekürzt THRT. Die Erfolge sind oft phänomenal. Die ganze Methode ist in *"Das große Handbuch der Reinkarnation - Heilung durch Rückführung"* nachzulesen. (Erhältlich in Ihrer Buchhandlung oder direkt beim Silberschnur Verlag unter www.silberschnur.de)

Nun frag ich dich, liebe Leserin/lieber Leser: Was haben die Wiedergaben dieser fünf Rückführungstherapien (und ich könnte seitenweise noch mehr meiner ca. 2000 Rückführungstherapien samt den von vielen mir zugesandten Erfolgsmeldungen hinzufügen) bei dir bewirkt? Hast du beim Lesen von einigen dich selbst angesprochen gefühlt? Wir alle sind das Ergebnis von allen uns aus vielen Leben eingebrachten Erfahrungen, die in uns positiv oder negativ noch nachwirken. Haben wir in früheren Leben anderen viel Gutes und Liebevolles zukommen lassen, so könnten wir im heutigen Leben dafür belohnt werden, dass uns nun ebenfalls viel Erfreuliches und Liebevolles begegnet. Im umgekehrten Fall, wie uns die obigen Beispiele zeigen, wirken noch unaufgelöste Erfahrungen, die in Täterleben begangen und in Opferleben aus karmischen Gründen ausgeglichen wurden, noch nach und bereiten uns unliebsame Symptome im körperlichen, seelischen oder mentalen Bereich. Und wir, so diese Symptome uns sehr bedrücken und sogar Schmerzen bereiten, suchen medizinische oder alternative Hilfe, um uns davon zu befreien oder wenigstens Verbesserungen zu erfahren. Und uns, wie wir schon in der Einleitung gelesen haben, ist mit der Rückführungstherapie für das neue Jahrtausend aus höherer Veranlassung ein schon längst geplantes Geschenk zuteil geworden, das uns die Möglichkeit gibt, uns aus nachwirkenden karmischen Verstrickungen zu lösen, um damit endlich ein glückliches Leben zu führen. Denn lösen wir diese karmischen Verstrickungen nicht im gegenwärtigen Leben auf, werden sie sich auch in den nächsten Leben immer wieder zeigen.

Nun, liebe Leserin, lieber Leser! Was sagst du nun zur Rückführungstherapie? Hättest du dir vorstellen können, dass man sich möglicherweise in einer einzigen Therapiesitzung von lästigen Mitbringseln aus früheren Leben heilen kann? Wenn man normalerweise ein schmerzliches oder irritierendes Symptom hat, geht man zum Arzt oder Therapeuten mit dem Wunsch, auf irgendeine von ihm empfohlene oder gar selbst durchgeführte Methode geheilt zu werden, sei es durch Medikamente, besondere Heilverfahren oder durch körperliche Eingriffe – sprich Operationen, die sicherlich oft sehr notwendig sind. Man erwartet also, dass jener einen Weg findet, um dein dich schmerzendes Symptom zu heilen. In der Rückführungstherapie musst du dich selber heilen, denn der Therapeut ist nur Begleiter, der dich mithilfe deines Höheren Selbst zu den Ursachen hinführt, wo die Symptome in den Vergangenheiten ihren Ursprung genommen hatten, um sie dort aufzusuchen und sich durch die Vergebung zu befreien.

Kann es denn wirklich wahr sein, dass man sich oft in einer einzigen Rückführungstherapie von 3-6 Stunden von quälenden Symptomen und von Disharmonien mit Personen zu verabschieden vermag? Und wer es nicht glauben will, der sollte sich einmal selbst davon überzeugen. Denn vielleicht gibt es auch in deiner Nähe jetzt schon Rückführungstherapeuten/Innen. In zwanzig, dreißig Jahren werden es in den meisten größeren Orten solche geben, die man kontaktieren kann, denn die Rückführungstherapie samt der Clearingstherapie wird sich aufgrund ihrer unglaublichen Erfolge rasant ausbreiten. Und ich habe schon einige Klienten gehabt, die auf Empfehlung ihres Arztes zu mir gekommen sind. Ja, einige Ärzte und Ärztinnen hatten sich bei mir schon einer Rückführungstherapie unterzogen und sich bei mir sogar als Rückführungsleiter/In ausbilden lassen.

Aber hat jeder denn nach seiner Rückführung gleich Erfolge? Es ist für mich immer eine große Überraschung, dass Klienten mit chronischen Schmerzen oft nach dem Öffnen ihrer Augen auf einmal zu ihrer Verwunderung schmerzfrei sind und dann auch schmerzfrei bleiben. Denn die Schmerzen wollten ja einen darauf hinweisen – wie wir schon öfter sagten –, dass da noch karmisches Geschehen aus früheren Leben nicht aufgelöst ist. Und sollte eine gründliche Auflösung mittels der Vergebung und der Liebe gelungen sein, hat der Schmerz als Erinnerung an die eigentliche Ursache seine Aufgabe erfüllt und braucht den Betreffenden nicht mehr daran zu erinnern, endlich sich von dem Symptom zu erlösen und mit seinem Unterbewusstsein dort zurückzugehen, wo alles seinen Anfang nahm. Sigmund Freud hatte recht mit seiner Erkenntnis, dass die Ursache eines Symptoms aufgefunden werden muss und dann deren Auflösung analytisch vorzunehmen ist. (Unsere Analyse findet auf dem Berg der Erkenntnis statt.) Doch für ihn gab es nur ein einziges Erdenleben (ebenso wie bei den christlichen Kirchen). Doch durch die Reinkarnationsforschung ist eindeutig bewiesen worden, dass die Vorstellung, nur ein einziges Erdenleben zu durchlaufen, ein indoktrinierter und vererbter Irrglaube ist, denn wir haben oft viele

Leben schon gehabt und werden in den allermeisten Fällen noch viele Leben bei unserem Seelendurchlauf von der Lieblosigkeit zur Liebe auf Erden erleben.

Und mit der Annahme dieser Erkenntnis, sterben wir auch nicht im eigentlichen Sinne. Nur der Körper ist nicht mehr lebensfähig, und wir steigen mit unserer Seele aus diesem heraus, kommen in Begleitung derer, die uns abholen, in das wunderschöne Jenseits, wo wir uns in unserem Astralkörper wahrnehmen, und bereiten uns irgendwann, so wir wollen, auf eine erneute Inkarnation auf Erden vor. Und du magst dich wundern, dass man als heutige Frau in früheren Leben Mann gewesen sein könnte oder umgekehrt. Denn wie der Psychiatrieprofessor Ian Stevenson bei seiner Forschung von über zweitausend Kindern in vielen Teilen der Welt bewiesen hat, wechseln wir im Durchschnitt bei jeder fünften Inkarnation unser Geschlecht. Und wenn wir im vorhergegangenen Leben Mann waren und uns im Jenseits dazu entschlossen haben, Frau zu werden, nehmen wir unsere Gewohnheiten aus dem abgeschlossenen Leben als Mann oft mit und fühlen uns aus Gewohnheit weiterhin zu Frauen hingezogen, obwohl wir jetzt selbst Frau sind mit dem irrtümlich unschönen Makel, lesbisch zu sein. Und im umgekehrten Fall: Wenn wir früher Frau gewesen sind und wollen nun unmittelbar danach ein Leben als Mann erleben, bringen wir unsere in der Seele noch eingeprägte Zuneigung zu Männern wieder mit, und werden homosexuell. Und wer, so weist es die Rückführungstherapie auf, in früheren Leben Lesben oder Homos verachtet oder verspottet hat, für den wird aus Lerngründen an höherer Stelle gesorgt werden, dass er vielleicht schon im nächsten oder einem der nächten Leben selbst als Homo oder Lesbe verspottet wird. Und diejenigen die "bi" sind, also zweigeschlechtliche erotische Zuneigung haben, sind noch von jenem früheren schnelleren hin- und herwechselnden Geschlechterwechsel geprägt.

Aber es ist nicht immer so, dass man mit einer Rückführungstherapie alles erfolgreich aufgelöst hat. Denn manche chronischen Symptome setzen sich aus einer ganzen Reihe von Täter- und dementsprechenden Opferleben zusammen, die in einer einzigen Rückführungstherapie gar nicht aufzulösen sind, obwohl ich manchmal in über sechs Stunden alles noch aufzulösen trachte. Somit kann es nur Teilerfolge geben. Klienten, die bei dieser Therapie große Erfolge zu verzeichnen hatten, kommen oft nach einigen Monaten wieder zu mir, weil sie ein oder zwei noch nicht behandelte Symptome ebenfalls auflösen möchten. Man kann auch, wie wir oben gelesen haben, das Höhere Selbst fragen: Um viel Prozent darf ich mich – als Beispiel – von meinen Rückenschmerzen befreien? Es mag antworten z. B. zu 100 %, oder zu 50 % oder zu 80 %. Und wenn man weiterhin fragt, mag es antworten: Es ist noch nicht alles aufgelöst, weil noch andere Leben damit angeschlossen sind, oder: Es wird noch einige Monate dauern, oder: Du hast dich entschieden, aus Liebe die Schmerzen von jemand anderem teilweise oder ganz zu übernehmen. Ein interessantes Phänomen könntest du selbst erleben. Wenn du tief in Trance vielleicht vier Stunden lang deine früheren Leben aufgesucht hattest, und ich frage dich: Wie lange glaubst du, jetzt hier gelegen zu haben, mag er antworten: Eine bis eineinhalb Stunden. Je tiefer wir in Trance gewesen sind, desto deutlicher verändert sich unser Zeitgefühl. Klinisch Tote, die vielleicht nur eine halbe Stunde 'tot' waren, also ohne Herzschlag, haben in dieser kurzen Zeit so viel erlebt, dass sie ein ganzes Buch darüber schreiben könnten. Wer sich über dieses Phänomen noch intensiver informieren will, dem empfehle ich mein Buch *"Hab keine Angst vor dem Tod – Was die Forschung herausgefunden hat"*. Es gibt auch Ärzte, die dieses Phänomen erlebt und ausführlich beschrieben haben.

Aber der Erfolg hängt auch davon ab, wie tief der Klient in den Alphazustand gelangen kann. Jene, die schon öfter meditiert haben, gelangen gleich beim Einstieg tief in ihn hinein. Doch diesen zu erreichen kann man einüben. Ich habe eine CD herausgebracht mit dem Namen *"Meine schönsten Leben"*. Da wir zwischendurch auch schöne Leben haben dürfen, kannst du mit dieser CD deine schönen, d. h., die unproblematischen Leben ansehen, bzw. wiedererleben und sogar oft mit allen Gefühlen von damals. Hier kann man mit oder ohne Kopfhörer per CD Player oder PC einüben, tief in den Alphazustand (er ist derjenige zwischen Wachbewusstsein und Schlafzustand) zu gelangen. Denn unsere gesamten Erlebnisse sind in der Zentralspeicherung der rechten Gehirnhälfte aufbewahrt und können wie ein PC-Programm auf einmal hochgeladen und wiedererlebt werden.

Nach Ende einer Rückführung bist du vielleicht noch etwas verwirrt von den vielen Begebenheiten, aber man merkt dir eine große Erleichterung an. Die Augen strahlen. Du fühlst dich leicht. Und ich umarme auch dich, um dir wieder Kraft zu geben. Wenn du willst, kannst du dich noch ausruhen oder, was meistens geschieht, du gehst auf die Toilette. Ich fertige dann in meinem Büro auf meinem Laptop eine Kopie von meinem Aufnahmegerät auf eine CD an, die du dann mitnehmen kannst. Von sehr interessanten Rückführungstherapien mache ich auch für meine Recherchen eine Kopie, und beim Schreiben von Büchern wie diesem erlaube ich mir, auf Fälle wie diese im Buch hinzuweisen, und selbstverständlich die Anonymität von dir zu wahren. Wenn immer du dir wieder Näheres aus der Rückführung nochmals vergegenwärtigen willst, kannst du deine CD auf deinem Computer abhören – und dir werden oft dabei noch andere kleine Ereignisse als Zutaten einfallen, die das auf CD Aufgenommene noch ergänzen. Einige lassen auch die ihnen Nahestehenden diese CD mit anhören. Sie sind dann fasziniert und überlegen sich, vielleicht auch einmal eine Rückführungstherapie an sich vollziehen zu lassen. Du kannst mit deiner Terminanfrage an mich auch schon etwas schreiben, was du gerne aufgelöst haben möchtest.

Viele, die zu mir kommen, sind ganz aufgeregt. Was wird passieren? Und ich beruhige dich und sage: Du bist nicht beim Zahnarzt. Du wirst keine physischen Schmerzen in oder an deinem Körper spüren. Und nach der Rückführung fühlst du dich meist doppelt oder dreifach so wohl wie jetzt.

Du wirst dich nach der Rückführung auch an alles erinnern können, und zwar an alles, an was du dich auch erinnern möchtest. Solltest du dich an irgendetwas nicht mehr erinnern, dann höre dir die CD an. Und nach der Bezahlung der Rückführungstherapie wirst du oft noch eines meiner vielen Bücher signiert oder CDs vom Tisch hochhalten und es auch mitnehmen wollen.

Und du könntest jetzt mühelos auch mit dem Auto nach Hause fahren, und trotzdem sage ich: Heute ist ein Freudentag für dich. Genieße ihn. Hier gleich im die Ecke gibt es ein prächtiges Café.

Wenn dir die herkömmlichen Heilungsangebote nicht helfen können, dann habe den Mut, mal einen Rückführungstherapeuten/Therapeuten aufzusuchen. Es gibt oft mehr ausgebildete Frauen als Männer, die bei uns ausgebildet wurden. Unter *www.trutzhardo.de* kannst du eine Liste der von mir oder Sinaida ausgebildeten Rückführungstherapeuten sehen, von denen der eine oder die andere vielleicht sogar in deiner Nähe beheimatet ist. Lass dich überraschen.

Ich wünsche dir viel Erfolg. Ich liebe dich, meine Schwester, mein Bruder, die wir alle Kinder Gottes sind.

Hinweise für den Therapeuten

Du darfst dich nur Therapeut nennen, wenn du dafür beim Gesundheitsamt eine Prüfung abgelegt hast. Dies ist auch möglich, wenn man die Prüfung für den kleinen Heilpraktiker bestanden hat. Ansonsten kannst du dich Lebensberater nennen und hinzufügen: Rückführungen. Aber du darfst dich auch, wenn du den Therapeutenschein nicht hast, Rückführungsleiter nennen. Zur Absicherung deiner Tätigkeit sollte ein Hinweis (an der Wand) zu lesen sein: Die Rückführungstherapie ersetzt nicht den Arzt.

Mehrere von Sinaida oder mir ausgebildete Rückführungstherapeuten/leiter bilden selbst wieder Rückführungsleiter/therapeuten aus. Denn die Rückführungstherapie verbreitet sich aufgrund ihrer Erfolge immer weiter, vor allem auch, da viele Schul- und Alternativtherapeuten die Rückführungstherapie – wenn auch bisher nur zögerlich – in ihre Therapieangebote aufnehmen.

Der Einfachheit halber, um nicht immer er/sie oder sie/er zu schreiben, ist unter "Klient" im folgenden Text sowohl sie als auch er zu verstehen.

Manche Therapeuten haben im Hintergrund eine Musik eingestellt, die zur Beruhigung und Vertiefung geeignet ist. Doch wenn du eine Musik leise ertönen lassen möchtest, dann bitte eine neutrale beruhigende Meditationsmusik, die nicht auf ein Jahrhundert bezogen ist, denn wenn man z. B. die AIR von Bach ertönen ließe, könnte der Klient dann auf einmal in jene Zeit hineingezogen werden und ein Leben in der ersten Hälfte des achtzehnten Jahrhunderts erleben.

Du hattest den Klienten ja schon, nachdem er sich niedergelegt und vielleicht schon die Augen geschlossen hatte, noch darauf hingewiesen, dass er, so er etwas, was du sagtest, nicht verstanden hat, seinen rechten Arm zu heben. Während er den linken Arm heben sollte, so er an einer bedeutenden Situation noch länger verweilen möchte.

Zur Durchführung der Rückführungstherapie noch folgende Hinweise: Hüte dich davor, Scheibchen-Therapie, wie es bisher üblich ist, anzubieten, indem nur immer eine Therapiestunde vereinbart wurde und am nächsten Tag oder sogar nächste Woche erfolgt die zweite einstündige Rückführung und dann wieder in den nächsten Tagen oder Wochen wieder nur eine Stunde. Dies hat zur Folge, dass das Problem ja sicherlich nicht in einer Stunde ganz behandelt und in den verschiedenen Leben aufgedeckt worden sein kann. Deckst du zum Beispiel in einer Stunde ein Leben auf, wo bei der Ursachenaufdeckung seiner Rückenschmerzen eine tödlich verlaufende Folterung vollzogen wird, und du schickst ihn ohne das Problem aufgelöst zu haben nach Hause mit der Abmachung, in einer Woche weiter an seinem Rücken zu arbeiten, dann werden sich eventuell seine Rückenschmerzen über Nacht so sehr steigern, dass er am nächsten Tag den Therapeuten anruft, um ihm mitzuteilen, dass er nicht mehr kommen wird. Deshalb oberstes Gebot bei der Rückführungstherapie: Niemanden nach Hause schicken, solange nicht auch eine komplette Auflösung durchgeführt worden ist samt Berg der Erkenntnis, dem Kelch der Vergebung und dem Befreiungsritual.

Am besten, du bietest nur eine Rückführungstherapie am Tag an oder maximal zwei, wobei die erste um neun oder zehn Uhr angesetzt sein könnte, die zweite aber erst um vier oder gar fünf, da man ja nicht genau weiß, wie lange nun die erste Rückführungstherapie dauern könnte. Du zeigst dem Klienten ("Patienten" haben nur Ärzte und Schulpsychologen) die Toilette und sagst ihm vor dem Countdown in den Alphazustand, dass er auch zwischendurch die Toilette aufsuchen kann. Nachdem er zurückgekehrt ist, erfolgt im Wolkenbett nochmals ein Countdown, bevor er wieder vor dem Wolkentor zu seinem Höheren Selbst zurückgekehrt ist, wo er entweder in ein neues Leben oder in das abgebrochene Leben zurückgeführt wird (Einzelheiten stehen wie auch der ganze Rückführungsvorgang in meinem *"Das große Handbuch der Reinkarnation"*). Beachte auch, dass du kleine Pausen einlegst, wenn der Klient etwas nachvollziehen muss oder aus dem Fläschchen, dem Schälchen oder aus dem Kelch trinkt, indem du ihm in seiner Vorstellung eine kleine Pause gibst, um der Aufforderung nachkommen zu können. Diese sind im Text mit drei ... oder mehr ... ... Pünktchen angegeben. Auch unterlass es unnötige Kommentare einzuflechten, wie: "gut" usw. oder "das hast du gut gesagt" oder gar: "Wie konntest du nur ...?" Sollte der Klient fragen: "Wer bist du eigentlich, der zu mir spricht?" Dann nicht deinen eigenen Namen sagen, denn das würde vielleicht noch weitere Fragen nach sich ziehen können, was ihn aus dem Alphazustand herauskatapultieren könnte. Dann einfach sagen; "Ich bin dein Begleiter", und ihn gleich weiter zum nächsten Ereignis führen. Auch solltest du den Zurückgeführten nicht zu lange bei Unwichtigem verweilen lassen, da man sonst vom eigentlichen Ziel, ihn von seinem Problem zu befreien, abgehalten werden könnte. Das Zählen von "eins, zwei, drei", dient dazu, dass er sich sofort zum nächsten Erlebnis begibt und nicht bei dem vorhergehenden unnötigerweise weiterhin verweilt.

Als Rückführungstherapeut/leiter hast du die Zügel in der Hand zu halten und dich nicht vom in Trance befindlichen Klienten bestimmen zu lassen. Vielleicht hat der Klient Angst, zum nächsten wichtigen Ereignis zu gehen, und hält sich darum bei ablenkendem Unwichtigem auf. Das "EINSZWEIDREI!" lässt ihm nun keine andere Wahl, als der Stimme des Therapeuten zu folgen. Auch solltest du nicht zu laut und zu schnell sprechen. Wenn du selbst einmal stecken bleiben solltest und darüber noch nachsinnst, was du als Nächstes sagen solltest, werden uns plötzlich Stichworte von unserem unsichtbaren Helfer eingegeben, denn du als Therapeut bist bei der Ausübung der Rückführungstherapie meist nicht allein, sondern außer dem dich begleitendem Höheren Selbst hast du auch einen unsichtbaren Helfer. Denn von der Höheren Welt ist geplant, dass sich für das neue Jahrtausend die Rückführungstherapie als Heilungsgeschehen verbreiten soll.

Im Vorgespräch notierst du dir nebst den Namen des Klienten wie auch seine E-Mail, da du ja ihn nach einigen Wochen anmailen wirst, um nach seinem Erfolg zu fragen. Und nun erfolgt ein manchmal sehr langes Vorgespräch von einer halben bis einer Stunde, wobei er dir alles berichtet, zum einen über sein bzw. seine Probleme. Du notierst dir alle Namen und bei der Anamnese den Verlauf seines Symptoms nebst den bisherigen Besuchen bei Ärzten oder Therapeuten samt Behandlungsverlauf und Medikamenteneinnahmen. Alles Wichtige unterstreichst du, vor allem die Namen seiner Bezugspersonen, da diese nach der Aufdeckung eines früheren Lebens mit dem damaligen Namen dabei gewesen sein könnten, deren Identität zum heutigen Namen das Höhere Selbst vor dem Wolkentor offenbart.

Du kannst das Mikrofon an seinem Hemd oben anstecken oder es ihr geben, damit sie es an ihrer Bluse befestigt, aber du kannst es auch später neben den Kopf legen. Und fordere ihn auf, wenn zu leise gesprochen werden sollte, auf deinen Hinwies ("lauter bitte") wieder vernehmbar zu sprechen, da ja sonst die spätere Aufnahme auf der CD mit dem PC nicht immer verständlich abgehört werden könnte.

Sobald sich der Klient hingelegt (wenige wollen lieber im Sessel sitzen) und seine Augen geschlossen hat, beginnst du mit der Induktion, indem er in den Alphazustand geführt wird. (Drei dieser Methoden sind in meinem Buch beschrieben. Wenn du diese noch nicht auswendig sagen könntest, lese sie aus dem Buch ab. Vielleicht bevorzugst du auch eine andere Induktionsmethode.) Sollte der Klient Heuschnupfen haben oder allergisch gegen Blumengerüche sein, dann führe ihn nicht über die Wiese, sondern über einen Sandstrand, wo ebenfalls aus einer Heilquelle getrunken werden kann, bevor die rosa Wolken ihn zum Wolkenbett geleiten. Sollte der Klient aber Höhenangst haben, soll er sich vorstellen, dass die Füße auf der Wiese oder auf dem Sandstrand verbleiben, sodass keine Angst entstehen kann, beim Hochschweben herunterzufallen.

Hattest du aus dem Vorgespräch bei dem Bericht über seine Symptome oder sein Verhalten den Eindruck, dass er eine Besetzung in sich haben könnte, dann ist im Wolkenbett mithilfe der zehn Engel der Befreiung ein Clearing vorzunehmen. Darüber werden Sinaida und ich zusammen noch ein Buch schreiben. Danach geleitet das Höheres Selbst den Klienten vor das Wolkentor. Und nach der nochmaligen Benennung des aufzudeckenden Symptoms gelangt er in dem aufzudeckenden Opferleben einen Tag vor dessen aktueller Ursache. Warum einen Tag vorher? Denn wenn er schon eine Ahnung hat, dass er dann gefoltert wird, weigert er sich, durch das Wolkentor zu gehen. Aber einen Tag vorher bereiten ihm weniger Hemmungen. Denn am Tag vorher kann man ihn fragen: Wer bist du? Wie alt? Wo in welchem Land, in welchem Jahr/Jahrhundert? Was machst du in deinem Leben? usw. Ginge man sofort zu dem betreffenden Geschehen und würde dann sich sogleich bei einer Folterung oder Verbrennung befinden, könnte er wahrscheinlich kaum klare Antworten geben. Jedoch im Täterleben kann man ihn direkt zu seiner bösen Tat führen, obwohl ich ihm zu deren Schilderung noch fünf Minuten gebe, um über ihn noch Näheres zu ermitteln, also: Wer bist du? Was ist deine Haupttätigkeit? In welchem Jahrhundert und in welchem Land befindest du dich? usw. Täter haben meist keine Skrupel über ihre Bosheiten zu berichten.

Meistens befindet der Klient sich zuerst in einem Opferleben, dem sich ein zweites oder drittes anschließen könnte, bevor die eigentliche Grundursache im Täterleben aufzudecken ist. Denn hier mittels Lieblosigkeit hat die Seele sich verschuldet und musste nun in Opferleben den Ausgleich nicht als Strafe, sondern als gerechtes Geschehen erleben. Den weiteren Vorgang kannst du aus den oben geschilderten Beispielen ersehen. Da solch eine Therapie länger dauern könnte, empfehle ich dir, ein Glas Wasser bereit stehen zu haben, da du ja selbst bei der Durchführung und Fragestellung viel zu sprechen hast. Achte darauf, dass du mit deinen Blättern nicht zu sehr knisterst, denn oft mag es den Klienten, der vielleicht doch nicht sehr tief im Alphazustand ist, irritieren. Du kannst die DIN-A4 Blätter vor dir ausgebreitet haben und vergiss sie nicht zu nummerieren, damit du nachher auf dem Berg der Erkenntnis nicht zu sehr suchen musst. Deshalb empfiehlt es sich, einen Hügelbogen auf einem Blatt zu zeichnen (wie im Buch abgebildet) und über jeden seiner eigenen früheren Leben den Namen zu schreiben und darunter in ein, zwei Worten die Inhalte der aufgedeckten Ereignisse. Ganz links ist zu Beginn dieses Bogens der heutige Namen samt seiner Symptome und wichtigen Personen festzuhalten. Somit brauchst du nachher bei den Erklärungen auf dem Berg der Erkenntnis nicht zu sehr in deinen Zetteln nach den Zusammenhängen und Namen zu suchen. Und dort ist auch dem Klienten, der schon wieder vergessen haben mag, was er vor ein, zwei Stunden erlebt hatte, wichtig, die Zusammenhänge nochmals verdeutlicht zu bekommen und ihn nach Möglichkeit selbst die Zusammenhänge erkennen und erläutern zu lassen. (Dies wäre der eumeneutische Weg nach Sokrates, damit seine Schüler die Zusammenhänge von sich aus zu finden aufgefordert sind. Denn eine Selbsterkenntnis ist wichtiger als eine von einem anderen dargebotene Erklärung.) Der Berg der Erkenntnis samt den Vergebungsritualen ist das Herzstück der Rückführungstherapie. Er ist wirkungsvoller als das sogenannte therapeutische Nachgespräch, weil der Klient, noch im Alphazustand befindlich, angeschlossen ist an höhere Eingaben samt seinen Gefühlen, die im Nachgespräch sicherlich sich schon wieder aufgelöst haben dürften. Und wenn der Klient schluchzen oder Tränen vergießen sollte, so ist dies auch ein Beweis vom Loslassen alteingesessener Programmierungen samt den entsprechenden Erlebnissen.

Wenn du bei den berichteten Erlebnissen auf einmal selbst sehr angerührt sein solltest, könnte es sein, dass in deinem Unterbewusstsein auch Ähnliches noch verborgen ist. Du kannst dir von deinem Höheren Selbst ebenfalls einen Goldenen Kelch reichen lassen und sprichst in Gedanken auch je dreimal, von was du dich befreien willst, und legst ihn dann wie jener Klient ebenfalls in das Lichtfeuer und sprichst im Stillen je dreimal: Ich bin frei von ... . Somit kannst du dich auch noch von allen dich bewusst oder unbewusst Belastendem selbst befreien.

Der berühmteste Psychiater Amerikas, Professor Brian Weiss, der die Rückführungstherapie propagiert und verschiedene Bücher in hohen Auflagen zu diesem Thema geschrieben hat, bekennt: "Ich erkannte, dass die Reinkarnationstherapie eine schnelle Methode zur Behandlung psychischer Symptome wie auch solcher Probleme ist, deren Linderung früher nur mit monate- oder jahrelanger kostenaufwendiger Therapie möglich gewesen wäre. Sie bietet einen viel direkteren Weg zur Heilung von Schmerzen und Ängsten." (*Through Time into Healing*, deutscher Titel: *Heilung durch Rückführungstherapie*, 1995)

Und das Großartigste ist, dass du als Therapeut durch die von dir Zurückgeführten sehr viele Erkenntnisse sammelst über die Wirkungen des Karmagesetzes, denn das wird, wenn nicht schon geschehen – dein ganzes Denken revolutionieren. Und solltest du den Klienten auch in die nachtodlichen Erfahrungen führen, wirst du viel über die Beschaffenheit des Jenseits erfahren samt ihren herrlichen Helfern und Engeln, mit denen du mit der Zeit kommunizieren kannst oder die – wie Sinaida und ich es in Seminaren zur Erlernung der Automatischen Schrift demonstrieren – selbst durch deine Hand alles, was du wissen möchtest, niederschreiben. Und auf diese Weise könntest du auch noch über deine Klienten Hinweise erfahren, was für die Rückfügungstherapie von großem Nutzen sein könnte.

Und vielleicht wirst du einmal sagen können: Von allen ausgeübten Tätigkeiten in meinem Leben kann ich sagen, dass es mir die größte Freude bereitet, andere sich von ihren körperlichen oder seelischen Belastungen befreien zu helfen. Dafür danke ich Gott.

> Wenn jeder Gauner wissen würde,
> dass er jede seiner Taten einmal verantworten müsste,
> wir würden dann in einer wunderbaren Welt leben!
>
> Elisabeth Kübler-Ross

Die Bedeutung der Rückführungstherapie für die Zukunft

Es sind schätzungsweise im Namen Gottes – denn der Papst war sein Sprachrohr und alle seine Kirchendiener mussten ihm gehorchen – zirka zwei Millionen Hexen vor allem im römischen Reich deutscher Nationen verbrannt worden. Und so viele der damals in den Kerkern Gefolterten, Vergewaltigten und dann öffentlich Verbrannten bringen in ihr heutiges Leben ihnen unbewusst die schmerzlichen Folgen mit. Ich habe in meinen vielen Rückführungen eine ganzer Reihe von Hexenschicksalen miterleben können, und die Folgen im gegenwärtigen Leben sind: Angst vor Feuer oft samt Neurodermitis u. a., Angst vor vielen Menschen, Angst vor der Kirche oder Obrigkeiten, Asthma wegen des Rauches bei dem Verbrennungsvorgang und Angst vor dem Unvorhersehbaren. Und wenn man damals als Heilerin selbst eine Hexenverbrennung erleiden musste, hat man Angst, andere zu heilen, obwohl man weiterhin über die damals besessenen Fähigkeiten wieder verfügt. Und die gängige Schulpsychologie und alternative Psychologie und Psychotherapie lebt neben anderen Geschehnissen aus früheren Leben von diesen vielen unterschiedlichen vormaligen Erlebnissen ihrer Patienten/Klienten. Ich – im erweiterten Sinne – auch! Doch der Unterschied zur Rückführungstherapie ist, dass die Schulpsychologie im Freud'schen erweiterten Sinne die Ursache der Probleme ihrer Patienten im heutigen Leben aufzudecken versucht und viele, viele therapeutische Ansätze unternimmt – und meistens, wie meine Klienten, die manches Mal jahrelang zu Psychotherapeuten gegangen sind, mir offenbarten, kaum oder überhaupt keine Verbesserung erfuhren. Die Rückführungstherapie ist im eigentlichen Sinne die wahre Tiefenpsychologie, denn sie reicht bis tief in unsere vergangenen Leben hinein.

Ich wiederhole mich gern, um Wichtiges zu verdeutlichen. Wir Menschen sind alle dem Karmagesetz unterworfen. Wenn wir lieblos mir anderen umgehen, müssen wir ein Gleiches meist erst in einem der Folgeleben selbst erleben als ein gerechtes Ausgleichsgeschehen. Und unser Geistführer weiß auch, dass er uns dorthin zu geleiten hat, wo dieses passiert. Wir haben uns es selbst für die betreffende Inkarnation ausgesucht und vielleicht vorher es so mit ihm abgesprochen. Und bei jenen Personen, die uns den schmerzlichen Ausgleich zu ermöglichen helfen, können wir uns sogar dafür bedanken und bei der Kelchübergabe ihm sagen: Ich danke dir, ich liebe dich. Denn die Reinkarnation ist ein Exerzitium in Liebe. Und wir verstehen dann auch, dass es keine Zufälle gibt, auch wenn uns eine schwere Krankheit heimsucht, die geliebte Person uns verlässt, oder dass wir körperliche oder seelische Schmerzen und Leid ertragen müssen. Alles im Leben hat einen Sinn. Bestrafung gibt es nicht, alles dient dem Lernen. Und die Rückführung kann sinnoffenbarend dabei sehr behilflich sein. Chronische Schmerzen sind, wie wir ausführten, Indikatoren, dass da etwas noch nicht aufgelöst ist. Somit könnte man ihnen auch dankbar sein und möglichst bald mit einem Rückführungstherapeuten einen Termin verabreden.

Und es wird eine ganz neue Literaturgattung entstehen: *REINKARNATIONSLITERATUR*. Denn der spirituell ausgerichtete Schriftsteller könnte die Rückführungstherapie praktizieren und bekommt noch nie vorher vorhanden gewesenen spannenden Stoff aus wiedererlebten Berichten der von ihm Zurückgeführten.

Und anhand der in diesem Buch wiedergegebenen Berichte der Zurückgeführten könntest du nun selbst sagen: Könnte man etwas Packenderes schreiben als solche spannungsgeladenen und aus dem Leben gegriffenen Rückerinnerungen? Und dabei handelt es sich nicht um erdachte, erfundene Inhalte, sondern diese sind aus dem vollen – wenn auch längst verflossenen – Leben gegriffen! Rückführungen sind zugleich nicht nur Offenbarungen für die eigene Seele, sondern auch Einsichten in höhere Zusammenhänge. Wer auf der Suche ist zu erfahren: Wer war ich, warum erlebe ich so viele Niederlagen und Schmerzen, warum habe ich meine Frau geheiratet, warum möchte ich unbedingt anderen helfen, warum bin ich ein richtiger Glückspilz, wird für viele dieser Fragen durch Rückführungen Antworten erhalten.

Und an die Rückführungstherapeuten nun gerichtet: Wenn dein äußeres Leben sehr ereignislos und langweilig sein sollte, dann erlebst du bei der Ausübung der Rückführung Spannendes am laufenden Band. Ich könnte mir keine spannendere muskelsparende Tätigkeit ausgesucht haben als eben die Rückführungstherapie. Und noch ein anderes wird dir, lieber Therapeut, beschieden sein: Wenn bei einem Klienten irgendein schmerzliches Ereignis auftaucht, das bei dir innerlich auf Resonanz stößt, dann kannst du – wie oben schon erwähnt – es ebenfalls auf dem Berg der Erkenntnis in deinen dir vom Höheren Selbst gerichteten Zapfen stecken und dich gleichzeitig wie auch den Klienten von dem jeweiligen Problem lösen. Und du sprichst im Stillen auch die Aufforderung: Ich befreie mich von ... und das ebenfalls dreimal, wie auch: Ich bin frei von ... ! dreimal.

Ich habe dir nun anhand von einigen Beispielen gezeigt, wie Rückführungstherapien funktionieren und sicherlich die Vorteile gegenüber vielen anderen Heilungsmethoden darstellen können.

Wahrscheinlich hat jeder Rückführungstherapeut eine etwas eigene Methode, doch im Wesentlichen wird er in etwa so vorgehen, wie ich es beschrieben habe. Meine Methode wurde mir von meinen jenseitigen Helfern eingegeben, wie ich sie in meinem *"Das große Handbuch der Reinkarnation"* wiedergegeben habe.

Und nun will ich zum Abschluss den Psychiater Professor Adrian Finkelstein nochmals zu Wort kommen lassen: "Meine Untersuchungen weisen nachdrücklich darauf hin, dass die meisten physischen und emotionalen Probleme dieses Lebens mit traumatischen Ereignissen aus früheren Leben im Zusammenhang stehen. Darum halte ich es für ungeheuer wichtig (to be of paramount importance), dass man frühere Leben nach den Ursachen eines bestimmten Problems durchforscht. ... Als Arzt und Psychiater fühle ich mich verpflichtet, meine vorläufigen Ergebnisse meinen Fachkollegen vorzulegen. ... Alles, was innerhalb der Medizin Heilung bewirkt, sollte volle Beachtung finden. Aus meiner Erfahrung kann ich sagen, dass die Rückführungstherapie erfolgreich ist. ... Ich kann nicht genug betonen, wie wichtig dieses Vorgehen ist. Es sollte von möglichst vielen qualifizierten Individuen durchgeführt werden, und zwar nicht mit halbherziger oder wissenschaftlicher Zurückhaltung, sondern mit Enthusiasmus und Feingefühl." In *Your Past Lives and the Healing Process, Malibu 1996*

Glaubenssysteme, wie alt sie auch sein mögen, wollen uns zu ihren oft unmündigen Anhängern machen. Sie schreiben uns vor, was wir zu glauben haben. Rückführungen wie auch die Rückführungstherapie lassen uns selbst entdecken, was wahr ist und was nicht. Wir können mittels des Höheren Selbst auch spirituelle Fragen erörtern, die unseren Geisteshorizont erweitern. Wir brauchen nicht mehr Wiederkäuer irgendwelcher Religionen zu sein, sondern suchen uns die eigenen Wahrheiten im Sinne dessen, was der Dalai Lama sagt: **"Religionen sind unwichtig.**

Ethik ist wichtig." Und er hätte auch sagen können: LIEBE IST WICHTIG.

Das sich weiterhin verbreitende Wissen um die Reinkarnation als Tatsache und dem Verstehen des Karmagesetzes wird unser ganzes Denken und Verhalten verändern. Wir werden liebevoller mit anderen Menschen umgehen. Denn wir wissen, wenn ich all das erlebt haben würde wie jener andere, wäre ich genauso. Und wenn uns jemand verurteilt, dann ist es dessen Problem – und nicht deines. Wir müssen lernen, die Probleme der anderen nicht zu den unseren zu machen. Wir müssen lernen, den anderen so zu akzeptieren, wie er ist. Und immer mehr in Liebe zu leben, ist das große Ziel, das uns wieder näher zu **Gott** bringt, denn er **ist die vollkommene LIEBE.**

Ich liebe dich, ich liebe euch. Danke, dass ihr dieses Buch gelesen habt. Danke.

(Dieses Buch wurde im März 2018 am Meer in San Fernando auf der nördlichen philippinischen Großinsel Luzon beendet.)

Über den Autor

Trutz Hardo ist einer der bekanntesten spirituellen Autoren Deutschlands. In seinen Büchern und Seminaren hilft er Menschen auf ihrem Weg zur spirituellen Bewusstseinserweiterung. Er ist außerdem ein vielbeschäftigter Redner und Interviewpartner rund um Fragen zu Esoterik und Lebenshilfe.

Videos und mehr Informationen zu seinen Publikationen sind zu finden auf:
www.trutzhardo.de

480 Seiten, gebunden
ISBN 978-3-89845-549-7
€ [D] 29,95

Trutz Hardo
Das große Handbuch der Reinkarnation
Heilung durch Rückführung

Jede Krankheit, jedes Problem hat eine Ursache, die oft in einem früheren Leben liegt. Deckt man sie auf, wird sehr häufig Heilung erreicht. So heilt die Rückführungstherapie oft dort, wo jede »klassische« Therapie versagt – von Beziehungsschwierigkeiten bis zu körperlichen Erkrankungen und Schmerzen sowie psychosomatischen Erkrankungen.

Dieses Handbuch ist nicht nur als Arbeitsbuch für Mediziner und Therapeuten gedacht. Es ist auch für all jene Menschen bestimmt, die körperliche, seelische oder beziehungsbedingte Probleme haben und sich auf der Suche nach Heilung befinden.

128 Seiten, broschiert, inkl. Rückführungs-CD
ISBN 978-3-89845-571-8
€ [D] 16,95

Trutz Hardo
Erlebe dein Jenseits
Einblick in vergangene Leben und jenseitige Erfahrungen

Der bekannte Rückführungstherapeut Trutz Hardo ermöglicht Ihnen mit seiner leicht zu erlernenden Methode nicht nur Einblicke in Ihr vergangenes Leben, die weit über die Grenzen der bekannten Reinkarnationsforschung hinausgehen, sondern auch den Besuch im Jenseits. Dort lernen Sie Ihren Geistführer kennen, treffen Ihre jenseitige Kerngruppe wieder und erhalten Einblicke in die dort vorgenommene Planung Ihres heutigen Lebens samt den Verabredungen mit jenen, mit denen Sie in dem heutigen Leben wieder zusammenkommen wollen.

Treten Sie Ihre bislang abenteuerlichste Reise an, und werfen Sie einen Blick hinter den Schleier.

192 Seiten, broschiert
ISBN 978-3-89845-524-4
€ [D] 14,95

Trutz Hardo
Das Phänomen des Zufalls
Die Signale des Lebens entschlüsselt

Sicherlich sind Sie auch schon über Zufälle gestolpert und haben sich gefragt, ob das wirklich ein Zufall war.

Trutz Hardo erforscht das Phänomen des Zufalls und deckt die Ursachen scheinbar zufälliger Begebenheiten auf, indem er zeigt, warum es Zufälle schlicht nicht gibt.

Doch eine Frage bleibt offen: Wer zieht im Hintergrund die Fäden und warum geschehen diese "zufälligen" Ereignisse?

Gehen Sie mit Trutz Hardo auf eine spannende Entdeckungsreise ...

152 Seiten, broschiert
ISBN 978-3-89845-594-7
€ [D] 15,00

Trutz Hardo

Eine Chance für jede Beziehung
Rückführung als eine neue Form der Paartherapie

Trutz Hardo zeigt, wie sich Probleme in der Partnerschaft durch eine Rückführungstherapie ändern lassen. Durch sie kann man herausfinden, weshalb es zu Disharmonie in der Partnerschaft kommt und wo in früheren Leben die Gründe für eine schwierige Partnerschaft zu finden sind. Er zeigt Wege auf, um zerrüttete Beziehungen wieder zu einem harmonischen Zusammensein zu fügen.

Seine Methode bewirkt Heilung, sodass aus einem lieblosen Miteinander wieder Vertrauen und innige Liebe erwachsen können.

240 Seiten, broschiert
ISBN 978-3-89845-352-3
€ [D] 14,90

Trutz Hardo

Wiedergeburt – Die Beweise
… und die Bedeutung für ein neues Bewusstsein

Trutz Hardo berichtet von 39 interessanten Reinkarnationsfällen, die die Tatsache, dass wir wiedergeboren werden, stichhaltig belegen.

Neben den Forschungsergebnissen des Psychiaters Ian Stevenson, die hauptsächlich aus Reinkarnationsbeweisen von Kindern resultieren, liefert Trutz Hardo auch überzeugende Beweise, die von Erwachsenen erbracht worden sind. Er belegt eindrucksvoll, wie das Wissen um die Wiedergeburt die Sicht auf unser heutiges Leben verändern kann. Diese Fälle zeigen: Es gibt keinen Zweifel mehr an der Wiedergeburt – die Reinkarnation ist endgültig bewiesen.

208 Seiten, broschiert
ISBN 978-3-89845-283-0
€ [D] 14,90

Trutz Hardo

Entdecke deine früheren Leben

Immer wieder gibt es Situationen im Leben, die uns bekannt vorkommen: Landschaften, die uns seltsam vertraut sind, obwohl wir sie das erste Mal sehen; Menschen, die uns sofort nahe sind, obwohl wir sie nie zuvor gesehen haben. Wie lässt sich dieses »Déjà-vu«-Phänomen erklären?

Dieses Handbuch erläutert, wie wir uns mithilfe verschiedener Rückführungstechniken daran erinnern können, wie wir uns selbst und unser heutiges Lebens besser verstehen, um die Ursachen von einschneidenden Erlebnissen zu durchleuchten. Lassen Sie sich das größte Abenteuer ihrer Seele nicht entgehen!

208 Seiten, broschiert
ISBN 978-3-89845-343-1
€ [D] 14,90

Edelgard Friedrich
Waren wir verabredet?
Wie Kinder ihre Eltern wählen

Die Beziehungen zwischen Eltern und Kindern wird leichter, wenn sie erkennen, dass sie sich bereits aus früheren Leben kennen und der Begegnung vor der Geburt zugestimmt haben – mit dem Ziel, dass beide dabei in ihrer Entwicklung vorankommen mögen.
Die Psychoanalytikerin Edelgard Friedrich fächert an zahlreichen Fallbeispielen problematische Eltern-Kind-Beziehungen auf und lässt den Leser die Konflikte in einem neuen Licht sehen. Die Frage »Waren wir verabredet?« werden Betroffene nach der Lektüre dieses Buches daher sicherlich mit »zum Glück« beantworten.

304 Seiten, broschiert
ISBN 978-3-89845-451-3
€ [D] 16,95

Kalea
Krankheiten und ihre Ursachen aus spiritueller Sicht

Krankheit ist ein Spiegel der Seele, sie hat ihren Ursprung in uns selbst und zeigt dass etwas in unserem Leben nicht richtig läuft.
Die Heilerin Kalea geleitet uns zu einem tiefen Verständnis der Krankheit, indem sie uns vermittelt, was die geistige Welt dazu sagt. Ihre Channelings zu den 80 häufigsten Krankheitsbildern, zu deren Ursachen sowie zu den Heilungsansätzen bieten uns einen einzigartigen Kontakt zu unserer eigenen, heilenden Seele.
Kalea zeigt praktische Lösungsansätze, die wahren Ursachen unserer Krankheit und geleitet uns zur Heilung unserer Seele und unseres Körpers.

376 Seiten, broschiert
ISBN 978-3-89845-553-4
€ [D] 16,95

Anthony Borgia
Das Leben in der unsichtbaren Welt

Dieses Buch bietet exakte und umfassende Beschreibungen der jenseitigen Welt und der Geschehnisse, die uns dort erwarten und beschreibt den Übergang in die geistige Welt, wie es im Jenseits aussieht, das Leben dort, auf wen man trifft und die verschiedenen Ebenen der höheren Dimensionen.
Eine Empfehlung nicht nur für diejenigen, die an ein Leben nach dem Tod glauben, sondern auch für alle, die das Thema mit skeptischem Blick verfolgen.
Dieses Buch ist ein Meilenstein in der Beschreibung der jenseitigen Welten. Die hier beschriebenen, beispiellosen Erfahrungen animieren jeden dazu, sein irdisches Leben in Zukunft aus einer gänzlich anderen Perspektive wahrzunehmen.

Weiterführende Informationen zu
Büchern, Autoren und den Aktivitäten
des Silberschnur Verlages erhalten Sie unter:
www.silberschnur.de

Natürlich können Sie uns auch gerne den
Antwort-Coupon aus dem beiliegenden
Lesezeichenflyer zusenden.

Ihr Interesse wird belohnt!